F.-A. GEVAERT

ABRÉGÉ

DE

NOUVEAU TRAITÉ

D'INSTRUMENTATION

Paris, 1892

ABRÉGÉ

DU

NOUVEAU TRAITÉ D'INSTRUMENTATION

ABRÉGÉ

DE

NOUVEAU TRAITE

D'INSTRUMENTATION

DE

F.-A. GEVAERT

Directeur du Conservatoire Royal de Bruxelles,
Maître de chapelle de S. M. le Roi des Belges, membre de l'Académie de Belgique
et de l'Institut de France.

Prix net : 15 francs

LEMOINE & FILS, ÉDITEURS

PARIS — BRUXELLES

AVANT-PROPOS

En publiant cet abrégé de mon **Nouveau Traité d'Instrumentation** j'ai voulu donner satisfaction aux personnes qui, dans un écrit de ce genre, ne cherchent que des notions d'une utilité évidente, immédiate. C'est dire que les suppressions dans le texte ont porté avant tout sur les détails historiques, les développements esthétiques, les instruments étrangers à l'usage moderne.

En un mot, j'ai élagué tout ce qu'il est possible d'apprendre par la pratique, par l'intuition, par d'autres lectures. Par contre, j'ai conservé intacte toute cette partie de la technique instrumentale que personne ne peut connaître sans l'avoir apprise de son maître ou dans un livre spécial. En fait d'exemples, j'ai maintenu de préférence ceux qui sont extraits d'œuvres universellement connues.

Tel qu'il est, le volume présent sera pour les commençants une introduction suffisante au **Cours méthodique d'orchestration**; d'autre part, il formera un manuel complet pour les directeurs d'orchestre et les chefs de musique. C'est à l'intention de ces derniers que j'ai détaché du **Cours méthodique**, et inséré ici, la leçon consacrée à l'instrumentation des morceaux d'harmonie et de fanfare.

F.-A. GEVAERT.

TRAITÉ ABRÉGÉ D'INSTRUMENTATION

CHAPITRE PREMIER

Classification et description sommaire des instruments employés dans la musique moderne.

§ 1er. — Tous les appareils sonores connus jusqu'à ce jour se rangent en quatre classes. Dans la première le son se produit par la vibration de corps solides (métaux, bois) assez élastiques par eux-mêmes pour entretenir le mouvement vibratoire, provoqué généralement par la percussion. On peut donner aux organes musicaux de cette nature la désignation d'instruments autophones (sonnant par eux-mêmes). Dans la deuxième classe, celle des instruments à membranes, le son est dû à la vibration de peaux d'animaux parcheminées et tendues sur des cercles de diverses grandeurs. Dans la troisième classe, les instruments à vent, le son se produit par un mouvement vibratoire de l'air, mouvement obtenu à l'aide d'un courant d'air se brisant contre un obstacle. Dans la quatrième classe enfin, les instruments à cordes, le son est engendré par la vibration de corps filiformes lesquels, de même que les membranes, ne deviennent élastiques que par tension.

L'ordre dans lequel nous venons d'énumérer les diverses classes d'instruments, en commençant par les appareils les plus rudimentaires, est le plus rationnel pour une description scientifique. Mais lorsque les organes musicaux sont envisagés à un point de vue purement pratique, on suit l'ordre inverse, et l'on réunit en outre les deux premières classes ci-dessus mentionnées dans une division unique, sous le nom collectif d'instruments à percussion.

INSTRUMENTS À CORDES.

§ 2. — D'après les divers procédés employés pour ébranler les cordes, cette classe d'instruments se divise en trois branches.

a) Instruments à cordes frottées au moyen de l'archet.

§ 3. — Ils tiennent le premier rang dans l'orchestre. Leurs cordes ont une égale longueur, mais la grosseur et la matière sont différentes. Les sons qui ne se produisent pas par une corde résonnant à vide sont obtenus par le raccourcissement facultatif de la partie vibrante des cordes, raccourcissement que l'exécutant opère en pressant la corde contre la *touche* (longue feuille d'ébène collée sur le manche), au moyen des doigts de la main gauche.

Les instruments à archet adoptés dans l'orchestre forment une famille complète, composée du *violon*, de la *viole* (ou *alto*), du *violoncelle* et de la *contrebasse*. Tous ont un trait commun et distinctif: le nombre de leurs cordes ne dépasse pas quatre. Les instruments à archet usités antérieurement avaient un plus grand nombre de cordes. La plupart d'entre eux sont passés aujourd'hui à l'état de curiosités historiques. Seule la viole d'amour a été employée par exception de notre temps (Meyerbeer, 1836, *les Huguenots*).

b) Instruments à cordes pincées par les doigts.

§ 4. — Ils se divisent en deux sections :

a) Instruments dépourvus de manche ; les cordes ne sont point raccourcies par les doigts de l'exécutant, et chacun des degrés de la gamme a sa corde particulière : la *harpe* est le seul organe musical de cette espèce usité dans l'orchestre moderne.

b) Instruments munis d'un manche ; chacune des cordes fournit plusieurs intonations au moyen de raccourcissements artificiels obtenus de la même manière que sur les instruments à archet (§ 3). De cette catégorie d'instruments, autrefois très nombreuse, il ne reste plus aujourd'hui que la *mandoline* et la *guitare*, toutes deux presque inusitées à l'orchestre.

c) Instruments à cordes percutées.

§ 5. — La percussion des cordes au moyen de petits maillets maniés directement par l'exécutant n'a donné naissance à aucun appareil sonore admis dans la pratique actuelle de l'art. Mais le même mode d'attaque, réalisé par un mécanisme que met en mouvement un clavier, a produit le *piano*, l'instrument universel du XIXe siècle.

INSTRUMENTS A VENT.

§ 6. — Sauf quelques inventions récentes, tous ces organes sonores sont formés d'un ou de plusieurs tuyaux.

§ 7. — La matière dont sont faits les tuyaux n'exerce aucune action sur le timbre. Dans les instruments à vent le corps sonore n'est pas le tuyau, mais uniquement l'air contenu dans le tuyau. La division de cette catégorie d'organes musicaux en *instruments en bois* et *instruments en cuivre* est donc à rejeter complètement.

§ 8. — Les seules causes de la différence du timbre dans les instruments à vent résident, d'une part, dans les proportions du tuyau, d'autre part, dans la manière dont l'air est ébranlé. En effet, il ne suffit pas de souffler dans un tuyau pour que la colonne d'air entre en vibration. Pour obtenir ce résultat, il est nécessaire de briser en battements réguliers, à l'une des extrémités du tuyau, le courant d'air qui sans cela s'échapperait en souffle continu. Les vibrations de l'air dans les tuyaux peuvent être provoquées par trois organes de conformation différente, en sorte que les instruments à vent se divisent naturellement en trois branches.

A) Instruments à bouche : ils résonnent par l'action d'un courant d'air se brisant contre le bord tranchant d'une petite ouverture circulaire ou longitudinale appelée *bouche* ;

B) Instruments à anche : le corps sonore entre en vibration par l'influence d'une languette simple ou double destinée à briser en battements réguliers le courant d'air ;

C) Instruments à embouchure : les lèvres de l'exécutant, vibrant sous l'impulsion du souffle, font l'office d'anches.

Sauf quelques exceptions, les instruments faisant partie des branches A et B se fabriquent habituellement en bois, ceux de la branche C en cuivre ; de là les dénominations usuelles dont l'inexactitude est flagrante [1]. Les trois branches réunies ne comprennent d'autres appareils sonores que ceux dont la

---

[1] Le saxophone, instrument à anche, est toujours construit en métal. D'autre part, le *serpent*, proche parent de l'ophicléide et, comme celui-ci, instrument à embouchure, est compté parmi les instruments en bois.

colonne d'air est ébranlée directement par le souffle de l'exécutant; ces instruments ne mettent en vibration qu'un seul tuyau et ne font entendre, par conséquent, qu'un son à la fois.

Une quatrième branche d'instruments à vent, que nous désignerons par D, embrasse ceux qui sont formés d'un assemblage de tuyaux ou d'anches. Nous les appellerons *polyphones*; en effet, ils sont doués de la faculté d'émettre simultanément plusieurs sons.

§ 9. — Nous savons que la hauteur des sons est une conséquence de la vitesse des vibrations, et que celle-ci dépend en grande partie de la longueur du corps vibrant. On produit sur un instrument à tuyau unique les divers sons d'une échelle ascendante en raccourcissant graduellement la colonne d'air, ce qui s'obtient à l'aide de trous pratiqués dans la paroi de l'instrument. Le son le plus grave d'un instrument à vent est celui que produit la colonne d'air vibrant dans sa forme la plus simple, tous les trous étant bouchés par les doigts. Dans cet état il suffit de relever successivement les doigts, à partir du trou le plus proche de l'extrémité inférieure, pour obtenir des colonnes d'air de plus en plus courtes et, en conséquence, des sons de plus en plus aigus.

On modifie encore la longueur du corps sonore en faisant glisser sans déperdition d'air, un tuyau mobile dans le tuyau principal, fixe; procédé réservé jusqu'à ce jour presque exclusivement pour des instruments à embouchure.

§ 10. — Mais lorsqu'un tuyau est dans certaines conditions, on peut en tirer *avec une seule longueur* des sons divers. Pour cela il faut que, par des modifications dans l'intensité de projection du souffle, l'on force la colonne d'air à se diviser en parties égales ou, pour nous servir du terme scientifique, en parties *aliquotes*. Les sons ainsi obtenus forment, quant à leurs rapports mutuels, une succession immuable appelée *l'échelle des harmoniques*. Comme certains instruments à vent n'ont pas d'autre moyen pour émettre des sons de hauteur différente, il est indispensable d'examiner de près cette échelle qui seule donne la clef de l'étendue de tous les instruments dont nous nous occupons ici.

1. — Lorsque le tuyau reçoit le minimum de pression d'air, le corps sonore vibre dans sa forme la plus simple et le son produit est le fondamental, le son 1 de l'échelle des harmoniques. L'instrument n'en peut émettre de plus grave.

Supposons que ce son fondamental soit l'*ut* à l'unisson de la quatrième corde du violoncelle:

Si la pression de l'air dans le tuyau est plus forte, la colonne d'air se partage en un nombre double de parties égales vibrant à l'unisson; le nombre des vibrations est doublé aussi, et au lieu du son fondamental on entend l'octave aiguë, le son 2 de l'échelle des harmoniques.

Si l'on augmente encore la pression de l'air, le corps sonore se subdivise en un nombre triple de parties; les vibrations sont trois fois celles du son fondamental, et l'on entend la douzième de celui-ci, la quinte du son 2. C'est le son 3 de l'échelle des harmoniques.

En continuant d'augmenter graduellement la pression de l'air, on pourra, si le tuyau est dans les conditions voulues, amener le partage de la colonne d'air en fractions aliquotes de plus en plus petites, et produire successivement les sons 4, 5, 6, 7, 8, etc., de l'échelle des harmoniques. Voici cette échelle poussée jusqu'au son 16, le plus élevé, à peu près, que le souffle humain réussisse à faire sortir d'un tuyau. Nous prendrons toujours comme fondamentale de la série l'*ut* grave; mais, quel que soit le point de départ, les intervalles que forme le son initial avec les suivants ne subissent jamais aucun changement.

II. On voit que tous les échelons de l'échelle des harmoniques sont inégalement espacés, et que les intervalles diminuent à mesure que les sons s'élèvent. Les sons 1-2 forment une octave, 2-3 une quinte juste, 3-4 une quarte juste, 4-5 une tierce majeure, 5-6 une tierce mineure. Les sons que nous avons désignés en noires, 7, 11, 13 et 14, sont étrangers à notre système musical et ne forment avec les autres degrés de l'échelle des harmoniques aucun intervalle rationnel. Aussi la notation européenne n'a-t-elle pas de signes pour exprimer de pareilles intonations: la manière dont nous venons de les indiquer est tout arbitraire. Le son 7 (*si* ♭) est trop bas pour faire avec le son 8 (*ut*) un intervalle de ton juste; le son 11 est trop haut pour un *fa* ♮, trop bas pour un *fa* ♯. De même le son 13 envisagé comme *la* ♮ est trop bas, comme *la* ♭, trop haut. Enfin le son 14 forme l'octave exacte du son discordant 7. On verra plus loin de quelle manière on arrive sur le cor à tirer parti de ces sons étranges.

III. Tous les tuyaux ne donnent pas avec la même facilité un grand nombre d'harmoniques. Un tuyau long et étroit se divisera plus facilement en un grand nombre de parties aliquotes qu'un tuyau court et large; il fera entendre en conséquence une plus grande portion de l'échelle.

Les instruments à embouchure, dont le tuyau est en général très long, n'ont eu à l'origine d'autres sons que les harmoniques d'une seule fondamentale, et aujourd'hui encore les cors et les trompettes forment à l'aide de cette ressource primitive la majeure partie de leur échelle. Les autres instruments, dont le tuyau est relativement court, ne dépassent pas en général les trois premiers sons; ils se servent des sons 2 et 3 pour répéter à l'octave et à la douzième la série des sons fondamentaux fournis par l'ouverture des trous latéraux. En effet, chacune des longueurs produites artificiellement donne naissance, tout comme la longueur totale, à une fondamentale accompagnée de son cortège d'harmoniques.

IV. Avant de quitter ce sujet important, disons que les instruments à cordes peuvent faire entendre l'échelle des harmoniques, aussi bien que les instruments à vent; mais dans la pratique ils l'utilisent beaucoup plus rarement. Si l'on part de la 4ᵉ corde du violoncelle, par exemple, laquelle donne le même son que celui que nous avons pris tantôt pour fondamental, à savoir ut_1, et que l'on effleure cette corde à la moitié de sa longueur, l'archet mettra en vibration les deux segments égaux de la corde et le son obtenu sera à l'octave aiguë du premier son (ut_2). Si la corde est effleurée au tiers de sa longueur (en partant soit du chevalet, soit du sillet), et qu'on l'attaque par l'archet, elle se divisera en trois parties vibrantes et l'on entendra le son 3 (sol_2). Touchée légèrement au quart de sa longueur, elle se divisera en quatre parties et l'on aura le son 4 (ut_3). Bref, en continuant de provoquer par le même procédé la division de la corde en parties aliquotes de plus en plus petites, l'on verra se reproduire sur la 4ᵉ corde du violoncelle, ou sur toute autre corde d'un instrument à archet, une échelle identique, quant à la composition des intervalles, à celle que nous avons notée plus haut.

Mais si, au lieu d'effleurer doucement la corde, on la presse contre la touche, on supprime la vibration dans toute la partie de la corde comprise entre le doigt et le sillet; la partie vibrante produit alors un son fondamental (sans partage de la corde) à l'aigu, naturellement, de celui que donne la corde à vide. Cette distinction entre les sons fondamentaux et les sons harmoniques est de la plus haute importance pour l'intelligence de l'étendue des instruments en général et des instruments à vent en particulier.

a) Instruments à bouche

§11. — On les désigne par le terme générique de *flûtes*. Ils se divisent en deux sections déterminées par la forme et la position de la *bouche*.

Section **a**: *flûtes à bouche latérale*. Le mouvement vibratoire se produit par un mince filet d'air s'échappant des lèvres de l'exécutant, de manière à aller se briser contre le tranchant d'une ouverture circulaire pratiquée dans la partie supérieure du tuyau. La famille des *flûtes traversières*, composée de *grandes* et de *petites flûtes*, forme à elle seule cette division.

Section **b**: *flûtes à bouche biseautée*. L'air introduit par un canal d'insufflation, placé à l'extrémité supérieure du tuyau, va se briser contre l'angle formé par l'une des parois taillée en biseau. Cette forme de *bouche* caractérise l'ancienne famille des *flûtes à bec*, dont l'unique reste, le flageolet, ne paraît plus aujourd'hui que dans quelques petits bals de guinguette.

Ajoutons ici que des tuyaux à bouche biseautée sont employés pour la plupart des jeux de l'orgue et notamment pour les *jeux de fonds*.

b) Instruments à anche

§12. — Les instruments européens connaissent deux espèces d'anches: *l'anche simple et l'anche double*. La première, une languette très mince de roseau ou de métal, s'emploie de deux manières. Ou bien elle engendre les vibrations de l'air par ses battements contre le cadre d'une espèce de rigole qu'elle recouvre; c'est *l'anche battante*; elle est en roseau pour la clarinette et le saxophone, en laiton pour les jeux d'anche de l'orgue. Ou bien la languette, en métal, vibre dans une ouverture dont elle rase les bords sans les toucher: c'est *l'anche libre*, celle de l'harmonium. Quant à *l'anche double*, employée pour le hautbois et le basson, elle se compose de deux languettes de roseau très minces, réunies de façon à laisser entre elles une ouverture servant à l'introduction du souffle, et dont les bords sont assez rapprochés pour se fermer sensiblement et engendrer ainsi le mouvement vibratoire de l'air.

§13. — Le tuyau étant le moule de la colonne d'air, sa forme (ou pour être plus exact, le profilement de son canal) détermine la forme du corps sonore. Dans aucune autre classe d'instruments à vent l'influence de la forme du tuyau sur les conditions de sonorité n'est aussi décisive; elle agit avant tout sur l'étendue de l'instrument. Au point de vue qui nous occupe ici, il suffit de distinguer deux types de tuyaux, comme on distingue deux types d'anches: des *tuyaux cylindriques* et des *tuyaux coniques*. Les premiers ont le même diamètre dans tout leur parcours, abstraction faite du pavillon: tels sont les tuyaux de clarinette. Les autres, étroits vers l'anche, s'élargissent graduellement en forme de cône plus ou moins prononcé; ainsi sont faits les tuyaux des hautbois, des bassons et des saxophones. Peu importe d'ailleurs que le tuyau soit construit en ligne droite, ou que le facteur l'ait replié une ou plusieurs fois sur lui-même; c'est là une circonstance tout accessoire et uniquement déterminée par des considérations de goût ou de commodité.

Or, une des propriétés les plus remarquables dérivant de la forme du tuyau se constate dans les instruments cylindriques mis en vibration par une anche. Seuls parmi tous les instruments à vent ils résonnent comme des tuyaux fermés; en d'autres termes ils ne nécessitent, pour produire un son donné, que la moitié de la longueur qu'il faut à un tuyau conique vibrant également au moyen d'une anche. Un *ré* à l'unisson de la 3ᵉ corde du violon ne nécessite sur la clarinette qu'une longueur *théorique* de 0.292, tandis que sur le hautbois il atteint une longueur double.

De là cette particularité propre à tous les tuyaux fermés: ils forcent la colonne d'air à se diviser en un nombre impair de parties aliquotes et ne peuvent donner par conséquent que les sous impairs de l'échelle des harmoniques, 3.5, etc. Au lieu de sauter à l'octave, la fondamentale saute immédiatement à la douzième (¹); c'est là ce qu'on appelle inexactement *quintoyer*, en parlant de la clarinette. Quant aux tuyaux coniques, ils se comportent, pour ce qui concerne leur longueur et la production de leurs harmoniques, comme les tuyaux de flûte; de même que ceux-ci, le hautbois, le basson et le saxophone ont la série suivie des harmoniques, 1.2, etc. Pour parler le langage usuel des musiciens, ils *octavient*.

La combinaison des deux espèces de tuyaux avec les deux espèces d'anches fournit à l'orchestre moderne trois types d'instruments:

a) tuyau conique et anche double: *hautbois* et *cor anglais*, *basson* et *contrebasson*.

b) tuyau cylindrique associé à une anche battante: *clarinettes* de toutes grandeurs (*petite clarinette, clarinette ordinaire, clarinette alto* ou *cor de basset, clarinette basse*).

c) tuyau conique et anche battante: *saxophones*, famille complète d'instruments inventée vers 1845 par M. Ad. Sax (elle comprend un *sopranino*, un *soprano*, un *alto*, un *ténor*, un *baryton* et une *basse*).

c) Instruments à embouchure
improprement nommés instruments de cuivre.

§ 14. — L'*embouchure* est un bassin hémisphérique placé à l'extrémité supérieure du tuyau. Les lèvres de l'exécutant, pressées contre l'embouchure, vibrent sous l'action du souffle; leur degré de pression, concurremment avec la longueur du tuyau, détermine la vitesse de leurs oscillations, laquelle à son tour détermine la hauteur du son produit. De la conformation intérieure du bassin dépend en grande partie le *timbre* de l'instrument. Un bassin de forme curviligne engendre des sons éclatants, d'autant plus éclatants qu'il aura moins de profondeur; le type le plus accusé de cette forme d'embouchure est offert par la trompette de cavalerie. Au contraire, un bassin de forme conique donne lieu à des sons plus ou moins voilés; le cor présente ce type d'embouchure dans toute sa pureté. Les formes intermédiaires produisent des timbres d'un caractère mixte.

(¹) Pour la cause de ce phénomène, voir Mahillon, *Éléments d'acoustique musicale*, Bruxelles, 1874, p. 68 et suivantes.

Les proportions du tuyau influent principalement sur l'étendue de l'instrument. On sait que les sons de l'échelle harmonique forment la principale ressource des instruments à embouchure, et que ceux-ci ont une étendue d'autant plus grande que leur tuyau est plus long. Ajoutons en outre que les tuyaux étroits favorisent l'émission des harmoniques aigus au détriment des graves; les tuyaux larges font l'effet contraire.

§ 15. — Les instruments à embouchure se divisent en deux sections. La première comprend les *instruments dits naturels*: le *cor simple*, la *trompette simple*, le *cornet de poste*, le *clairon d'ordonnance*; ils ont un tuyau dont la longueur ne peut se modifier, au moins instantanément; en conséquence, leurs successions mélodiques ne se composent que des harmoniques issus d'une seule fondamentale. La seconde section renferme les *instruments chromatiques à embouchure*; ils sont pourvus d'un mécanisme qui, sans interrompre le jeu de l'exécutant, permet de donner au tube toutes les longueurs voulues pour lui faire produire, dans l'étendue entière de l'instrument, une échelle chromatique complète, résultat du mélange des diverses échelles harmoniques.

§ 16. — Parmi les *instruments naturels à embouchure*, ceux qui dépassent à l'aigu le son 8 de l'échelle des harmoniques possèdent seuls une variété de sons suffisante pour être utilisés par le compositeur. Ce sont le cor et la trompette; depuis plus d'un siècle ils ont été jugés dignes de prendre place dans l'orchestre. Afin de leur permettre de se faire entendre dans toutes les tonalités usitées, ils ont été munis de *corps de rechange*, tuyaux supplémentaires qui s'adaptent au tuyau principal, moyennant une opération de quelques instants, et ont pour but de changer la hauteur de la série harmonique. Quant au cornet de poste et au clairon d'ordonnance, lesquels ne montent guère au-dessus du son 6, ils ne s'emploient que pour des signaux ou des sonneries militaires. Leur tube est entièrement fixe et ne donne qu'une seule série d'harmoniques.

§ 17. — Selon les différents procédés mécaniques que l'on a successivement imaginés pour varier, à la volonté de l'exécutant, les longueurs du tube, la section des *instruments chromatiques à embouchure* se décompose en trois sous-sections: 1° instruments à coulisse; 2° à trous fermés par des clefs; 3° à pistons.

La *coulisse* est un tube mobile glissant sans perte d'air sur le tube principal de l'instrument pour en augmenter progressivement la longueur. Les points où s'arrête la coulisse dans ses allongements graduels s'appellent *positions*; ils correspondent à une succession descendante d'intervalles de demi-ton. Pour obtenir une échelle chromatique dans toute l'étendue de l'instrument, il faut juste autant de positions qu'il y a de demi-tons entre les sons 2 et 3 de l'échelle des harmoniques (§ 10, 1), c'est-à-dire *sept*. De tous les instruments à embouchure usités actuellement, le *trombone* est le seul auquel s'applique encore le mécanisme de la coulisse.

Le système des *clefs* adaptées aux instruments à embouchure est identique à celui qui s'emploie pour les flûtes et les instruments à anche. On comble les lacunes de l'échelle des harmoniques en raccourcissant progressivement la colonne d'air à l'aide de trous dont l'ouverture successive, par le moyen des clefs, fournit une série de sons fondamentaux accompagnés de leurs harmoniques. Ce procédé est abandonné aujourd'hui, comme vicieux et impuissant à donner aux instruments à embouchure une justesse suffisante. Le dernier représentant de ce système, l'*ophicléide*, est remplacé de nos jours, dans tous les bons orchestres, par le tuba ou le saxhorn-basse.

Le mécanisme des *pistons* a pour but d'allonger ou de raccourcir instantanément, au moyen de tubes additionnels qui s'ouvrent et se referment par le jeu des pistons, le parcours de la colonne d'air. Son effet est de produire ainsi un nombre de séries harmoniques suffisant pour remplir complètement une échelle chromatique. Mis d'abord en vogue pour le cornet, ce mécanisme s'est étendu progressivement à tous les instruments à embouchure, en sorte que l'on possède aujourd'hui non seulement des *cornets à pistons*, mais encore des *cors à pistons*, des *trompettes à pistons*, des *trombones à pistons*, des *bugles à pistons* et des *tubas à pistons*. Dans la facture instrumentale de nos jours le principe des pistons est réalisé d'après deux systèmes distincts. Le premier, et le plus usité, est celui des *pistons additionnés ou dépendants*; le second est le système des *pistons indépendants*, créé par M. Ad. Sax.

d) Instruments à vent polyphones

§ 18. — Le plus important appareil de cette espèce est l'*orgue d'église*. Il se compose d'un réservoir d'air alimenté par des *soufflets*, et mis instantanément en communication facultative avec chacun des tuyaux, au moyen de *soupapes* s'ouvrant et se fermant par l'action d'un clavier. Une partie des tuyaux d'orgue est à *bouche biseautée* (§ 11) et forme ce qu'on appelle les *jeux de fonds*; les autres tuyaux sont mis en vibration par une *anche battante en métal*

Le principe mécanique qui a donné naissance au colosse musical dont la majestueuse voix remplit nos cathédrales a produit aussi des instruments destinés à résonner dans de moins vastes espaces. Parmi ces orgues en réduction, le plus usité de notre temps est l'*harmonium* ou *orgue expressif*. Il n'a pas de tuyaux. Chacun de ses jeux se compose d'une série *d'anches libres* (§ 12) mises en vibration par des soufflets que l'exécutant lui-même fait mouvoir à l'aide de pédales.

INSTRUMENTS A PERCUSSION

§ 19. — Privés de la faculté de faire entendre une succession mélodique et utilisés avant tout pour augmenter l'énergie du rythme et l'éclat de la sonorité, les *instruments à membranes* sont fort peu nombreux. Pour mieux dire, cette classe ne renferme que des variétés d'un seul et même type: le *tambour*. Elle ne se partage pas conséquemment en branches; il suffira de la diviser en deux sections:

a) Instruments à sons déterminés: *timbales*.

b) Instruments à sons indéterminés: *grosse caisse, tambour militaire* (ou *caisse claire*), *caisse roulante, tambour de basque*.

Quant aux appareils sonores désignés ci-dessus (§ 4) sous le nom d'*instruments autophones*, nous diviserons également en deux sections ceux qui sont utilisés parfois à l'orchestre.

a) Instruments à intonations déterminées: *cloches, jeux de cloches* ou *carillons, jeux de timbres*.

b) Instruments à intonation confuse: *triangle, cymbales, tam-tam* ou *gong, castagnettes*, etc.

§ 20. — Résumons notre classification par un tableau synoptique comprenant tous les instruments employés dans la musique moderne. Ceux que nous marquons d'un * sont ou peu usités ou en train de disparaître, soit à l'orchestre, soit dans la musique militaire.

INSTRUMENTS À CORDES

A) Cordes frottées par l'archet — Violon, Alto, Violoncelle, Contrebasse, *Viole d'amour.

B) Cordes pincées par les doigts :
- a) sans manche — Harpe.
- b) avec manche — *Mandoline, *Guitare.

C) Cordes percutées par un mécanisme à clavier — *Piano.

INSTRUMENTS À VENT

A) à bouche latérale — Grandes flûtes, petites flûtes

B) à anche :
- a) tuyau conique + anche double — Hautbois ordinaire, hautbois alto ou cor anglais. Basson ordinaire, *contrebasson.
- b) tuyau cylindrique + anche battante — Clarinettes : ordinaires, petites, *clarinette alto ou cor de basset, clarinette basse.
- c) tuyau conique + anche battante — Saxophones, *sopranino, *soprano, alto, *ténor, baryton, *basso.

C) à embouchure :
- a) naturels — *Cor simple. *Trompette simple. *Cornet de poste. *Clairon d'ordonnance.
- b) chromatiques :
  - 1° à coulisse — Trombones : *alto, ténor, *basse.
  - 2° à trous (clefs) — *Ophicléide.
  - 3° à pistons — Cor à pistons. Trompette à pistons. Trombones à pistons : *alto, ténor, *basse. Cornet à pistons. Bugles à pistons ou saxhorns : sopr. aigu, soprano, alto, baryton ; tubas ou saxhorns : basse, contrebasse

D) polyphones à clavier :
- a) avec tuyaux — *Orgue.
- b) sans tuyaux — *Harmonium.

INSTRUMENTS À PERCUSSION

à membranes :
- a) à sons déterminés — Timbales
- b) à sons indéterminés — Grosse caisse, tambour militaire, caisse roulante, tambour de basque.

autophones :
- a) à sons déterminés — Cloches, carillons, jeux de timbres.
- b) à sons indéterminés — Triangle, cymbales, tam-tam, castagnettes, etc.

CHAPITRE II.

Etendue générale du domaine instrumental;
différences des divers instruments par rapport à leurs intonations.

§ 21.— L'échelle de sons qu'embrasse l'ensemble des organes musicaux est de huit octaves. Pour désigner avec précision l'octave à laquelle appartient un son donné, sans avoir à se servir de la portée, on est convenu d'attribuer à chaque octave un n° d'ordre que l'on ajoute au nom de la note: par exemple ut_1, ut_2, sol_3, etc. Le point de départ de ce mode de numérotage est l'ut correspondant à la corde la plus grave du violoncelle, c'était autrefois la touche la plus grave du clavier. L'octave qui s'étend immédiatement au grave de cet ut porte l'indication $_{-1}$ (c'est-à-dire moins un), enfin la dernière octave au bas de l'échelle générale est désignée par $_{-2}$ (moins deux). Le son par lequel se termine à l'aigu chaque octave, étant en même temps le son initial de l'octave immédiatement supérieure, n'est pas compté.

Un seul instrument remplit cette étendue en entier: l'orgue (1).

§ 22.— Les huit octaves de l'étendue générale peuvent se diviser en cinq régions:

     Région sous-grave de ut_{-2} à ut_1 (deux octaves);
     Région grave de ut_1 à ut_2 (une octave);
     Région moyenne de ut_2 à ut_4 (deux octaves);
     Région aiguë de ut_4 à ut_5 (une octave);
     Région suraiguë de ut_5 à ut_7 (deux octaves);

Les trois régions centrales (grave, moyenne, aiguë) embrassent entre elles une étendue totale de quatre octaves, la moitié de l'espace total.

C'est là, comme on sait, la partie essentielle et la plus ancienne du domaine musical; elle comprend le parcours entier de la voix humaine dans ses diverses variétés, et celui de la plupart des instruments usités à l'orchestre.

---

(1) Cette circonstance est cause que plusieurs ont l'habitude de désigner les huit octaves par la longueur du tuyau requise pour le son initial de chacune d'elles. D'après ce mode d'indication l'octave de 32 pieds est l'octave $_{-2}$; celle de 16 pieds est l'octave $_{-1}$; celle de 8 pieds l'octave 1, etc.

Les instruments qui appartiennent spécialement à l'une des régions extrêmes ne s'emploient en général que pour renforcer à l'octave les sons des régions centrales. Tels sont dans la région sous-grave, la contrebasse, le contrebasson, le tuba-(saxhorn-) contrebasse; dans la région sur-aiguë la petite flûte.

§ 23. — Comme les divers genres de voix servent de type pour déterminer l'étendue de la plupart des instruments à vent et pour dénommer les variétés d'une même famille, il est nécessaire de connaître l'espace que parcourt chaque genre de voix sur l'échelle générale.

La voix ordinaire des hommes adultes est le *baryton*. Celle des femmes, plus aiguë d'une octave, est le *mezzo-soprano* (1). En distinguant par des rondes la partie de l'échelle accessible à la grande majorité des personnes, nous assignerons aux deux genres de voix l'échelle suivante. Les notes aiguës mises entre parenthèses n'appartiennent qu'aux voix exceptionnelles ou développées par l'étude.

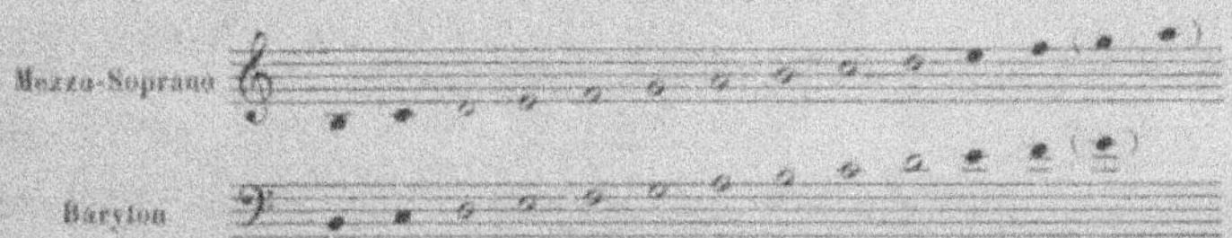

Pour chacun des sexes, on distingue en outre deux genres caractéristiques de voix, s'écartant de la voix moyenne, l'un à l'aigu, l'autre au grave. La voix aiguë des femmes est le *soprano* ou *dessus*, la voix grave, le *contralto*. Chez les hommes, la voix aiguë s'appelle *ténor*, la voix grave, *basse*.

Les quatre types caractéristiques de voix forment par leur réunion le *chœur* normal du chant polyphonique. Voici l'étendue qui leur appartient naturellement. (Les *bonnes notes* sont désignées par des rondes; les sons d'un accès difficile pour les voix chorales, et réservés aux solistes, se trouvent entre parenthèses.)

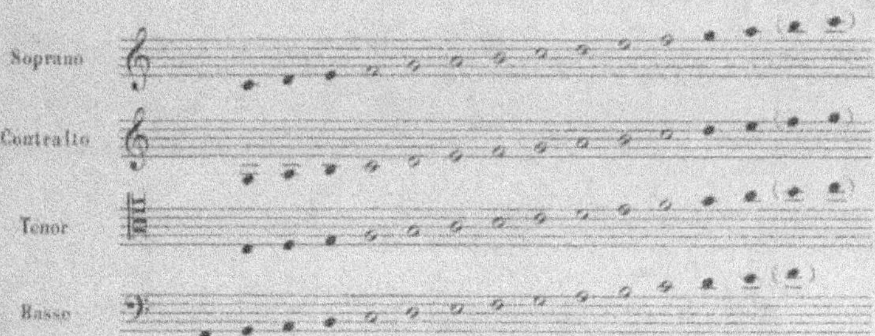

§ 24. — Indépendamment de la région à laquelle appartient un instrument (ou une voix) quelconque, il possède dans son échelle propre un registre moyen, un registre aigu, un registre grave. Dans la plupart des instruments (comme dans la voix) le registre moyen contient les sons les plus beaux et les plus aptes à traduire le sentiment que leur communique l'exécutant. Aussi le compositeur a-t-il l'habitude de confier à ce registre la cantilène proprement dite.

---

(1) Chez les enfants la voix la plus fréquente est le *contralto*.

§ 25. — Au point de vue des diversités d'intonation qu'offrent entre eux les organes sonores, il y a lieu de les diviser en trois catégories.

a) *Instruments à intonations fixes.* La hauteur de chaque son est établie par une opération préalable, *l'accordage*, sans que l'artiste puisse rien changer à la grandeur des intervalles. A cette catégorie appartiennent les instruments à clavier et la harpe.

b) *Instruments à intonations libres.* Le sentiment musical de l'artiste détermine instantanément, et à tout moment de l'exécution, la hauteur de chacun des sons. Tel est le cas pour les instruments à archet.[1]

c) *Instruments à intonations légèrement variables.* Cette catégorie, qui tient le milieu entre les deux précédentes, comprend presque tous les instruments à vent. La hauteur de chacun des degrés de l'échelle se trouve réglée par la construction même de l'instrument; mais l'artiste a le pouvoir de modifier, dans une mesure très restreinte, cette hauteur, soit en augmentant la pression des lèvres, soit en la diminuant.

§ 26. — Les instruments à intonations fixes ont une étendue nettement définie qu'ils ne peuvent dépasser ni au grave ni à l'aigu. Les limites des instruments appartenant aux catégories **b** et **c** ne sont déterminées qu'au grave; à l'aigu elles sont vagues et peuvent être reculées jusqu'à un certain point par l'habileté technique de l'exécutant.

§ 27. — Afin de permettre aux instruments à intonations fixes l'exécution de toutes les échelles diatoniques et chromatiques, sans trop multiplier les sons nécessaires et compliquer ainsi outre mesure le mécanisme du clavier, on a dû adopter pour eux *l'accord tempéré*, consistant en un enchaînement de douze quintes affaiblies chacune de 1/100 de ton environ, au lieu d'une série indéfiniment prolongée de quintes mathématiquement justes. On sait que l'accord tempéré a pour résultat de transformer toutes les secondes enharmoniques (*fa♯ = sol♭, ut♯ = ré♭*, etc) en unissons, ce qui permet au clavier d'exprimer à l'aide de 12 touches dans chaque octave les **31** sons qu'y distinguent notre sentiment harmonique et notre notation musicale. Chacune des cinq touches noires du clavier représente deux sons (*ré♭ = ut♯, mi♭ = ré♯, sol♭ = fa♯, la♭ = sol♯, si♭ = la♯*); chacune des sept touches blanches représente trois sons (*ré♭♭ = ut♮ = si♯, mi♭♭ = ré♮ = ut×, fa♭ = mi♮ = ré×, sol♭♭ = fa♮ = mi♯, la♭♭ = sol♮ = fa×, si♭♭ = la♮ = sol×, ut♭ = si♮ = la×*). Conséquemment la différence de 1/9 de ton entre le demi-ton diatonique et le demi-ton chromatique est supprimée pour l'oreille et ne subsiste que pour le sentiment et la notation. On appelle habituellement *synonymes* les sons rendus par la même touche; le terme *homophones* est plus exact: c'est celui dont nous nous servirons.

§ 28. — Sur les instruments à archet les cordes à vide sont accordées, non par quintes tempérées, mais par quintes exactes. Comme l'exécutant possède en outre la faculté illimitée de régler à son gré la grandeur des intervalles, il peut, *dans toutes les tonalités*, donner à chaque degré de la gamme sa hauteur précise. Néanmoins, dans l'ensemble de l'orchestre, les violonistes, altistes et bassistes tempèrent, même à leur insu, pour se mettre d'accord avec les instruments à vent.

§ 29. — Ceux-ci en effet sont construits d'après le système tempéré, autant que le permettent la nature des tuyaux et les conditions pratiques de la facture. Dans les flûtes, hautbois, clarinettes, bassons et saxophones, la distance d'un trou à un autre est calculée de manière à fournir des intervalles de demi-ton aussi égaux que possible. De même dans les instruments à embouchure la dimension des tubes additionnels, qui correspondent soit aux tons de rechange, soit aux pistons, est graduée également en vue de produire une succession de fondamentales séparées les unes des autres par un intervalle de demi-ton tempéré. Mais tous les progrès de la facture instrumentale ont été impuissants à plier au système du tempérament les intervalles que forment entre eux les harmoniques dépendant de chacune des fondamentales.[2] Ce mélange d'intonations hétérogènes est le plus grand obstacle à la parfaite justesse des instruments à embouchure. Disons toutefois que de nos jours les bons facteurs ont réussi à réduire cet inconvénient à son minimum.

---

[1] On peut aussi, jusqu'à un certain point, ranger dans la catégorie des instruments à intonations libres, le trombone à coulisse.

[2] Voir ci-après, p. 384 § 449.

CHAPITRE III

Instruments à cordes mis en vibration par l'archet:
le violon, l'alto, le violoncelle, la contrebasse. La viole d'amour.

§ 30. — Ces organes sonores sont l'âme de la musique instrumentale. Timbre pénétrant et riche; sonorité capable de se plier à toutes les nuances d'intensité; mécanisme simple et admirable qui leur donne en même temps une rapidité d'articulation inaccessible à tout autre genre d'instruments et une tenue de son de durée illimitée; telles sont les qualités qui assignent aux instruments à archet une primauté incontestée, tant dans l'orchestre de symphonie que dans l'ensemble des voix et des instruments.

Violon

(En italien Violino, pluriel Violini; en allemand Violine, Geige.)

§ 31. — C'est le plus aigu des instruments à archet. Ses quatre cordes sont accordées à la quinte l'une de l'autre. Touchées à vide, c'est-à-dire sans le contact de la main gauche, elles font entendre les sons que voici:

On voit que les cordes se comptent de l'aigu au grave. Il en est ainsi pour tous les instruments à cordes.

§ 32. — A l'exception du pouce, les doigts de la main gauche servent à produire, par leur pression sur les cordes, les nombreux sons qu'embrasse l'étendue du violon. Lorsqu'on indique le doigté des instruments à archet, l'index est compté comme premier doigt, le médius est le 2ᵉ, l'annulaire le 3ᵉ et le petit doigt le 4ᵉ. Une corde à vide se marque par 0. L'écartement normal entre un doigt et le suivant correspond sur le violon à un degré de l'échelle diatonique, ton ou demi-ton.

I. A la *première position* l'index se pose sur le degré immédiatement à l'aigu de la corde à vide, et les gammes ont le doigté suivant:

On aura remarqué dans la première de ces échelles que les sons *ré$_4$*, *la$_3$* et *mi$_4$* se produisent soit par une corde à vide, soit par une corde doigtée. Cette dernière manière est préférée dans la plupart des cas, la sonorité de la corde doigtée étant plus vivante que celle de la corde à vide. Pour obtenir une grande puissance on fait parfois entendre l'unisson sur deux cordes.

II. Pour produire des sons plus aigus que *si$_5$*, le violoniste doit *démancher*, c'est-à-dire déplacer la main gauche, et la rapprocher du chevalet. En la faisant successivement avancer d'un degré, l'exécutant passe de la première position à la 2ᵉ, de la 2ᵉ à la 3ᵉ, et ainsi de suite jusqu'à la 7ᵉ position, dont la note la plus aiguë, *la$_6$*, forme aujourd'hui la limite normale du violon à l'orchestre.

On fait monter quelquefois les premiers violons jusqu'à l'*ut$_6$* (9ᵉ position);

et de nos jours on n'a pas même craint de leur donner des *mi$_6$* (11ᵉ position).

Mais il est à remarquer que les positions à l'aigu de la 7ᵉ (*la$_6$*) ont uniquement lieu sur la chanterelle et la 2ᵉ corde, et ne sont guère praticables à l'orchestre que pour des passages faciles en notes répétées, tels que les précédents.

Il y a toujours une certaine difficulté à passer d'une position à une autre dans les traits rapides. La difficulté est plus considérable pour descendre que pour monter: elle est réduite au minimum lorsque la descente se fait par une progression dont le modèle mélodique ne dépasse pas l'intervalle de quarte. En général il faut éviter plusieurs sauts successifs, à moins qu'on ne tombe sur une corde à vide, ce qui est le moyen le plus facile pour changer de position.

III. On vient de voir que le doigté du violon a pour base l'échelle diatonique. Pour exécuter sur cet instrument une gamme chromatique on est forcé de poser le même doigt sur deux degrés successifs de l'échelle, sauf aux endroits où l'échelle diatonique procède par demi-ton. Les degrés qui se font avec le même doigt sont ceux qui se trouvent à même hauteur sur la portée, en d'autres termes, ceux qui forment un demi-ton chromatique.

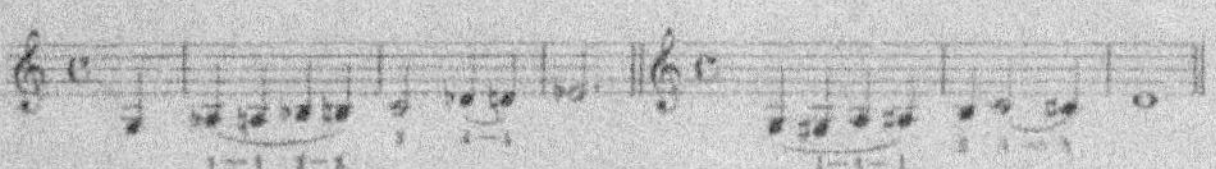

Les passages rapides mêlés d'intervalles chromatiques ne sont jamais d'une exécution facile à l'orchestre. Pour faire bon effet dans l'ensemble orchestral, les gammes chromatiques vives doivent ne pas contenir des sons très aigus et se jouer détachées.

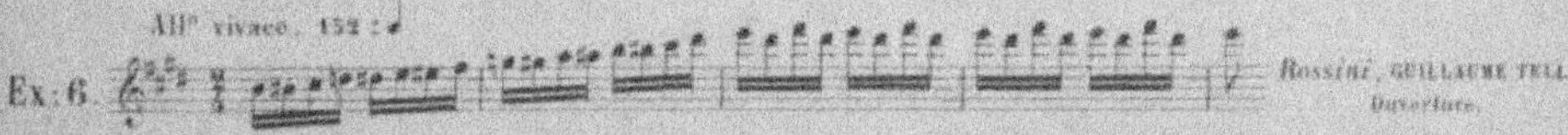

Quant aux gammes chromatiques vives en sons liés, elles sont mieux à leur place dans les instruments à vent que dans les violons, à moins toutefois que le compositeur n'ait intentionnellement utilisé ces traînées de sons pour un effet pittoresque.

§ 33. — Le violon, de même que l'alto et le violoncelle, peut faire résonner à la fois deux, trois, voire quatre cordes, de manière à produire des accords ou des fragments d'accords. Pour être facilement exécutables et produire un effet satisfaisant, les accords en double-, triple-et quadruple corde ne doivent pas contenir les dissonances chromatiques dont la liaison harmonique est peu saisissable au sentiment spontané, telles que les tierces et sixtes diminuées et augmentées. Les accords sonneront d'autant mieux qu'ils contiendront plus de cordes à vide. Au reste c'est une erreur de croire que l'on augmente l'intensité du quatuor en prodiguant les doubles cordes et les accords. L'archet et les doigts ayant à atteindre plusieurs points à la fois, leur action est divisée, partant moins énergique.

1. Nous allons énumérer, dans l'ordre de leur difficulté croissante, les *doubles cordes* employées en dehors du solo.

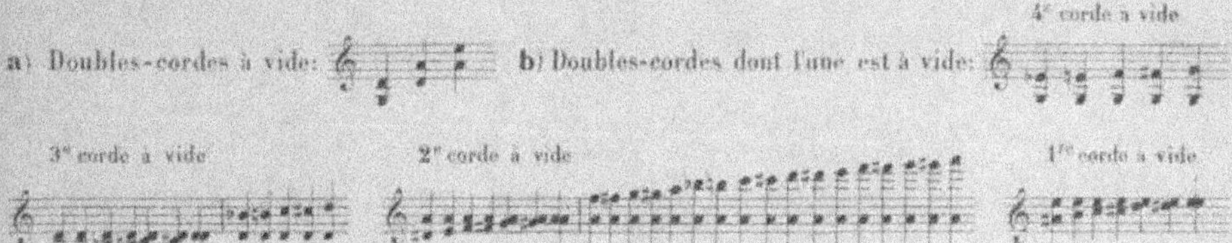

c) Doubles-cordes dont aucune n'est à vide. A l'orchestre elles ne doivent pas se succéder rapidement, sous peine de devenir inexécutables en beaucoup de cas. Nous les subdiviserons en trois catégories:

1° faciles:

Sixtes mineures et majeures, depuis ... jusqu'à

Septièmes diminuées, mineures et majeures, depuis ... jusqu'à

Tierces mineures et majeures, depuis ... jusqu'à ... peu usitées

2° moins faciles:

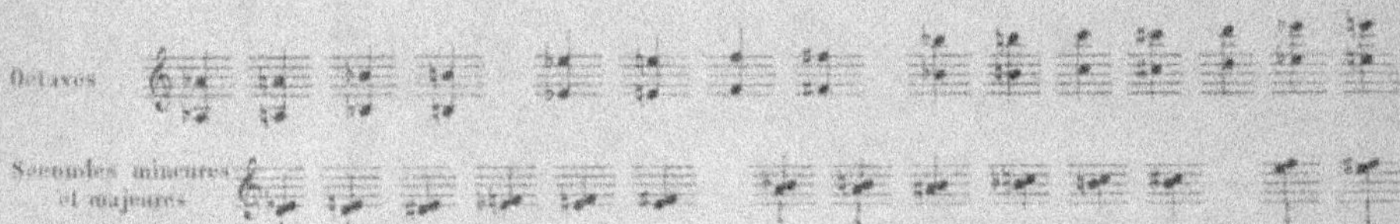

Quartes justes et majeures, depuis ... jusqu'à ... peu usitées

Quintes mineures, justes et augmentées, depuis ... jusqu'à ... peu usitées

3° assez difficiles: les octaves et les secondes. Parmi les intervalles de cette espèce qui n'ont pas de cordes à vide, les suivants seuls s'emploient à l'orchestre:

Octaves

Secondes mineures et majeures

On doit éviter comme extrêmement difficiles, pour ne pas dire impossibles, les sauts en doubles cordes, chaque fois qu'ils nécessitent un déplacement complet de la main, par exemple:

De pareils sauts ne sont faisables que dans le cas déterminé plus loin (§ 35, III, c, p. 22).

Les doubles cordes sont utilisées presque uniquement pour des parties d'accompagnement, soit en tenues, soit en notes répétées, soit en *tremolo*. On les emploie rarement dans la partie mélodique; cela n'arrive qu'au cas où le compositeur vise à une sonorité très pleine.

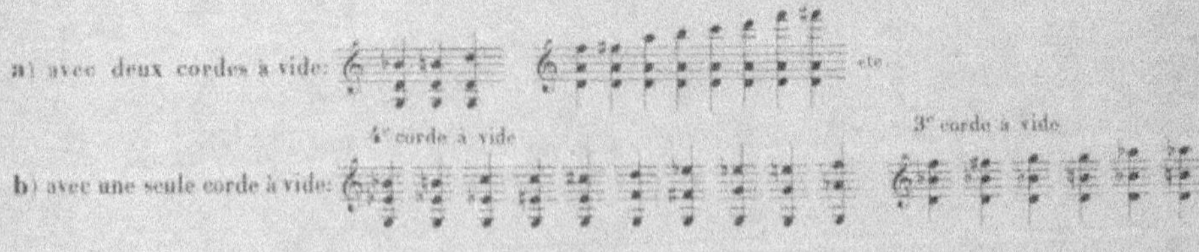

II. Les *triples cordes* forment des accords complets ou des fragments d'accords;

a) avec deux cordes à vide: ... etc.

b) avec une seule corde à vide:

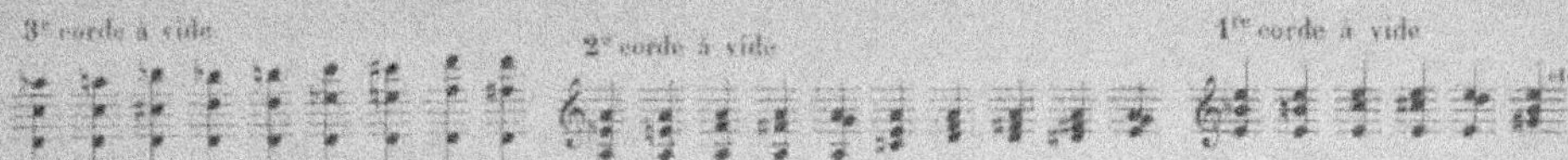

c) sans corde à vide: on n'écrit guère que des accords parfaits majeurs et mineurs, plus rarement des accords de quinte augmentée. Pour qu'ils soient facilement exécutables par une masse, les accords doivent être disposés de manière à présenter, soit une quinte à l'aigu et une sixte au grave ou vice-versa, soit une sixte des deux côtés; à cette condition les accords en triple-corde n'offrent de difficultés ni sur le violon, ni sur l'alto, ni même sur le violoncelle.

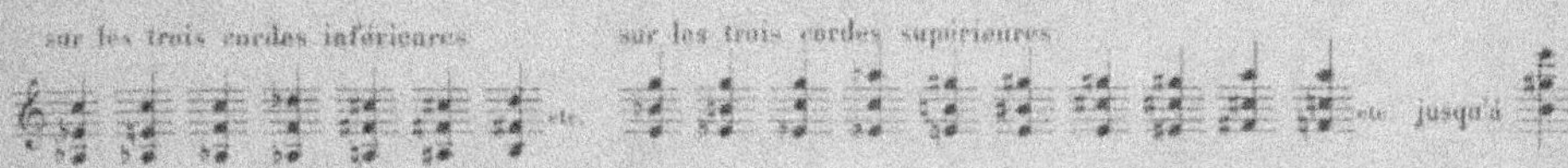

Les accords de septième en triple-corde se font également sans grande difficulté sur les trois cordes les plus aiguës du violon.

III. *Quadruples cordes:*

a) avec une ou deux cordes à vide:

b) sans corde à vide on ne fait guère que des accords parfaits disposés ainsi:

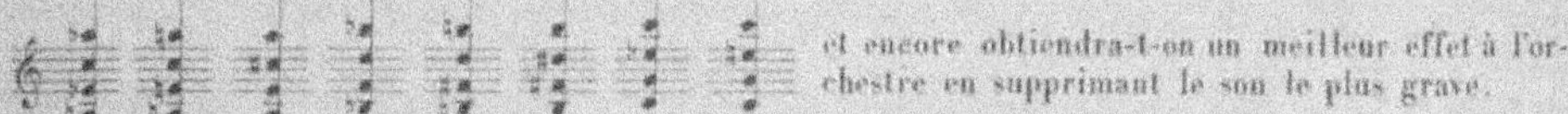

La convexité du chevalet empêchant l'archet d'attaquer avec une parfaite simultanéité trois ou quatre cordes, les accords sont arpégés très rapidement de bas en haut, et les deux sons supérieurs seuls peuvent être soutenus. Pour éviter toute méprise, le compositeur fera bien de montrer clairement par la notation si l'exécutant doit soutenir deux sons ou un seul.

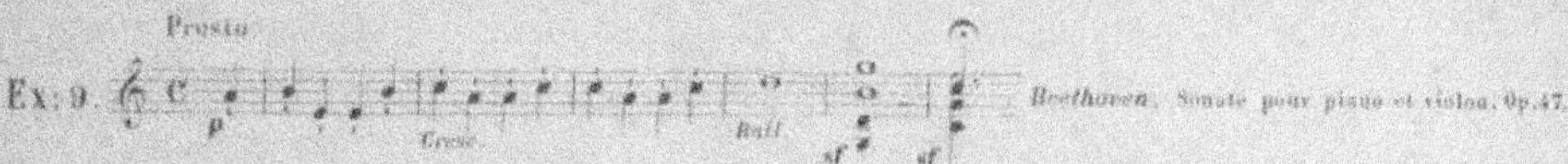

Les accords en triple- et en quadruple-corde ne s'emploient généralement que dans le *forte*, et ne doivent pas se succéder avec une grande rapidité.

§ 34. — Les diverses manières dont les cordes sont attaquées par l'archet ont une grande importance et influent singulièrement sur la sonorité et le caractère des mélodies et des traits. Les deux mouvements fondamentaux de l'archet sont le *tiré* (qui s'indique, lorsqu'il y a lieu, par ⌐ ou ⌐) et le *poussé* (désigné par V ou Λ). La mise en mouvement de l'archet, soit vers le haut, soit vers le bas, donne au son de l'instrument une articulation distincte. Cette articulation ayant plus d'intensité au tiré qu'au poussé, l'exécutant s'arrange, autant que possible, pour que les temps forts, ou au moins ceux qui ont un accent prépondérant, tombent sur un tiré. Tous les accords en triple- ou en quadruple-corde se font en tirant. Selon que le violoniste, pour ébranler la corde, met en œuvre telle ou telle partie de l'archet, soit la *pointe*, soit le *talon*, soit le *milieu*, il se produira des différences sensibles dans la nature de la sonorité. La pointe de l'archet produit des sons fins et nets; le talon donne au timbre une énergie allant jusqu'à la rudesse; le milieu de l'archet favorise la production d'une sonorité souple et mélodieuse.

I. L'absence d'un *coulé* ⌒ au-dessus et au-dessous des notes signifie que les sons successifs doivent recevoir alternativement un *poussé* et un *tiré* (exception p. 19, IV). Un point au-dessus ou au-dessous de la note signifie que le son doit être séparé du suivant par un petit silence.

Lorsque dans une phrase chantante et soutenue le compositeur veut que chaque son ait une articulation, il fera bien, pour éviter la sécheresse résultant de la négligence des musiciens d'orchestre à jouer avec l'archet à la corde, d'ajouter une indication supplémentaire telle que *cantabile, sostenuto* ou *archet à la corde*. On emploie aujourd'hui avec la même signification le petit tiret (—) au-dessus ou au-dessous de la note.

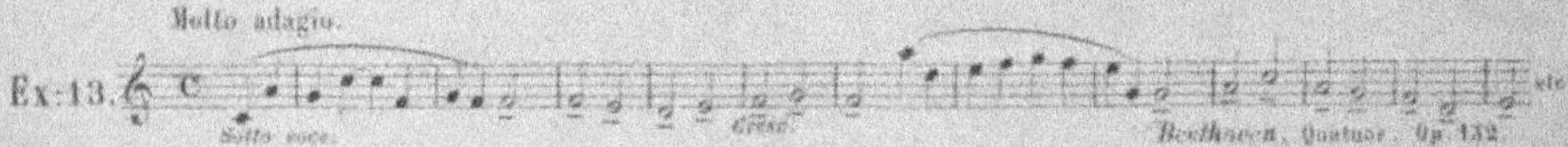

II. Lorsque plusieurs sons consécutifs doivent se faire d'un seul coup d'archet, on les réunit par un *coulé*. Un tel groupe n'a qu'une articulation unique, laquelle se trouve sur le son initial.

Dans les traits étendus composés de notes liées, ainsi que dans les phrases de chant, les compositeurs indiquent rarement avec précision la longueur des coups d'archet. La plupart se contentent de prescrire, par un coulé de longueur arbitraire (voir ex. 38), une exécution liée pour tout le passage désigné, en laissant au jugement individuel de chaque violoniste la détermination des endroits ou doivent se faire les reprises d'archet. Nous croyons presque superflu de dire que le compositeur obtiendra une exécution d'autant plus nette et plus sûre que ses indications seront moins équivoques.

Si le trait a une expression tranquille et ne nécessite pas une sonorité très intense, le mouvement de l'archet peut se faire avec une assez grande lenteur.

Il est évident que des coups d'archet aussi longs ne conviendraient pas à un *Allegro con fuoco*.

III. Les sons liés et les sons détachés se mêlent suivant la fantaisie du compositeur, pour former les combinaisons les plus variées. En général un dessin formant progression se reproduit avec la même articulation.

IV. Quelquefois plusieurs sons consécutifs, sans être liés, se font d'un seul coup d'archet; l'attaque se produit alors au moyen d'une simple impulsion du poignet pour chacun d'eux. Ce mode d'articulation, distingué et fin, est fréquemment adapté à des notes répétées. Il s'exprime dans la notation par des points enfermés dans un *coulé* (C ● ● ● ●). Lorsqu'il s'agit d'une phrase chantante, on fera bien, pour éviter la sécheresse dans l'exécution, de mettre à chaque note le petit tiret indiquant la tenue du son.

V. Toutes les variétés d'articulation analysées précédemment se font par le coup d'archet ordinaire. Il nous reste à décrire brièvement quelques espèces de détachés qui s'obtiennent par des coups d'archet spéciaux, introduits depuis longtemps dans tous les bons orchestres.

a) Pour des passages qui exigent une sonorité pleine et large, sans dureté, on emploie le *grand détaché*, obtenu par le *coup d'archet allongé*. On le désigne par des points ronds. À l'orchestre il n'est guère utilisé que dans le *forte*.

b) Un coup d'archet moins fréquent est le *détaché sec* ou *martelé*, lequel consiste dans un arrêt brusque de l'archet. Il se fait plus souvent de la pointe que du talon. De même que le *grand détaché*, il ne dépasse pas un certain degré de rapidité. En général il est appliqué à des passages en notes égales auxquels on veut donner un caractère net et tranchant. On le désigne par des points allongés ou par l'interposition de silences entre les notes.

Le *grand détaché* et le *martelé* deviennent impraticables au-delà d'un maximum de vitesse dont nous fixerons la limite extrême aux doubles croches dans un mouvement *allegro moderato* (♩=100). Pour tous les traits composés de durées plus brèves l'exécutant ne peut se servir, dans le *forte*, que du coup d'archet ordinaire (1). Dans le *piano* le compositeur a le choix entre deux ou trois modes d'articulation, dont nous allons dire quelques mots.

c) 1° Le *sautillé*, articulation svelte et légère que l'on obtient en faisant rebondir doucement la partie médiane de l'archet sur la corde. Il s'emploie pour les passages légers d'un mouvement plus ou moins rapide, et se désigne par des points ronds.

Une variété du coup d'archet sautillé est le *jeté*. On l'obtient en lançant l'archet (employé dans son tiers supérieur), et le faisant rebondir sur la corde, de manière à produire une émission rapide de deux, trois ou quatre sons égaux en durée. Les notes *jetées* sont marquées par des points enfermés dans une liaison.

2° Le *détaché de la pointe* se fait par le coup d'archet ordinaire. Fin, élégant et facile, mais moins léger que le *sautillé*, il remplace celui-ci en certains cas, par exemple lorsqu'il s'agit de traits en durées fort brèves, exécutés sur la chanterelle et près du chevalet. Comme le détaché de la pointe n'a point de notation spéciale, le compositeur fera bien, lorsqu'il peut y avoir doute, de le prescrire explicitement.

---

(1) En conséquence il est inutile, dans le *forte*, de mettre des points sur des notes détachées d'une très courte durée.

3° Enfin mentionnons pour mémoire le *staccato* proprement dit; c'est une suite de notes très brèves articulées dans un seul et même coup d'archet. Jusqu'à ce jour on n'a guère tenté de l'introduire à l'orchestre. Il s'indique ainsi:

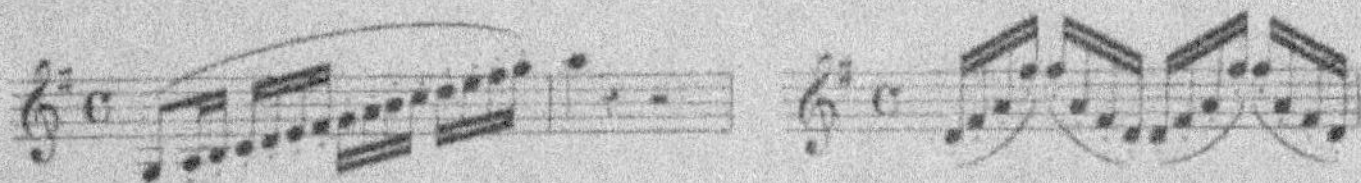

§ 35. — Voici les points principaux que le compositeur doit avoir présents à l'esprit en écrivant pour les instruments à archet des traits d'agilité destinés à être exécutés par une masse.

I. Toutes les tonalités ne sont pas également favorables à une grande multiplicité de sons, soit à cause des difficultés qu'elles présentent pour le doigté, soit par suite de leur manque d'éclat. Celles dont la gamme ne renferme aucune corde à vide sont les plus ingrates.

Par son caractère franc et la simplicité de ses intervalles, le mode majeur convient mieux à l'agilité que le mineur, toujours mêlé d'intonations chromatiques. Les tons majeurs sont d'autant plus faciles que leur armure s'éloigne moins de celle de *sol majeur*, le ton le plus facile de tous. On peut les diviser en trois catégories:

Faciles .... mi♭ si♭ fa. ut sol ré la mi	
Assez difficiles .... la♭	si
Très difficiles ...... sol♭ ré♭	fa♯

Quant aux tons mineurs, ils se classent à peu près ainsi:

Faciles .... ut sol ré la mi si	
Assez difficiles .... fa	fa♯
Très difficiles ...... la♭ mi♭ si♭	ut♯ sol♯

II. Les sons les plus aigus de l'instrument ne conviennent pas aux dessins d'un mouvement très animé. À mesure que la main gauche avance vers le chevalet, la partie vibrante de la corde se raccourcit et le son devient moins éclatant; en outre les doigts se rapprochent de manière à rendre l'intonation moins sûre. Au-dessus de *la₃* les figures en notes répétées sont les seules à employer (§ 32, II, p. 14).

III. Relativement à la contexture mélodique des traits destinés aux instruments à archet, voici ce qu'il y a de plus important à observer:

a) La répétition du même son, laquelle se produit naturellement par le mouvement de l'archet, constitue un des principaux éléments de ces passages, et se retrouve sous les formes les plus diverses, tant dans la partie prédominante que dans les accompagnements.

b) Les figures mélodiques formées de gammes ou de fragments de gammes, fournissent également une variété inépuisable de passages (ex: 5, 6, 7 etc).

c) Dans les mouvements rapides il faut éviter le fréquent retour de grands intervalles; ceux que l'exécutant ne pourrait atteindre qu'en sautant par-dessus une corde sont à rejeter complètement.

Remarquons ici toutefois que les grands intervalles n'offrent pas de difficulté lorsque les sons dont ils se composent peuvent être attaqués simultanément, en d'autres termes lorsque ces intervalles sont réductibles à des doubles-cordes.

La précédente observation s'applique également aux arpéges et aux batteries d'accompagnement. Tous les arpéges qui proviennent de la décomposition d'accords à triple ou à quadruple corde sont praticables à l'orchestre; cependant ils y sont rarement utilisés. Voici quelques-unes de leurs formes.

§ 36. — I. Le *tremolo*, répercussion rapide du même son, est un effet dû au mécanisme même de l'archet, et qu'aucun autre genre d'instruments n'est capable de reproduire avec fidélité. On distingue deux espèces de tremolo.

a) le *tremolo mesuré*; malgré la vitesse d'articulation des sons, la netteté des divisions rythmiques est maintenue.

b) le *tremolo proprement dit*, frémissement aussi vif que possible et sans détermination rythmique bien précise. Comme l'exécution d'un *tremolo* très serré fatigue vite le poignet, elle se fait rarement à l'orchestre avec un soin suffisant. Selon le degré de rapidité du mouvement, on note le *tremolo* d'une des manières suivantes:

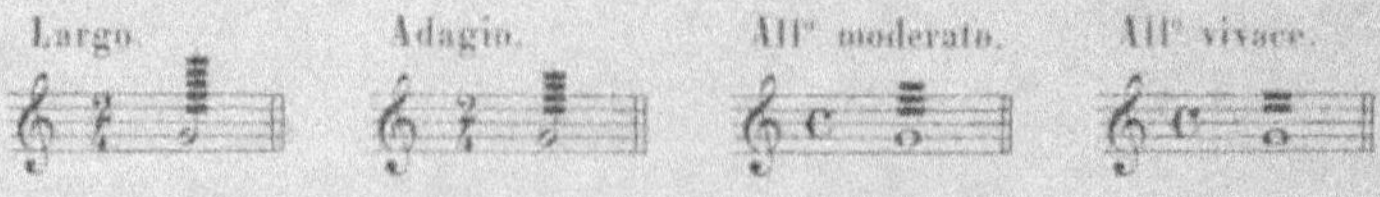

§ 37. — Le battement rapide et lié de deux sons, exécuté sur la même corde et par le même coup d'archet, produit des ornements mélodiques et des formules d'accompagnement dont les instruments à archet font un fréquent usage.

I. Le *trille* par ton et par demi-ton diatonique, avec toutes ses variétés, est praticable dans l'étendue entière de l'instrument, excepté sur la dernière note au grave, où il ne pourrait avoir de résolution.

II. Le *battement mesuré de deux sons liés*, à distance de seconde, de tierce ou de quarte, fournit des figures d'accompagnement qui remplacent souvent le *tremolo*.

Ex: 30.

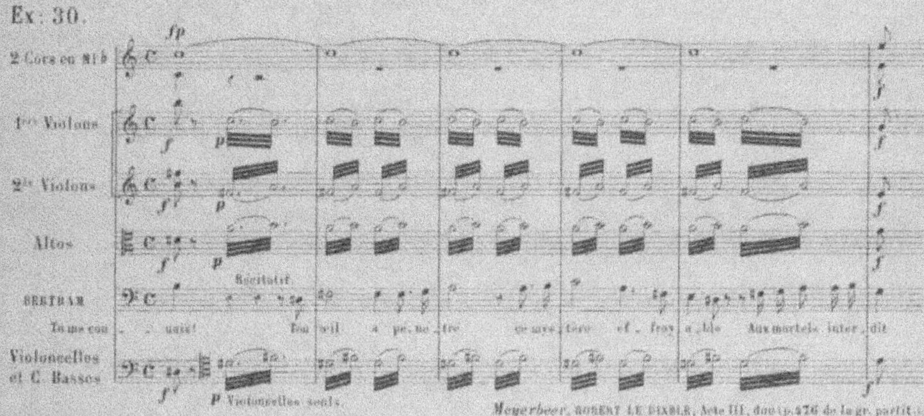

Cette sorte de dessins, transportée dans la région aiguë, prend un caractère mélodique, léger, mystérieux et vague à la fois.

Ex: 31.

§ 38. — Parfois, au lieu de se servir de l'archet, on produit le son sur ce genre d'instruments en é-branlant la corde directement par le bout charnu des doigts, ainsi que l'on fait pour la harpe, la guitare, etc. Ce mode d'attaque s'indique par le terme italien *pizzicato* (abr. *pizz.*), participe passé du verbe *pizzicare*, pincer. Il est surtout employé pour des formules d'accompagnement, soit dans la musique vocale, soit dans l'instrumentale.

Néanmoins il arrive que la mélodie principale, aussi bien que les parties d'accompagnement, est rendue par des sons pincés.

Bien qu'usité principalement dans le grave et dans le médium de l'instrument, le *pizzicato* est de bon effet à l'aigu, jusqu'à l'*ut*, au moins. Plus haut la chanterelle, trop raccourcie, rend des sons durs et secs.

Les instrumentistes actuels, ne se servant en général que d'un ou tout au plus de deux doigts pour l'exécution du *pizzicato*, y déploient une agilité médiocre. On fera donc bien de ne pas écrire en *pizzicato* des passages plus rapides que ceux que l'on vient de voir. Les mesures 2 et 6 de l'exemple 34 nous montrent que l'on peut faire entendre par un seul attouchement de la corde deux sons qui se succèdent de très près, tels qu'une *acciaccatura* et la note qu'elle prépare.

Le *pizzicato* se fait en double- triple- et quadruple corde aussi facilement qu'en sons simples.

Lorsque l'effet du *pizzicato* doit cesser pour faire place aux sons produits par l'archet, le compositeur met l'indication italienne *coll'arco* (avec l'archet) ou simplement *arco*. Quelquefois la transition de l'un à l'autre mode d'attaque est prompte et fréquente, et donne lieu à des effets pittoresques.

§ 39. — Les instruments à archet, particulièrement le violon et le violoncelle, ne sont pas limités, comme les instruments à vent, à un petit nombre de caractères de sonorité; leur timbre se nuance avec une variété infinie.

1. Chacune des cordes du violon a sa couleur sonore. Quelquefois le compositeur ou le chef d'orchestre utilise cette particularité pour donner à certains traits de chant un relief extraordinaire, en les faisant exécuter sur une seule corde. La *chanterelle* a des accents vibrants, qui prêtent à la phrase mélodique toute l'intensité d'expression dont elle est susceptible.

Les sons très aigus de la chanterelle, placés dans une *région* où n'atteint pas l'organe humain, donnent une sensation lumineuse et éveillent l'idée du merveilleux (ex. 42). La *deuxième corde* n'a pas autant de mordant que la chanterelle; elle excelle à interpréter une mélodie suave.

La *troisième corde* se distingue par une douceur incomparable, qualité qui atteint le plus haut degré de poésie lorsque la cantilène est d'un style pur et élevé.

La *quatrième corde* est une voix de contralto, au timbre mâle.

Cette puissance va jusqu'à la dureté lorsque la corde est attaquée par le talon de l'archet (ce que l'on indique expressément en certains cas par les mots «du talon»).

II. La sonorité des instruments à archet subit une autre modification sensible, quant à l'intensité et au caractère, d'après l'endroit de la corde où se pose l'archet. Tandis que dans le voisinage du chevalet, où la corde a le plus de tension, le son atteint son maximum d'éclat, au-dessus de la touche la sonorité est faible et mate. Aussi cette dernière qualité de son, compatible seulement avec la nuance *piano*, est employée dans les passages auxquels le compositeur veut donner tout le velouté possible. Lorsqu'il désire ce genre d'effet, il fera bien de mettre l'indication «sur la touche».

Dans les passages de force les exécutants posent l'archet à proximité du chevalet, où ils obtiennent, en attaquant la corde avec vigueur, une sonorité stridente et métallique. Rien n'égale l'impétuosité d'un *tremolo* très serré exécuté près du chevalet par un quatuor nombreux.

Toutefois les sons obtenus à cet endroit sont aussi de bon effet dans le *pp*, lorsque le caractère du passage exige un timbre scintillant. En ce cas le compositeur ajoute souvent l'indication «sur le chevalet» (en italien *sul ponticello*).

§ 40. — Une troisième modification du timbre des instruments à archet, et la plus frappante, s'obtient par la *sourdine*. C'est un petit appareil en bois, en ivoire ou en métal, lequel, étant posé sur le chevalet, a pour effet d'intercepter les vibrations de la caisse de l'instrument et d'assourdir la résonnance. Les cordes vibrant seules, le timbre se trouve altéré et revêt un caractère de douceur étrange.

En tête du morceau ou du passage où cette modification artificielle du son est mise en œuvre, le compositeur écrit *avec sourdines* (italien *con sordini*). Si le changement se fait dans le cours du morceau, on doit laisser à l'exécutant le temps de mettre la sourdine, en lui ménageant un silence de quelque durée (soit deux mesures *allegro moderato*, ♩ = 100). Une interruption moins longue suffit pour enlever le petit appareil, ce qui s'indique par les mots *sans sourdines* (italien *senza sordini*). La transition subite des sons voilés aux sons clairs donne lieu à un effet saisissant, dont le plus ancien et le plus illustre exemple est le fameux passage au début de la *Création* d'Haydn: Dieu dit, Que la lumière soit. Et la lumière fut.

C'est la teinte *vague* et *mystérieuse* du timbre qui détermine l'emploi de la sourdine dans toute une catégorie de situations dramatiques: scènes nocturnes, rêves et visions.

Ex: 41.

§ 41. — Nous avons exposé plus haut le mécanisme de la production des *sons harmoniques* sur les instruments à archet (p. 4, § 10, IV). Ces sons aériens ne s'obtiennent pas seulement sur les cordes à vide. Chacun des degrés de l'échelle générale produits par le raccourcissement artificiel des cordes fournit également ses harmoniques. Pour faire entendre ceux-ci, l'instrumentiste n'a qu'un procédé unique de doigté: l'index, fortement appuyé contre la touche, se pose sur la fondamentale, tandis que l'un des trois doigts restants est employé à effleurer la corde. Le violon produit ainsi une série non interrompue de sons harmoniques parcourant chromatiquement une étendue de deux octaves et une tierce:

Lorsque le compositeur d'aujourd'hui juge à propos de prescrire l'usage de sons harmoniques (ce qu'il ne fait guère que pour des tenues en accords), il peut les noter à la façon des sons ordinaires, et se dispenser d'indiquer la note appuyée, la note effleurée. Depuis quelques années nos violonistes se sont familiarisés avec ce genre d'effet et trouvent sans hésitation le doigté convenable.

Les sons harmoniques prolongent l'échelle des instruments à archet au-delà des limites assignées aux sons ordinaires. En juxtaposant les deux séries de sons, telles que nous les avons établies ci-dessus, on arrive à un total de quatre octaves et une tierce majeure, dont une octave et demie est commune aux deux séries.

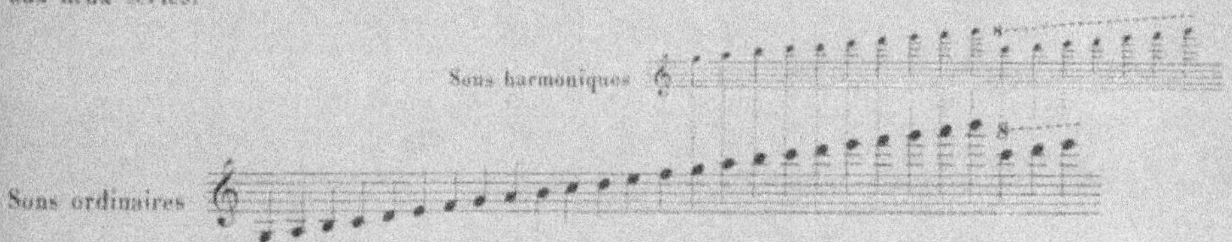

§ 42. — Considérée dans l'étendue générale du domaine instrumental (§ 21), l'échelle du violon, telle que nous venons de la déterminer, occupe la plus grande partie de la région moyenne et la région aiguë en entier; de plus elle atteint, grâce aux sons harmoniques, les limites extrêmes de la région suraiguë (§ 22). Envisagée simplement en elle-même, comme un fait indépendant, l'étendue du violon se décompose, à son tour, en quatre registres, lesquels s'établissent à peu près ainsi:

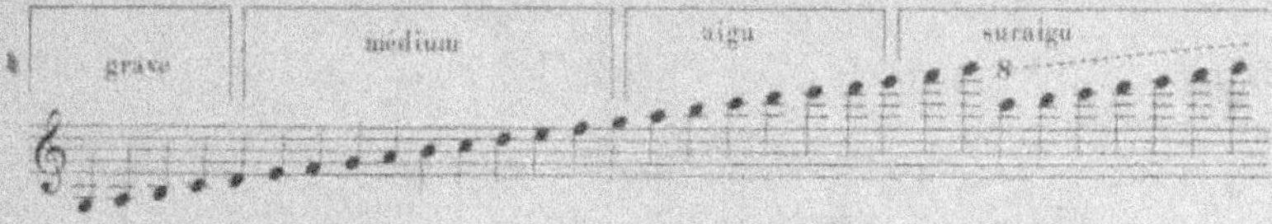

Toute la musique de violon s'écrit aujourd'hui, sans aucune exception, sur la clef de sol 2e ligne.

§ 43. — Dans l'orchestre *de symphonie et de théâtre*, la masse des violons se divise communément en *premiers et seconds*. La partie de second violon étant presque partout confiée aux exécutants les moins habiles, le compositeur évite, autant que possible, de lui donner des traits de grande difficulté. Rarement le second violon dépasse à l'aigu le mi₃, degré le plus élevé de la 4ᵉ position (§ 32, II).

Lorsque l'effet à produire l'exige, on divise par moments les violons en plus de deux parties réelles (exemple: Ouverture d'*Euryanthe*, *Largo* en six; quatre parties de violon). Les maîtres les plus récents, qui disposent d'orchestres très nombreux, ont pu appliquer le procédé sur une vaste échelle: Richard Wagner, dans le premier drame de sa tétralogie, (le *Rheingold, l'or du Rhin*), écrit jusqu'à 12 parties différentes de violon et 6 d'alto.

Parfois un seul premier violon se détache momentanément de la masse pour jouer une partie principale, *obligée*, tandis que le reste des premiers violons fait une partie d'accompagnement. D'autres fois le compositeur n'utilise pour chaque partie du *quatuor* qu'une fraction des exécutants (un pupitre, deux pupitres, etc), en certain cas un seul artiste lui suffit.

Ex : 43.

Alto ou Viole

(En italien *Viola*, pluriel *Viole*; en allemand *Bratsche*.)

§ 44. — Placé entre le violon et le violoncelle, l'alto occupe la région moyenne de l'étendue générale (§ 22), le parcours des voix de ténor et de contralto (§ 23). Ses quatre cordes sonnent la quinte grave de celles du violon.

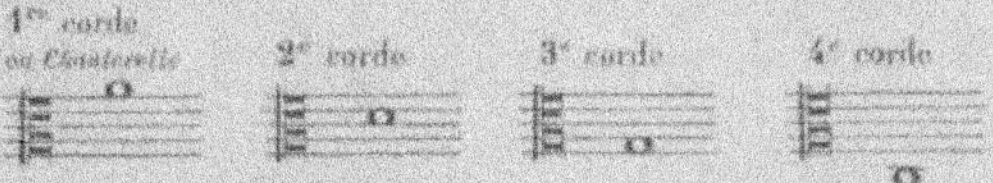

Pas plus que l'accord du violon, celui de l'alto ne varie à l'orchestre. Nous signalerons toutefois à cet endroit une exception intéressante. Dans la scène de la barque au IIIe acte du *Pré aux Clercs* (p. 337 de la partition) l'alto descend sa 4e corde au *si₁* pour jouer le passage.

§ 45. — Tout ce qui a été dit relativement au doigté du violon (§ 32) s'applique à l'alto, avec la seule restriction que cet instrument, par suite de ses dimensions, nécessite des écarts de la main gauche plus considérables, et est en conséquence d'un maniement moins aisé.

Les *positions* du violon se reproduisent à la quinte grave. On ne dépasse pas la 7e position, dont le son le plus haut est *ré₅*, et encore monte-t-on rarement jusque-là. Les derniers sons à l'aigu se notent habituellement en clef de sol.

§ 46. — Les *doubles- triples- et quadruples cordes* ne sont pas moins usitées sur l'alto que sur le violon. Elles reproduisent exactement, à la quinte inférieure, les intervalles et les accords notés ci-dessus pp. 16 et 17. Faisons remarquer seulement que les octaves, secondes et septièmes ne contenant aucune corde à vide sont un peu plus difficiles ici, par la grande extension qu'elles nécessitent.

Pour les coups d'archet, le trémolo, les trilles et le *pizzicato*, l'alto ne diffère en rien du violon: il suffira donc de renvoyer aux §§ 34, 36, 37 et 38, où ces diverses matières ont été traitées avec les développements nécessaires.

En ce qui concerne les traits et passages, le compositeur peut aujourd'hui, grâce à l'habileté de la plupart de nos musiciens d'orchestre, traiter l'alto comme le violon, à condition de tenir compte des allures caractéristiques de l'instrument, peu favorables à une trop grande légèreté. Anciennement, lorsque les altistes étaient pris dans le rebut des violonistes, il eût été imprudent de leur confier des traits quelque peu difficiles. Personne ne se serait avisé il y a soixante ans d'écrire des passages tels que les suivants.

§ 47. — L'alto n'offre pas cette merveilleuse variété de timbres qui a fait du violon l'interprète universel du sentiment. La note brillante et passionnée, l'énergie mâle lui font également défaut. Placé aux confins
de la voix d'homme et de femme, l'alto a un caractère indécis, mixte: il affectionne le mode mineur, le chromatique. Sa sonorité comporte toutefois des nuances d'un effet saisissant. Les deux cordes aiguës ont une
vibration pénétrante jusqu'à l'âpreté, qui double l'intensité d'expression d'une cantilène mélancolique. Trop
rarement ce timbre est mis en évidence dans la musique d'orchestre.

Ex: 47.

Sur les deux cordes inférieures le timbre de l'alto revêt une couleur sombre et austère qui peut aller jusqu'au sinistre. Rappelons ici le passage suivant dont l'effet saisissant est dans l'oreille de tout le monde.

Ex: 48.

Les modifications de sonorité obtenues par le jeu *sur la touche* et *près du chevalet* (§ 39, II) sont ap-
plicables à tous les instruments à archet. Il en est de même pour l'usage de la *sourdine* (§ 40). En général le compositeur prescrit des sourdines aux altos dans les morceaux ou passages où il en fait mettre aux
violons.

§ 48. — L'échelle des sons harmoniques est naturellement située sur l'alto une quinte plus bas que
sur le violon. Elle s'étend en conséquence

depuis   jusqu'à

En tenant compte de ces sons, on arrive pour l'alto à une étendue totale de quatre octaves et une tierce
majeure, reproduisant à la quinte grave l'échelle du violon (§ 42) et divisée d'une manière identique.
Nous distinguons la série des sons harmoniques par de petites notes.

§ 49. — Dans la musique d'orchestre le compositeur n'écrit ordinairement qu'une seule partie d'alto. Toutefois les cas sont assez fréquents où il est amené à diviser la masse des altos en *premiers et seconds*, ce qui n'offre pas d'inconvénient dans les orchestres modernes, où les altos sont presque aussi nombreux que les seconds violons. Ce dédoublement s'indique par le mot *divisés*.

Ex: 49.

Lorsque, dans un passage où les altos se divisent, on fait usage de doubles-cordes, il faut indiquer avec soin la manière dont les accords se répartissent entre les premiers et les seconds.

Les œuvres vocales destinées au théâtre ou au concert renferment parfois des morceaux où l'alto est traité en instrument solo. Outre la partie récitante, jouée par un seul exécutant, le compositeur écrit alors d'ordinaire une partie d'accompagnement pour la masse des altistes (les *ripieni*).

Ex: 50.

Violoncelle ou Basse

(En italien et en allemand *Violoncello*, par abréviation *Cello*, pluriel *Celli*.)

§ 50. — Dans le quatuor des instruments à archet le violoncelle joue tantôt la partie de basse, tantôt la partie de ténor. Non-seulement il occupe en entier les régions grave et moyenne de l'étendue générale § 22, il s'étend jusque dans la région aiguë, même sans avoir besoin de recourir aux sons harmoniques.

Ses quatre cordes à vide donnent l'octave grave des cordes de l'alto.

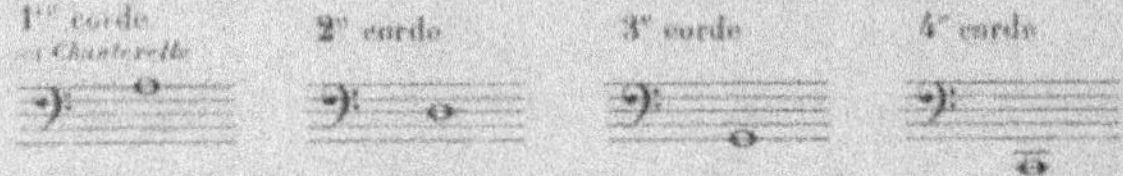

§ 51. — Le doigté du violoncelle est moins simple, moins régulier que celui du violon et de l'alto. En voici la cause. Les cordes ayant une longueur presque double de celles du violon, la grandeur des intervalles sur le manche de l'instrument s'accroît dans la même proportion, et la distance entre les degrés conjoints de l'échelle diatonique ne correspond plus à l'écartement naturel des doigts, lequel ne dépasse pas en moyenne l'intervalle de demi-ton. Il résulte de là que la main gauche du violoncelliste ne garde la position ordinaire (ou 1re position) que dans les gammes diatoniques dont chaque intervalle de quarte contient une corde à vide, et qui ne s'élèvent pas au-dessus de *ré₃*. Les autres ne peuvent s'exécuter sans que la main ne se déplace pour s'avancer vers le chevalet. En revanche la gamme chromatique a un doigté aussi régulier, aussi simple que possible: elle s'obtient par le placement des doigts consécutifs, et le procédé reste toujours le même quel que soit le ton.

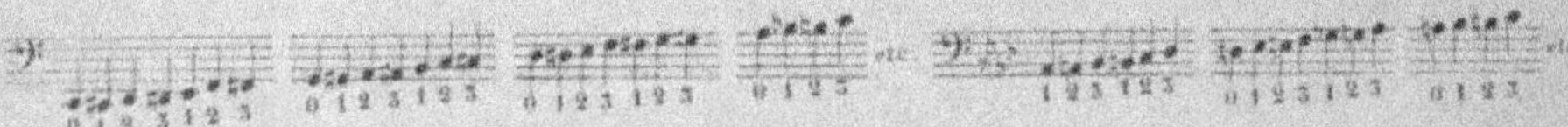

Une autre particularité du doigté du violoncelle consiste dans l'usage du pouce: on l'indique, quand il y a lieu, par le signe ϙ. L'adjonction de ce doigt permet à la main gauche d'atteindre des intervalles inabordables par le doigté ordinaire, et lui donne un point d'appui pour démancher.

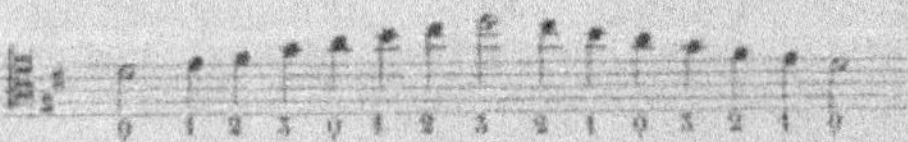

Cette gamme atteint la limite aiguë assignée aux violoncelles dans la musique d'orchestre. Des sons aussi élevés apparaissent déjà chez Haydn.

Beethoven (dans un solo, il est vrai) ne craint pas de monter en sons naturels jusqu'au *sol₄*.

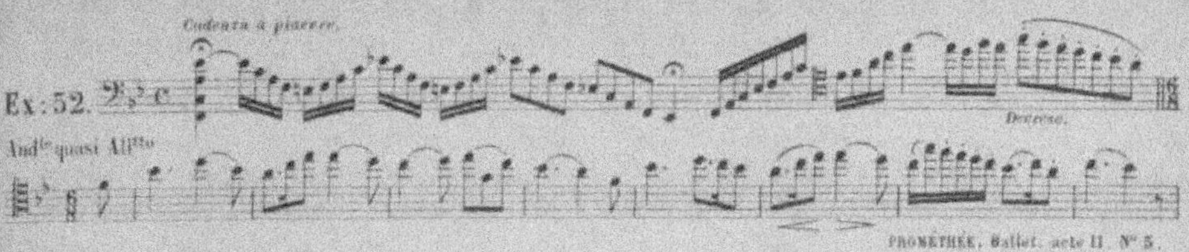

Pour la facilité de la lecture il vaut mieux substituer la clef de sol à la clef d'ut 4° dès que les lignes additionnelles se multiplient.

À propos de l'usage de la clef de sol dans la musique de violoncelle, faisons remarquer ici que les maîtres classiques, lorsqu'ils se servent de cette clef (et cela est fréquent dans leur musique de chambre), écrivent toutes les notes une octave au-dessus de leur diapason réel.

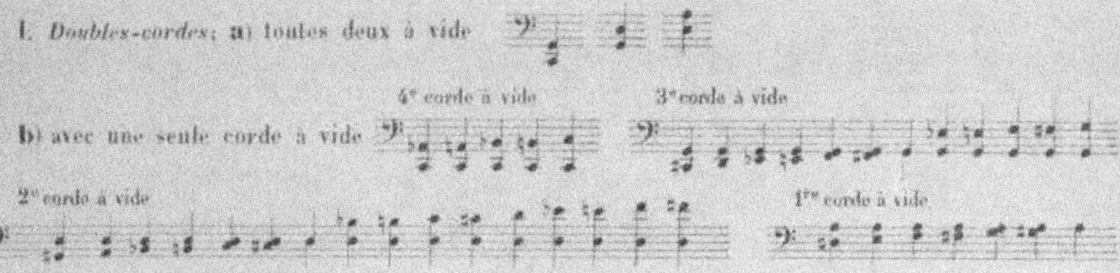

Aujourd'hui l'on écrirait avec plus de logique ainsi:

Afin d'éviter toute équivoque on fera bien de n'employer la clef de sol *qu'après la clef d'ut*, et de noter les sons à leur hauteur effective.

§ 52. — L'attaque simultanée de plusieurs cordes est, à l'orchestre, moins fréquente dans les parties de violoncelle que dans les instruments aigus du quatuor. Elle est soumise à quelques restrictions spéciales résultant du doigté de l'instrument. Il nous suffira d'énumérer les combinaisons accessibles à la moyenne des violoncellistes.

I. *Doubles-cordes*; **a)** toutes deux à vide

b) avec une seule corde à vide   4° corde à vide   3° corde à vide

2° corde à vide   1re corde à vide

c) sans corde à vide on se contentera d'employer les intervalles suivants:

Sixtes mineures et majeures, depuis   jusqu'à

Septièmes diminuées et mineures, depuis   jusqu'à   Les septièmes majeures nécessitent une extension et sont à éviter.

Quintes justes, depuis   jusqu'à

Les tierces majeures et mineures, les quartes justes et majeures, la quinte mineure, sans présenter de grandes difficultés, exigent une exécution trop soigneuse pour être employées avec succès dans l'ensemble orchestral. Quant aux secondes et aux octaves, elles impliquent l'emploi du pouce et sont à éviter également, sauf le cas où l'octave en double-corde se présente sous forme d'une tenue isolée, préparée par un silence ou par une tenue précédente.

II. *Triples-cordes*; **a)** deux à vide

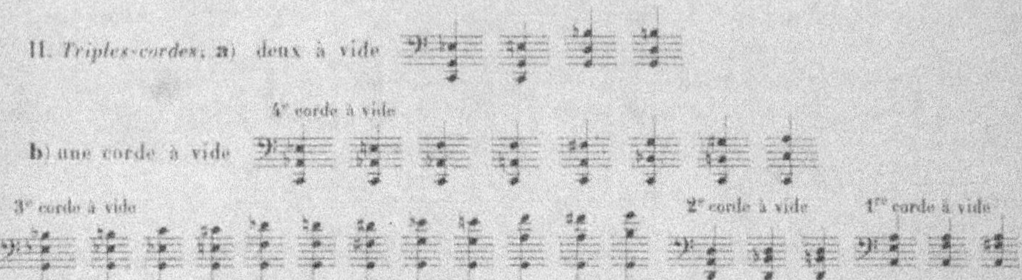

b) une corde à vide

c) sans corde à vide: aucun intervalle de septième ne doit entrer dans l'accord. Sauf cette restriction, la règle est la même que pour l'alto et pour le violon.

L'étendue à utiliser va de   à

III. *Quadruples-cordes.*

a) deux à vide:

b) une à vide:

c) sans corde à vide (presque inusitées):

§ 53. — En ce qui concerne les *coups d'archet*, le *tremolo* et les *trilles*, nous n'avons rien à ajouter à ce qui a été dit plus haut pour le violon. Le *pizzicato* est très fréquent dans la partie de violoncelle; les compositeurs modernes s'en servent volontiers pour des accompagnements d'un dessin léger et gracieux. En raison de la longueur des cordes, il n'y a pas d'inconvénient à monter jusqu'aux notes les plus aiguës.

Ex: 54.

Herold, LE PRÉ AUX CLERCS, Acte II, p. 244.

On peut confier aux violoncelles tous les traits d'agilité qui cadrent avec la nature mâle de l'instrument. À l'orchestre les figures en sons liés prédominent.

Lorsqu'après avoir démanché l'on descend vers le médium, il faut éviter les sauts fréquents; ceux de quarte particulièrement sont très ingrats pour le violoncelle, en ce qu'ils dépassent la portée de la main gauche. Les dessins formant progression qui se décomposent en tierces sont les moins difficiles, tant pour monter que pour descendre.

Les passages en arpèges ou en batteries sont plus usités pour le violoncelle que pour les autres parties du quatuor.

Ex: 59.

§ 54. — De tous les instruments aptes à interpréter une idée mélodique, aucun ne possède au même degré que le violoncelle l'accent de la voix humaine. Pour la variété des timbres il ne le cède guère au violon. Il réunit les caractères des trois voix d'hommes: la juvénilité ardente du ténor, la virilité du baryton, la rudesse austère de la basse-taille.

Sa chanterelle vibrante excelle à traduire les effusions d'une passion exaltée.

Ex: 60.

La 2ᵉ et la 3ᵉ corde ont une sonorité onctueuse et insinuante qui exprime des sentiments plus contenus. Rarement on leur confie une mélodie saillante dans la musique d'orchestre.

Ex:61.

La 4ᵉ corde du violoncelle ne convient qu'à des chants d'un caractère sombre et mystérieux.

Ex:62.

§ 55. — On adapte des *sourdines* aux violoncelles comme aux instruments aigus du quatuor, mais l'usage de ce moyen d'effet est assez rare.

§ 56. — Les *sons harmoniques* se produisent en très grand nombre sur le violoncelle, en raison de la longueur considérable et du peu d'épaisseur des cordes. L'échelle des sons de cette nature, propres à être utilisés dans la musique d'orchestre, se trouve une octave plus bas que sur l'alto, une douzième plus bas que sur le violon:

La réunion des sons ordinaires et des sons harmoniques donne l'échelle complète du violoncelle, laquelle reproduit à l'octave grave celle de l'alto et se divise d'une manière identique (§ 50).

Cette étendue est utilisée presque en entier dans la terminaison du quintette de violoncelles par lequel débute l'ouverture de *Guillaume Tell.*

Ex:63.

§ 57. — Dans l'ensemble de l'orchestre la fonction ordinaire des violoncelles est de faire entendre, concurremment avec les contrebasses, la partie inférieure de l'harmonie. Jusqu'à la fin du dernier siècle les compositeurs symphoniques et dramatiques ne lui assignent guère d'autre rôle; aussi dans leurs partitions les violoncelles et les contrebasses se trouvent-elles écrites généralement sur une seule portée. Il était réservé au génie de Beethoven de dénouer le lien qui tenait le violoncelle enchaîné à son lourd compagnon, et d'enrichir le chœur des instruments à archet d'une cinquième voix, plus mélodieuse, plus pathétique qu'aucune autre. Cette révolution féconde marque l'avénement de l'instrumentation moderne. Il est à remarquer que le maître immortel de la musique instrumentale, dans les moments où il fait chanter aux violoncelles le thème principal, leur associe les altos (parfois renforcés ou remplacés par les bassons). Le timbre du violoncelle devient par là plus moëlleux, sans cesser de prédominer.

Ex: 64.

Ex: 65.

Par son caractère mélodique le violoncelle se prête mieux que tout autre instrument à être traité en partie obligée, dialoguant avec la voix.

Assez souvent les compositeurs modernes divisent en deux ou en plusieurs parties le groupe des violoncelles, lequel dans un orchestre bien équilibré doit être à peu près égal au tiers des violons.

Contrebasse

(En italien *contrabbasso*, anciennement *violone*, en allemand *Contrabass*, pl. *-bässe*.)

§ 58. — Cet instrument, dont l'échelle est située presque entièrement dans les régions grave et sous-grave de l'étendue générale (§ 22), forme le complément harmonique du système des instruments à archet. Sa fonction essentielle est de renforcer la basse, de consolider le fondement sur lequel repose tout l'édifice polyphonique. Jusqu'à ces derniers temps deux espèces de contrebasses étaient en usage; l'une à trois, l'autre à quatre cordes. La contrebasse à quatre cordes, la seule qui comporte un doigté régulier, est aujourd'hui, à l'exclusion de l'autre, adoptée par tous les bons orchestres et enseignée dans les Conservatoires.

En raison des dimensions du manche, partant de l'écartement considérable des degrés successifs de la gamme, on accorde la contrebasse, non en quintes, comme les violons, altos et violoncelles, mais en quartes. Les quatre cordes à vide se traduisent dans l'écriture musicale par les notes suivantes:

mais leur intonation réelle est à une octave au-dessous.

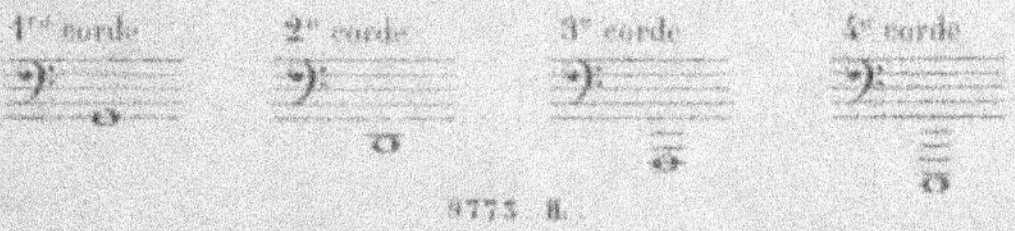

Il résulte de là qu'une partie de basse exécutée par les contrebasses réunies aux violoncelles se fait entendre dans deux octaves à la fois.

Ex: 66.

Chez la plupart des compositeurs antérieurs à 1830 les parties de contrebasse descendent souvent au dessous du mi_, et vont jusqu'à l'ut_, en sorte que les exécutants actuels sont obligés de transposer certains traits, en entier ou en partie, à l'octave aiguë.

Ex: 67.

ce qui ne peut s'exécuter aujourd'hui que de la manière suivante:

Pour remédier à cet inconvénient et rendre la pensée des maîtres dans leur intégrité, quelques orchestres symphoniques (entre autres celui du Conservatoire royal de Bruxelles) ont commencé depuis peu d'années à se servir de contrebasses à cinq cordes ⟨♪⟩ On doit espérer de voir se propager et se généraliser cette réforme, afin que les compositeurs modernes, à leur tour, puissent en tirer profit.

§ 59. — Le doigté de la contrebasse moderne a beaucoup d'analogie avec celui du violoncelle; mais la longueur des cordes étant du double, la distance entre les degrés conjoints de l'échelle diatonique se trouve également doublée sur le manche. De l'index au petit doigt la main gauche du contrebassiste n'embrasse que l'intervalle de seconde majeure ou celui de tierce diminuée; en conséquence l'écartement normal des doigts dans le bas du manche ne va pas jusqu'à un demi-ton. Mais l'augmentation de la distance entre les sons est compensée par la diminution de l'intervalle qui sépare les cordes à vide, en sorte que les déplacements de la main ne sont pas plus nombreux que sur le violoncelle.

Quant au doigté de la gamme chromatique, il est d'une régularité parfaite, si l'on excepte les notes les plus élevées.

A l'orchestre on ne dépasse pas à l'aigu le dernier son de la précédente échelle: *la₂* pour la notation, *la₄* pour l'oreille. On n'emploie guère la clef d'ut 4ᵉ ligne.

Ex : 68.

Violoncelles et Contrebasses

La trop grande convexité du chevalet et la difficulté de mettre en vibration d'aussi grosses cordes font que le compositeur s'abstient d'écrire pour la contrebasse des accords, même de deux sons.

§ 60.— I. L'archet de la contrebasse étant plus court que celui des autres instruments à archet, ses mouvements sont plus fréquents. C'est là un fait dont on devra tenir compte en écrivant pour les basses des dessins liés dans un *forte*.

Ex : 69.

Violoncelles et Contrebasses

Dans le *piano* la même figure se fait sans difficulté d'un seul coup d'archet.

Les diverses variétés de coups d'archet énumérés plus haut (§ 34) se pratiquent aujourd'hui sur la contrebasse.

II. Le compositeur moderne peut confier sans inquiétude aux basses de l'orchestre toute sorte de traits rapides, tant liés que détachés, pourvu qu'il ne s'écarte pas des formes propres aux instruments à archet.

Ex : 70.

Violoncelles et Contrebasses

Ex : 71.

Violoncelles et Contrebasses

Ex : 72.

Violoncelles et Contrebasses

III. Anciennement la plupart des contrebassistes avaient l'habitude, en jouant leur partie à l'orchestre, de simplifier à leur guise les dessins qu'ils trouvaient trop difficiles, et d'en abandonner l'exécution intégrale aux violoncelles. Cette pratique vicieuse n'est plus tolérée aujourd'hui. Lorsqu'un trait placé dans la région inférieure du quatuor ne peut être textuellement rendu par les contrebasses, le compositeur indique lui-même dans sa partition la manière dont le passage doit être simplifié.

Ex: 73.

Meyerbeer, LES HUGUENOTS, Acte II. Final.

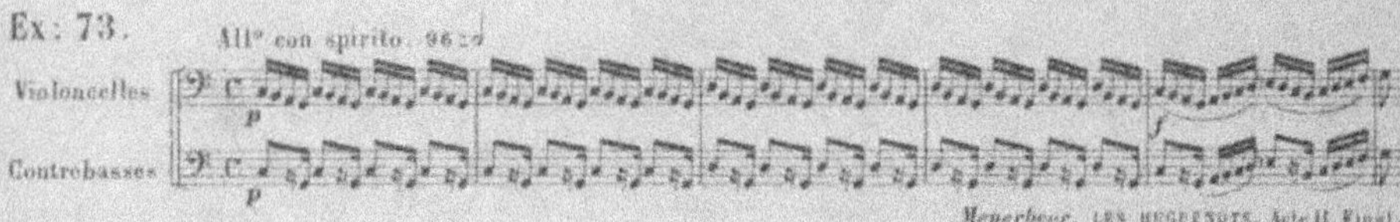

IV. Des traits rapides exécutés par les contrebasses, sans violoncelles, ne peuvent produire un effet agréable ni ressortir avec clarté, même dans l'orchestre le plus parfait. Ils ne sont à leur place qu'au cas où il s'agit précisément de rendre un bruit confus, par exemple le grondement sourd d'une tempête qui approche ou qui disparaît dans le lointain.

Ex: 74.

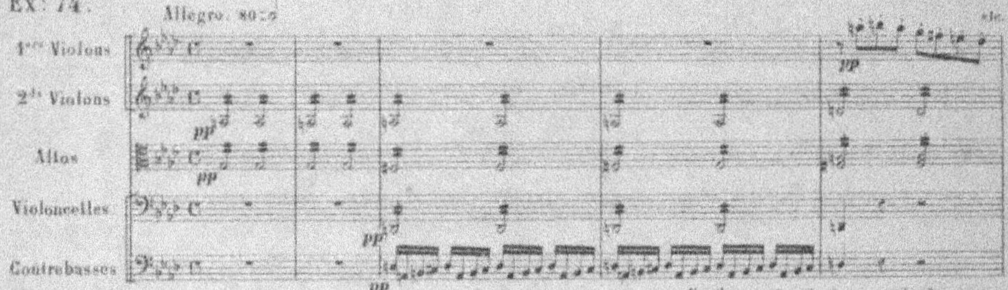

Beethoven, Symphonie pastorale. Orage.

Ex: 74bis

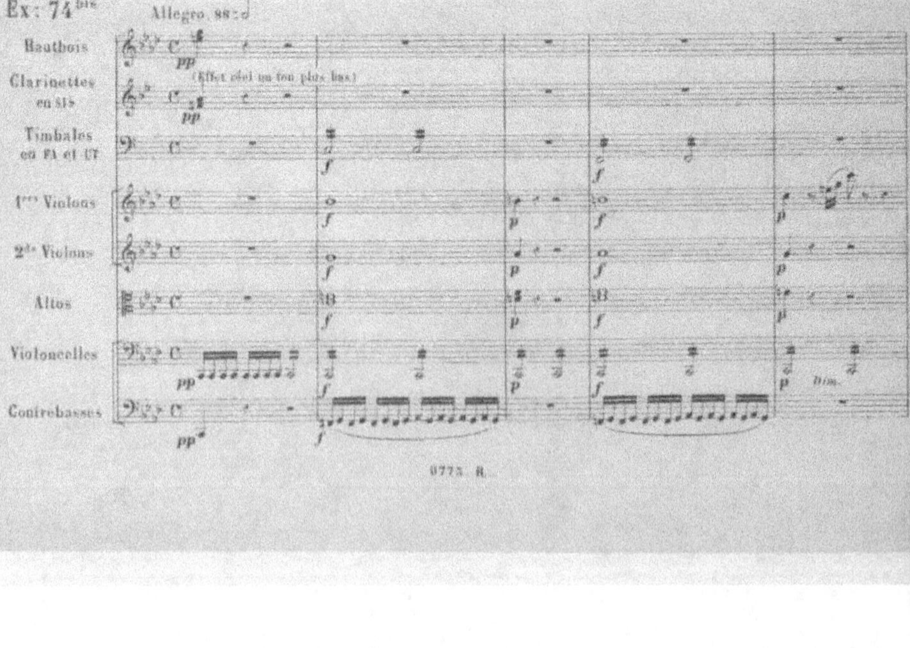

V. Le *tremolo* sur les contrebasses, réunies aux violoncelles, peut donner lieu aux effets les plus formidables, s'il est rendu avec tout le soin nécessaire; mais il ne doit pas se prolonger trop longtemps sans quoi l'impression s'affaiblit, et la fatigue qu'il donne en rendrait bientôt l'exécution molle et flasque.

Le *tremolo* en **pp** des contrebasses *seules*, dans les dernières profondeurs de l'orchestre, a fourni à Meyerbeer un accompagnement des plus dramatiques pour la phrase éperdue de Raoul, Tu l'as dit, oui, tu m'aimes, au IV° acte des *Huguenots*. (ex. 136, p. 96.)

VI. Le *trille* s'exécute sans difficulté sur la contrebasse. Le battement mesuré de deux sons liés (§ 37, II) s'y emploie fort peu, et seulement lorsqu'il est formé de deux degrés conjoints.

VII. Le *pizzicato* sur les grosses notes de la contrebasse, isolée des violoncelles, donne une sonorité pleine, assez lente à s'éteindre, et une intonation plus définie que l'attaque par l'archet. Aussi en fait-on un usage continuel.

§ 61. — La contrebasse est loin de posséder la variété de timbre qui fait la richesse des autres instruments à archet. Ses cordes n'offrent pas dans leur sonorité des différences bien tranchées; c'est le degré d'acuité qui détermine presque exclusivement le caractère du timbre. Comme tous les instruments placés en dehors des limites de la voix humaine, la contrebasse est impuissante à rappeler ses accents, et conséquemment à interpréter à elle seule une cantilène expressive. Elle doit se contenter de donner une ampleur extraordinaire aux chants du violoncelle, en les reproduisant dans l'octave inférieure.

Ex: 75.   Selon le caractère d'un Récitatif, mais in Tempo

Mais la contrebasse peut être appelée à dessiner au-dessous des violoncelles, et dans la région la plus grave de l'orchestre, un contrepoint mélodique. Beethoven lui a confié ce rôle dans son plus merveilleux chef-d'œuvre.

Ex: 76.

§ 62. — La contrebasse ne saurait, comme les autres instruments, à archet, fournir une échelle chromatique continue uniquement formée de *sous harmoniques*. Par suite des conditions spéciales de son doigté elle doit se borner à utiliser ceux de ses cordes à vide, et jusqu'à présent les compositeurs n'ont guère songé à tirer parti de ces sons *flûtés*. Nous les ajoutons ci-après, en petites notes, à l'échelle ordinaire des contrebasses, ce qui permet d'embrasser d'un coup d'œil l'étendue générale de l'instrument.

a) sons notés:

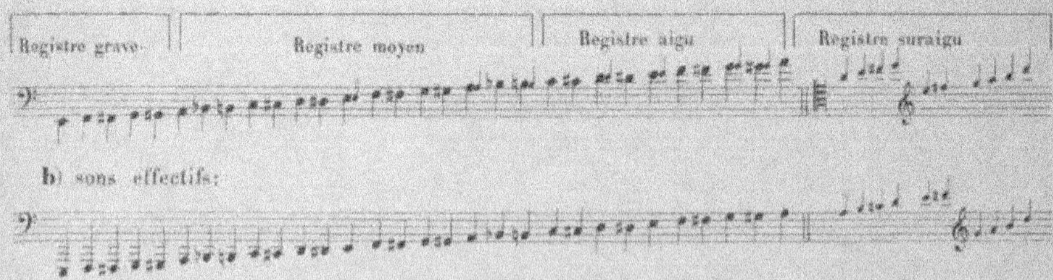

b) sons effectifs:

Rarement les compositeurs sont amenés à dédoubler la partie de contrebasse. Il existe toutefois un exemple de ce procédé dans une œuvre célèbre.

Ex: 77.

Viole d'amour

(En italien *Viola d'amore.*)

§ 63. — Cet instrument n'a droit à une mention ici que pour avoir été employé, il y a un demi-siècle, dans une œuvre dramatique très renommée. La viole d'amour a sept cordes en boyau dont les trois plus graves sont recouvertes de fil d'argent; leur accord le plus ordinaire est celui-ci:

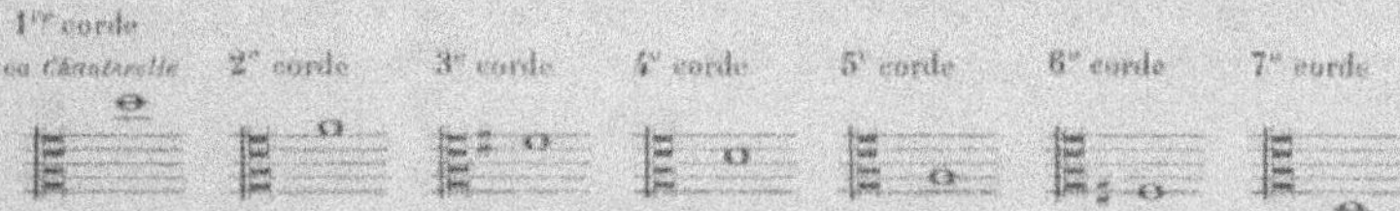

Au-dessous de la touche, et passant par le chevalet, se trouvent en outre sept cordes en acier, dites *sympathiques.* Celles-ci ne sont pas ébranlées directement; elles vibrent sous l'influence des cordes principales, à l'unisson desquelles on les accorde. La viole acquiert par là une seconde résonance, pleine de poésie et de mystère.

On comprend combien le doigté d'un instrument accordé en quartes et en tierces doit dérouter un violoniste ou un altiste de nos jours; aussi n'y a-t-il aucune probabilité de voir jamais la viole d'amour reprendre sa place dans l'art pratique. Nous croyons dès lors inutile d'en décrire le mécanisme, et nous nous bornons à mettre sous les yeux du lecteur le solo que Meyerbeer lui a donné au premier acte des *Huguenots.* La partition gravée ne fait pas mention de la viole d'amour et porte simplement en tête du morceau l'indication: un Alto solo:

CHAPITRE IV

Instruments à cordes pincées: la harpe, la guitare, la mandoline; instrument à cordes percutées: le piano.

§ 64. — Par suite de la manière dont les cordes sont ébranlées, ces instruments ne possèdent pas la faculté de prolonger à volonté leurs sons; parmi tous les organes musicaux ils ont le moins d'affinité avec la voix humaine. Aussi les formes musicales auxquelles ils ont donné naissance (les arpéges et batteries) ont au plus haut degré un caractère instrumental et sont devenues, en vertu du principe des contrastes, les types d'accompagnement de la cantilène vocale.

Aucun instrument dont nous avons à parler ici ne forme un élément indispensable de l'orchestration moderne.

Harpe

(En italien *arpa*, plur. *arpe*; en allemand *Harfe*, plur.-*en*.)

§ 65. — Depuis ses derniers perfectionnements la harpe est montée de 47 cordes, lesquelles forment une gamme diatonique de 6 octaves et demie: presque toute l'échelle des sons musicaux. Comme le piano, la harpe se joue à deux mains et se note sur deux portées avec les clefs de sol et de fa 4ᵉ ligne. On l'accorde en *ut* ♭ majeur, en sorte que toutes les notes de sa gamme fondamentale sont bémolisées. Les divisions de son échelle coïncident avec celles de l'étendue générale (§ 22).

§ 66. — Les sons non compris dans la gamme d'*ut* ♭ *majeur* s'obtiennent au moyen de sept pédales mises en mouvement par les deux pieds du harpiste: le pied gauche en fait mouvoir trois (si, ut et ré), le pied droit quatre (mi, fa, sol, la). Chaque pédale est pourvue d'un double mécanisme fonctionnant de manière à hausser le son bémolisé, soit d'un demi-ton, soit d'un ton, selon que la pédale s'abaisse d'un ou de deux crans.

Chacune des cordes de la harpe produit donc trois sons de hauteur différente, représentés par la même note à l'état de bémol, de bécarre ou de dièse.

Sons primitifs:	haussés d'un ½ ton;	haussés d'un ton.
Ut ♭ _________	ut ♮ _________	ut ♯
Ré ♭ _________	ré ♮ _________	ré ♯
Mi ♭ _________	mi ♮ _________	mi ♯
Fa ♭ _________	fa ♮ _________	fa ♯
Sol ♭ _________	sol ♮ _________	sol ♯
La ♭ _________	la ♮ _________	la ♯
Si ♭ _________	si ♮ _________	si ♯

L'effet des pédales se produit à la fois dans toutes les octaves; ainsi lorsque l'artiste hausse d'un demi-ton la corde *fa* ♭, il obtient du même coup *fa* ♮ d'un bout à l'autre de l'échelle, et l'instrument entier est établi en *sol* ♭ *majeur*.

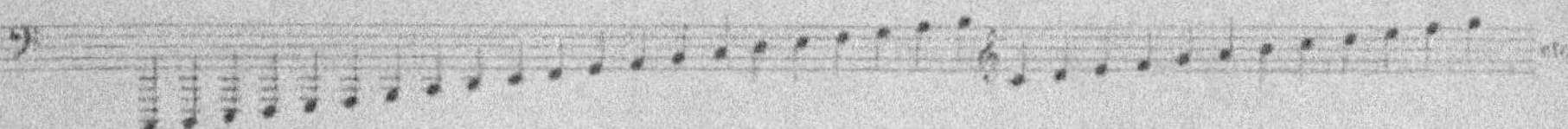

Une opération analogue convertit tous les *ut* ♭ en *ut* ♮, les *sol* ♭ en *sol* ♮, les *ré* ♭ en *ré* ♮, etc. en sorte que les sept pédales étant baissées et fixées au premier cran, la harpe se trouve accordée en *ut majeur*.

En fixant successivement les sept pédales au second cran, on obtient les tons à dièses et en dernier lieu celui d'*ut* ♯ *majeur*.

§ 67. — La harpe s'accommode donc avec une égale facilité à toutes les tonalités usitées dans la musique moderne, mais sa sonorité est d'autant meilleure que l'on s'éloigne moins du ton d'*ut* ♭ majeur. Le passage d'un ton à un autre s'effectue avec promptitude et sans interrompre le jeu de l'exécutant. Toutefois comme le harpiste ne peut toucher, avec chacun de ses pieds, qu'une pédale à la fois, on doit s'abstenir dans la partie de harpe de transitions soudaines à un ton très éloigné(1). Des modulations passagères, telles que les suivantes, n'offrent pas de difficulté.

(1) Autrefois les compositeurs avaient l'habitude d'indiquer les mutations de l'accord par des annotations telles que « préparez le *fa* ♯ », « ôtez le *si* ♭ », etc. Cela ne se fait plus aujourd'hui, toutefois il est nécessaire que le compositeur se rende un compte exact des mouvements de pédales, s'il ne veut courir le risque d'écrire des impossibilités.

Gounod, FAUST. Tableau de la prison, p. 581 et suiv.

Mais s'il s'agissait, par exemple, de passer directement de *ré♭ majeur* en *mi♮ majeur*, un repos de quelques mesures dans la partie de harpe serait nécessaire pour préparer le changement, lequel n'entraîne pas moins de neuf mouvements de pédales (*sol♮-sol♯, ré♭-ré♯, la♮, mi♮, si♮, fa♯, et ♯*).

Le mode mineur moderne, avec ses deux degrés variables (le 6ᵉ et le 7ᵐᵉ), ne peut s'exécuter sur la harpe sans de nombreux mouvements de pédales, même dans les passages où il n'y a pas de véritables modulations.

§ 68. — On voit que la harpe est, de sa nature, un instrument diatonique, et que toute musique chargée de modulations et d'harmonies altérées y a quelque chose d'artificiel et de forcé. Le compositeur devra user avec sobriété de broderies contenant des appoggiatures étrangères à la gamme diatonique, et s'abstenir complétement de donner à la harpe des gammes chromatiques; inexécutables dans la vitesse, elles sont de mauvais effet dans un mouvement lent. Une pédale prise et quittée aussitôt donne lieu à de fausses résonnances dont l'effet est détestable. Même un seul degré chromatique intercalé dans une gamme rapide présente à l'exécution une difficulté hors de proportion avec l'effet produit. Le passage suivant n'aurait certes rien perdu à être rendu tout à fait diatonique.

Ex: 80.

Quant aux harmonies renfermant des éléments chromatiques, elles ne conviennent à la harpe qu'autant que les accords s'y succèdent sans précipitation.

Ex: 81.

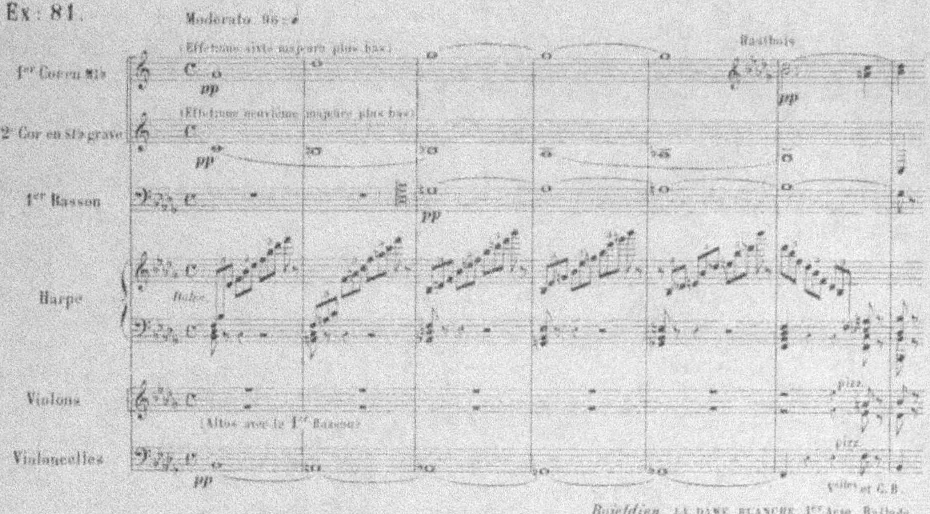

Des passages aussi compliqués que le suivant ne sont supportables et possibles qu'entre les mains de virtuoses rompus à toutes les difficultés, et capables de corriger au besoin, par des modifications adroites, les inadvertances du compositeur. On fera donc bien de ne pas écrire de pareils traits, manifestement contraires au caractère technique de l'instrument.

Surtout on ne devra pas prendre modèle sur les parties de harpe de Richard Wagner. Telles qu'on les voit notées dans la partition, elles sont absolument inexécutables par un seul instrumentiste.

§ 69. — Bien que la harpe ne possède ni doubles dièses ni doubles bémols, les compositeurs de l'école actuelle ne se font pas faute de lui donner des sons de cette espèce. Il n'y a pas à faire d'objection fondamentale à un tel usage, puisque la harpe appartient à la catégorie des instruments tempérés (§§ 25 et 27). Les sons *fa* x, *ut* x et *sol* x, de même que *la* ♭♭, *mi* ♭♭ et *si* ♭♭, y sont rendus respectivement par *sol* ♮, *ré* ♮ et *la* ♮, leurs *homophones* ou, comme on dit improprement, leurs *synonymes* (§ 27).

Cependant, si le compositeur a le souci de faciliter l'exécution de son œuvre, il agira prudemment en employant, autant que le permet l'orthographe harmonique, la manière de noter la plus conforme à la technique spéciale de l'instrument. Dans le trio final de *Faust*, par exemple, à la troisième reprise de la phrase «Anges purs, anges radieux» (en si ♮ majeur), la partie de harpe, jouée telle qu'elle est écrite par le compositeur, nécessite des changements de pédales nombreux et compliqués, à cause de la modulation de si ♮ en mi ♭. Si au contraire la harpe prend le ton d'ut ♭, toute difficulté disparait, la transition devient simple et facile, et en outre la sonorité est meilleure.

§ 70. — Il existe toutefois certaines combinaisons harmoniques dont l'exécution sur la harpe ne peut être strictement conforme à l'orthographe exigée par les lois tonales. Lorsque, par exemple, un degré diatonique de la gamme est attaqué en même temps que son altération chromatique, le harpiste est forcé de remplacer l'un des deux sons par son *homophone* enharmonique.

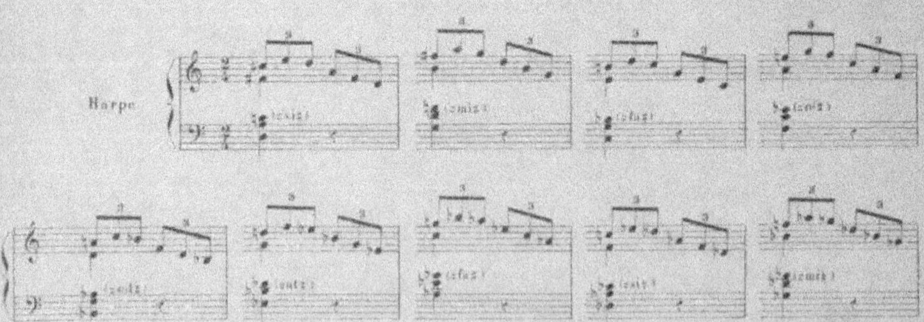

La transformation enharmonique n'est pas possible dans les trois combinaisons suivantes, qui sont inexécutables.

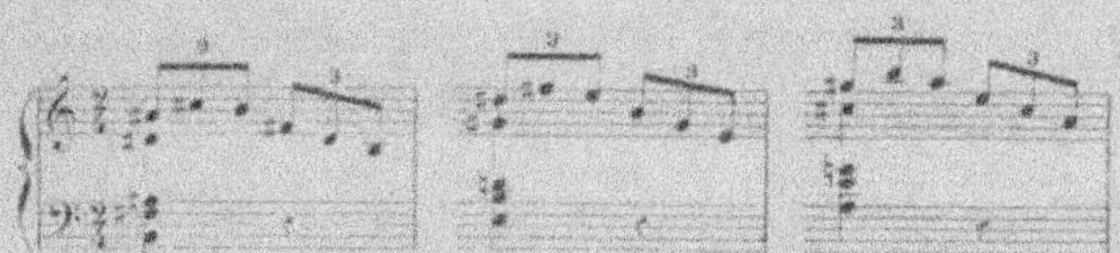

En voici la cause. Les sons *la ♯*, *ré ♯* et *sol ♯* n'ont pas d'homophones sur la harpe, et ne s'y produisent en conséquence que d'une seule manière, tandis que tous les autres sons, désignés soit par un bécarre, soit par un dièse, soit par un bémol, s'y rencontrent sous deux dénominations distinctes, ainsi que le démontre le tableau suivant.

```
                                              si ♯ = ut ♮
                                              si ♮ = ut ♭
                                         la ♯ = si ♭          (corde ut ♮)
                                         ♮ la ♯
                                    sol ♯ = la ♭       corde si ♮
                                    ♮ sol ♯
                               fa ♯ = sol ♭       corde la ♭
                          mi ♯ = fa ♮
                          mi ♮ = fa ♭        corde sol ♮
                     ré ♯ = mi ♮
                     ♮ ré ♯            corde fa ♭
                ut ♯ = ré ♭
           si ♯ = ut ♮      corde ut ♯
           si ♮ = ut ♭
      corde si ♭
```

Cette faculté, propre à la harpe moderne, de faire entendre la même intonation sur deux cordes distinctes a conduit les virtuoses à imaginer un genre de traits dont l'effet est des plus extraordinaires. Ils réduisent les *sept* degrés de l'octave diatonique à *quatre*, en mettant à l'unisson les cordes contiguës, deux à deux; par exemple:

ou — ou bien

Accordé de l'une de ces manières, l'instrument fait entendre du haut en bas de son échelle un accord de septième diminuée, que l'exécutant peut arpéger dans tous les sens avec une vélocité et une force extrêmes; puisque en glissant les doigts, ou en promenant au hasard ses mains sur les cordes, ou en faisant résonner simultanément un nombre indéterminé de cordes, il n'est jamais exposé à rencontrer un son étranger à l'accord.

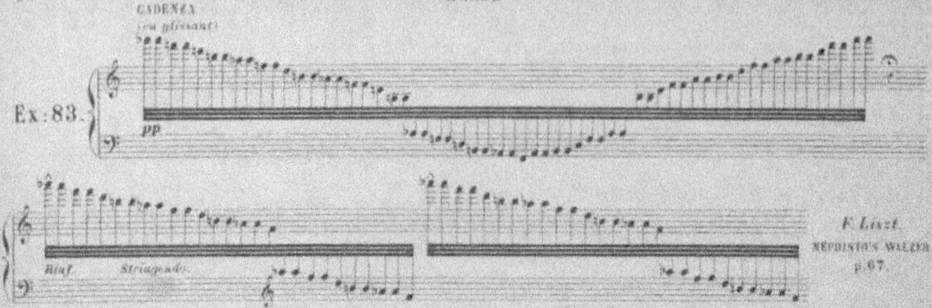

Cette combinaison est applicable non-seulement à l'accord de septième diminuée, si fécond en transformations enharmoniques, mais encore à *quinze* accords de septième mineure (énumérés et notés dans le *Nouveau Traité d'instrumentation* p. 86).

§ 71. — La harpe, avec ses sons percutés et secs, est peu faite pour chanter. Sa principale fonction dans l'orchestre est d'accompagner la cantilène principale, de la rehausser par de riches *arpèges*, broderies harmoniques qui ont pris leur nom de l'instrument.

1. — Les principales formes musicales propres à la harpe sont réductibles à des accords ou à des successions d'accords que le compositeur a la faculté de présenter sous les aspects les plus divers.

a) Accords émis par une seule attaque. Ils conviennent à tous les registres et sonnent aussi bien dans le *piano* que dans le *forte*. Si l'on désire obtenir une sonorité puissante et nourrie, il sera bon d'observer les conditions suivantes: 1° ne pas employer plus de quatre doigts à chaque main dans chacun des accords; 2° espacer également les sons de tout l'accord, de manière à ne pas laisser de vide dans la région moyenne; lorsqu'on n'écrira qu'une seule partie de harpe il faudra donc rapprocher les deux mains; 3° éviter de faire jouer longtemps les deux mains dans le grave, combinaison qui force l'exécutant à garder une position du corps très fatigante. Ajoutons en outre qu'il n'est pas nécessaire d'enfermer chaque main dans les limites d'une octave, comme le font généralement les compositeurs non harpistes; la main gauche, aussi bien que la main droite, atteint sans effort la dixième, voire même la onzième.

Ex: 84.

b) Accords décomposés en arpèges. Cette forme de traits, typique pour la harpe, est de beaucoup la plus usitée à l'orchestre; elle s'adapte à tous les degrés de vitesse, à toutes les mesures. Tantôt l'arpège est joué par une seule main, pendant que l'autre se borne à marquer les temps forts; tantôt les deux mains exécutent alternativement une portion de l'accord arpégé.

Ex. 85.

Meyerbeer, L'ÉTOILE DU NORD. Acte I, p. 346.

Souvent aussi des accords arpégés sont rendus par les deux mains à la fois (Ex. 79). Lorsqu'ils sont réductibles à des accords plaqués, tels que les exige le mécanisme de l'instrument (p. 50), la difficulté n'est jamais grande, quels que soient le ton et le mouvement. Quant aux arpèges parcourant une étendue de plusieurs octaves, ils peuvent se doubler également si leur mouvement est très modéré. Mais dans la vitesse ils ne s'écrivent qu'en notes simples, leur exécution réclamant le concours des deux mains. Tour à tour l'une des mains fait entendre trois ou quatre sons successifs, pendant que l'autre change de position.

c) Batteries. Elles ne sont guère moins usitées que les arpèges proprement dits.

11. Les traits d'agilité formés principalement d'éléments mélodiques trouvent de nos jours une application moins fréquente dans les parties de harpe écrites pour l'orchestre. Toutefois les gammes diatoniques simples, jouées par la main droite ou par les deux mains, fournissent des passages faciles et bien appropriés au style de l'instrument. Par contre les successions rapides d'octaves, de sixtes et même de tierces s'exécutent difficilement lorsque les deux sons doivent être produits par la même main : le compositeur fera bien de s'en passer à l'orchestre.

On évitera également la répétition rapide d'un son, à moins qu'on ne puisse en atténuer l'effet dur et sec par l'usage des homophones (p. 49). La corde répercutée à un trop court intervalle de temps ne peut se mettre en vibration, en sorte que le son est étouffé dès sa naissance. On s'abstiendra pour le même motif de faire jouer les deux mains en face l'une de l'autre.

Le trille, ornement propre à la voix et aux instruments qui s'en rapprochent, convient peu à la harpe. Tout au plus est-il tolérable dans la région aiguë.

§ 72. — Bien que le timbre de la harpe soit d'une homogénéité remarquable, il prend nécessairement des nuances plus accentuées aux points extrêmes d'une échelle de plus de six octaves.

Les cordes de l'avant-dernière octave grave (ut ♭ à ut ♭) se distinguent par une sonorité pleine en même temps que suave et mystérieuse.

Les sons de la région aiguë ont un éclat cristallin dont l'impression s'allie naturellement à l'idée de fêtes, de magnifiques banquets, de tout ce qui est brillant et lumineux.

Ex : 87.

§ 73. — La harpe fournit au compositeur des timbres d'une douceur plus étrange et plus poétique encore par ses *sons harmoniques* (§ 10, IV). Boïeldieu le premier les employa à l'orchestre dans *la Dame blanche*, représentée en **1825**.

Dans la pratique on n'utilise que le son 2 de la série harmonique, l'octave du son produit par l'attaque franche de la corde. On obtient cette octave en touchant, avec la partie charnue de la paume de la main, le point milieu de la corde, tandis que le pouce et les deux premiers doigts de la main sont employés à ébranler la corde. Toutes les cordes de la harpe ne sont pas dans les conditions convenables de longueur, de grosseur et de tension pour produire facilement de tels sons: la partie de l'instrument la plus favorable à cet effet est comprise entre $si♭_1$ et $ré_4$; dans cet espace de plus de 2 octaves le compositeur peut employer en sons harmoniques tous les degrés de l'échelle, qu'ils soient marqués par un ♭, par un ♮ ou par un ♯.

En écrivant un passage en sons harmoniques, on ne doit pas désigner la hauteur réelle des intonations, mais bien les cordes sur lesquelles se produisent les sons en question. Un o au-dessus de la note indique à l'exécutant l'effet voulu par le compositeur. Voici l'échelle des sons harmoniques de la harpe: nous négligeons tous les demi-tons étrangers à la gamme de *si♭* majeur.

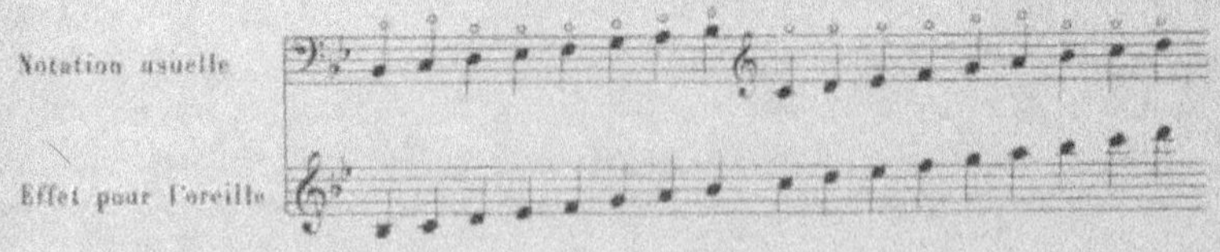

Il existe peu d'exemples de l'usage des sons harmoniques de la harpe à l'orchestre. La valse du ballet des Sylphes dans la *Damnation de Faust* de Berlioz offre un spécimen remarquable de l'emploi de ce timbre mystérieux.

Ex: 88.

Il n'y a pas d'inconvénient à confier des sons harmoniques aux deux mains à la fois, pourvu que la droite n'ait pas de doubles notes (la main gauche peut en avoir).

§ 74. — L'effet des harpes réunies aux autres timbres de l'orchestre est d'autant meilleur que leur nombre est plus grand. Rien n'égale la belle sonorité d'une masse de harpes mise habilement en œuvre. Beaucoup de personnes se rappellent encore l'impression grandiose que produisit aux premières représentations du *Prophète* cette entrée exécutée par quatre harpistes:

Lorsque l'auteur n'a écrit qu'une seule partie de harpe, comme dans l'exemple précédent, le chef d'orchestre devra, autant que possible, la faire jouer par deux instrumentistes au moins, sauf le cas où il s'agit d'une cantilène intime que le personnage scénique est censé accompagner lui-même. La manière la plus usuelle consiste à écrire deux parties de harpe, destinées chacune à être doublée; une pareille combinaison fournit au compositeur toutes les ressources désirables. De nos jours néanmoins on a poussé plus loin le luxe instrumental; Richard Wagner a imaginé jusqu'à six parties de harpe dans la scène finale du *Rheingold*, lorsque le cortége des dieux germaniques marche vers le Walhalla (p. 297 et suiv. de la gr. partit.).

Guitare
(En italien *Chitarra*, en allemand *Guitarre*.)

§ 75. — C'est l'instrument national de l'Espagne, d'où il a été importé chez les autres peuples de l'Europe. Il est très répandu aussi en Italie. Le manche est divisé par des touches qui servent à indiquer avec précision les endroits où doivent se poser les doigts de la main gauche; les cordes sont pincées par la main droite. L'échelle de la guitare appartient aux régions grave et moyenne; elle est produite par six cordes lesquelles, touchées à vide, doivent faire entendre les sons suivants:

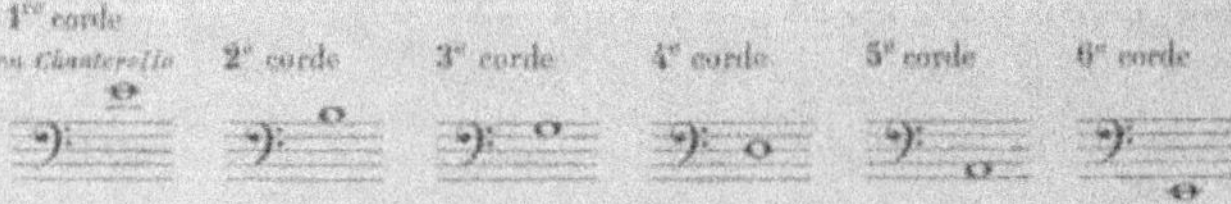

La musique destinée à la guitare se note en clef de *sol*, une octave à l'aigu des sons effectifs, en sorte que les cordes à vide se traduisent par les notes suivantes:

La guitare n'est pour le compositeur qu'un instrument d'accompagnement. Au lieu donc de tenter l'explication de son doigté assez compliqué, nous allons donner les cadences finales de tous les tons majeurs et mineurs. Cela suffira à indiquer la disposition des accords les plus usités.

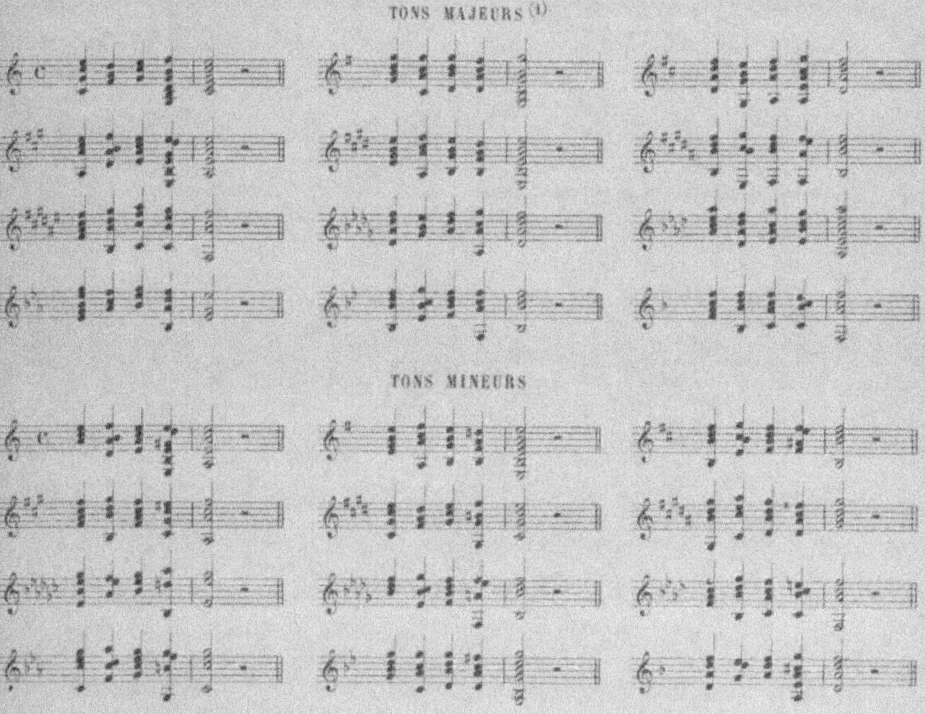

Les accords se décomposent en diverses façons et produisent ainsi des figures d'accompagnement telles qu'arpéges, batteries, etc.

La sonorité de la guitare est faible, mais elle possède beaucoup de charme poétique et accompagne à merveille le chant d'une voix isolée. Ce timbre est fait pour se marier à des cantilènes simples et populaires: complaintes et sérénades. C'est pour des morceaux de ce genre que la guitare a été employée dans quelques œuvres dramatiques de notre siècle.

---

(1) Ce tableau est tiré du *Traité général d'instrumentation* de Kastner. (Paris, Prilipp et Cie), p. 17.

Mandoline

(En italien *mandolino*)

§ 76. — Dans les pays de l'Europe méridionale, d'où cette sorte d'instrument est originaire, la mandoline sert de soprano à la guitare. Sa fonction est de jouer les ritournelles et de broder un accompagnement figuré à l'aigu de la cantilène vocale.

On fait résonner les cordes de la mandoline en les grattant soit avec un bec de plume, soit avec un morceau d'écorce ou d'écaille. Leur nombre et leur accord paraissent avoir varié assez souvent. La mandoline napolitaine, la plus répandue, est montée de quatre cordes doubles qui donnent l'unisson des quatre cordes simples du violon.

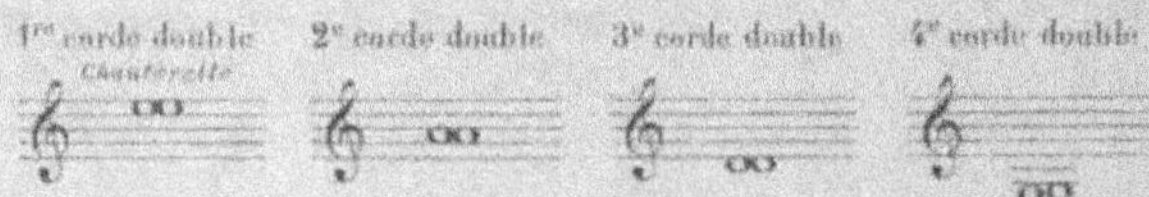

Le mécanisme de la main gauche ne diffère pas non plus de celui du violon. Toutefois le caractère populaire de l'instrument ne s'accommode guère de raffinements techniques et veut un style simple, des traits faciles. On ne doit pas monter au-delà de mi₄, octave aiguë de la chanterelle.

Comme le mode d'attaque exclut la prolongation des sons, la mandoline supplée aux tenues par une répercussion très rapide de la même note. C'est là un de ses effets favoris.

Ex: 92.

«Le timbre de la mandoline, tout grêle et nasillard qu'il soit, a quelque chose de piquant et d'original» (*Berlioz*).

Piano

(En italien *Pianoforte*, en allemand *Clavier*.)

§ 77. — Donner un aperçu de la technique du piano moderne, à l'usage des compositeurs serait une tâche ou superflue ou impossible. Tout musicien cultivé manie cet instrument chaque jour et en connaît par lui-même et l'étendue et les principes de doigté; mais un gros volume suffirait à peine pour expliquer les procédés élémentaires du clavier à quiconque ne les possède pas en pratique. Le meilleur précepte à observer pour le compositeur, en matière d'instruments à clavier, est de n'écrire que ce qu'il peut à peu près jouer lui-même.

En dehors de quelques tentatives isolées, les maîtres du XIXᵉ siècle n'ont réuni le piano avec l'orchestre qu'à titre d'instrument concertant. [1]

---

[1] Nous n'avons pas à tenir compte du cas où le piano sert de pis-aller en l'absence d'une harpe. C'est là un fait irrégulier justifiable par la nécessité, mais que la technique rationnelle doit ignorer.

CHAPITRE V

Instruments à vent mis en vibration par le souffle humain. Leurs caractères généraux. Particularités dans la manière de noter leurs intonations.

§ 78. — Au point de vue de son importance dans l'orchestre moderne, cette catégorie d'agents sonores vient immédiatement après les instruments à archet. Elle partage avec eux la précieuse faculté de prolonger le son au même degré de force; elle les surpasse de beaucoup quant à la puissance de la sonorité. Mais elle est loin de déployer autant de richesse, de variété et de souplesse dans les moyens techniques. Les instruments à vent ne disposent pas en général d'une grande étendue (quelques-uns même manquaient naguère d'une échelle suivie); ils ne jouissent pas d'une liberté entière pour la production des nuances d'intensité; leur émission est plus lente, leur volubilité d'articulation beaucoup moindre que celle des violons, des altos et des violoncelles. En outre tout instrument à cordes est, à un degré quelconque, polyphone, c'est à dire capable de produire à lui seul de l'harmonie simultanée; au contraire nos instruments à vent sont strictement monophones: ils n'émettent qu'un son à la fois. Des contrastes analogues existent entre les deux classes d'organes musicaux par rapport au caractère des timbres. L'expression d'un instrument à vent est plus déterminée, plus parlante, plus intelligible que l'expression d'un violon, d'un violoncelle; mais par là même elle a quelque chose de moins poétique, de moins élevé. En résumé les instruments dont il va être question montrent de l'affinité avec la voix humaine; aussi le style mélodique qui leur convient le mieux est celui de la musique vocale.

§ 79. — La notation musicale, dans son application aux instruments à vent, présente plusieurs singularités qui rendent la lecture des partitions modernes difficile et rebutante pour un commençant. La plus frappante est l'usage d'écrire certaines parties instrumentales dans une tonalité fictive, en sorte que les notes n'indiquent pas la hauteur absolue des sons, mais seulement leur hauteur relative. Les instruments à vent dits *transpositeurs* figurent dans la partition avec une armure autre que celle du ton réellement perçu par l'oreille. À cette catégorie appartiennent les clarinettes, le cor anglais, les saxophones et tous les instruments à embouchure, les trombones exceptés.

Voici la raison de cette habitude en apparence si bizarre. À l'origine, les instruments à vent furent des appareils grossièrement construits, pauvres en ressources musicales; leur échelle était des plus restreintes. Sur les flûtes et les instruments à anche, le nombre et la place des trous étaient entièrement subordonnés à la conformation des mains. En outre les intonations étrangères à l'échelle primitive de l'instrument (engendrée par l'ouverture des trous dans leur ordre successif) ne pouvaient s'y produire qu'à l'aide de *doigtés fourchus*, et manquaient par là de justesse. Même après que l'on eût imaginé le mécanisme des clefs, certaines gammes restaient presque inexécutables à cause de leur doigté compliqué. Quant aux cors et trompettes, leur tube étant fixe, ils possédaient seulement quelques harmoniques isolés issus d'une fondamentale immuable.

À mesure que les instruments à vent s'introduisirent à l'orchestre, il fallut les plier aux exigences multiples de la composition musicale et les mettre notamment en état d'aborder tous les tons usités. Pour les trompettes et les cors, on se contenta jusqu'au commencement de ce siècle de les munir de *tons de rechange* (§ 16). Pour les instruments à anche et les flûtes, l'on s'avisa d'un procédé imposé par la présence des trous. Ce fut de les construire en différentes dimensions, de manière à hausser ou à baisser le diapason de l'instrument entier, sans d'ailleurs modifier en rien la disposition des trous et des clefs, et conséquemment sans introduire aucun changement dans le doigté.

Grâce à ce moyen, un clarinettiste, par exemple, en ouvrant successivement les trous affectés sur l'instrument-type à la production de la gamme sans dièses ni bémols

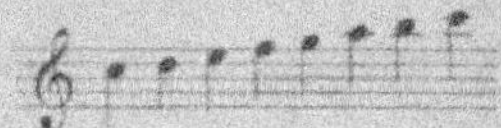

fait entendre en réalité

tantôt   tantôt   tantôt

selon qu'il embouche un instrument dont le diapason, par rapport à l'instrument type, est abaissé d'un ton, d'un ton et demi ou haussé d'un ton.

Or, les échelles transposées par ce procédé ne se notent pas telles qu'elles sonnent à l'oreille. De même que les instruments transpositeurs gardent le doigté de l'instrument-type, de même on leur conserve une notation identique, sans avoir égard à la hauteur absolue des sons. En d'autres termes la transposition des échelles s'opère par l'instrument lui-même et non par l'artiste. Ce procédé a été adopté pour la facilité de l'exécution; en effet l'esprit de l'instrumentiste, par la force de l'habitude, établit une relation plus directe entre la note et le doigt à mouvoir qu'entre la note et l'intonation. Il s'ensuit de là que les instruments dont le diapason a été baissé d'un intervalle quelconque, se trouvent haussés d'autant dans l'écriture; et réciproquement ceux dont le diapason a été haussé sont notés plus bas du même intervalle. Sur les cors et les trompettes simples, la transposition s'effectue également d'elle-même par l'apposition des corps de rechange. La musique destinée à ces instruments s'écrit comme si la fondamentale était invariablement *ut₁*.

§80. — Afin d'indiquer au lecteur de la partition le rapport entre les sons écrits pour les instruments transpositeurs et ceux que perçoit l'oreille, on est convenu de prendre pour terme de comparaison la note *ut*: à la suite du nom de l'instrument on indique le degré de l'octave chromatique qui répond à l'ut écrit (1). Conformément à ce système, on appelle *clarinette en si♭* l'instrument qui fait entendre *si♭* alors que la notation indique *ut*; *clarinette en la*, celle qui produit pour l'oreille *la*, quand le compositeur a noté *ut*, et enfin *clarinette en ut* celle qui émet réellement un *ut*, chaque fois que l'écriture musicale indique *ut* (2). Le son effectif étant déterminé pour un seul degré de l'échelle chromatique, se trouve par là même connu pour tous les autres degrés, et il devient facile au lecteur de rétablir par la pensée la véritable armure du morceau (3).

Un instrument *en si♭* fait entendre la seconde mineure au-dessous ou la septième majeure au-dessus des notes écrites; son armure a *5 dièses de moins* (ou 5 bémols de plus) que celle des instruments notés dans le ton réel. (Ôter un dièse équivaut à mettre un bémol; ôter un bémol équivaut à mettre un dièse: en effet le bécarre fait office de bémol lorsqu'il élimine un dièse: il tient la place du dièse lorsqu'il annule un bémol.)

Armures réelles
(Instruments en Ut)

Armures d'un
instrument en Si♭

---

(1) Une pareille indication est omise lorsque l'instrument transposé a pris un tout autre nom que son prototype (exemples: *Cor anglais* au lieu de *Hautbois en fa*; *Cor de basset* au lieu de *Clarinette en fa*).

(2) Les dénominations autrefois appliquées aux variétés de la famille des flûtes (dénominations encore en vigueur parmi les musiciens), se rapportent à la note *ré* prise comme terme de comparaison (voir ci-après §87).

(3) Si à la première inspection d'une partition d'orchestre on éprouve quelque difficulté à se rendre compte de la tonalité réelle, on n'a, pour écarter toute incertitude, qu'à jeter les yeux sur certaines parties d'instruments toujours écrites sans transposition: dans la musique d'orchestre le quatuor, les flûtes, les hautbois, les bassons; dans les morceaux de musique militaire, les trombones.

Un instrument *en si ♭* fait entendre la seconde majeure au-dessous ou la septième mineure au-dessus des notes écrites; son armure a *2 bémols de moins* (2 dièses de plus) que celle des instruments notés dans le ton réel.

Un instrument *en la* fait entendre la tierce mineure au-dessous ou la sixte majeure au-dessus des notes écrites; son armure a *3 dièses de moins* (trois bémols de plus) que celle des instruments notés dans le ton réel.

Un instrument *en la ♭* fait entendre la tierce majeure au-dessous ou la sixte mineure au-dessus des notes écrites; son armure a *4 bémols de moins* (quatre dièses de plus) que celle des instruments notés dans le ton réel.

Un instrument *en sol* fait entendre la quarte juste au-dessous ou la quinte juste au-dessus des notes écrites; son armure a *un dièse de moins* (un bémol de plus) que celle des instruments notés dans le ton réel.

Un instrument *en sol ♭* ou *en fa ♯* fait entendre la quarte majeure ou la quinte mineure soit au-dessous, soit au-dessus des notes écrites; son armure a *6 bémols ou 6 dièses de moins* que celle des instruments notés dans le ton réel.

Un instrument *en fa* fait entendre la quarte juste au-dessus ou la quinte juste au-dessous des notes écrites; son armure a *un bémol de moins* (un dièse de plus) que celle des instruments notés dans le ton réel.

Armures réelles
(Instruments en Ut)

Armures d'un
instrument en Fa

Un instrument *en mi* fait entendre la tierce majeure au-dessus ou la sixte mineure au-dessous des notes écrites; son armure a *4 dièses de moins* (quatre bémols de plus) que celle des instruments notés dans le ton réel.

Armures réelles
(Instruments en Ut)

Armures d'un
instrument en Mi

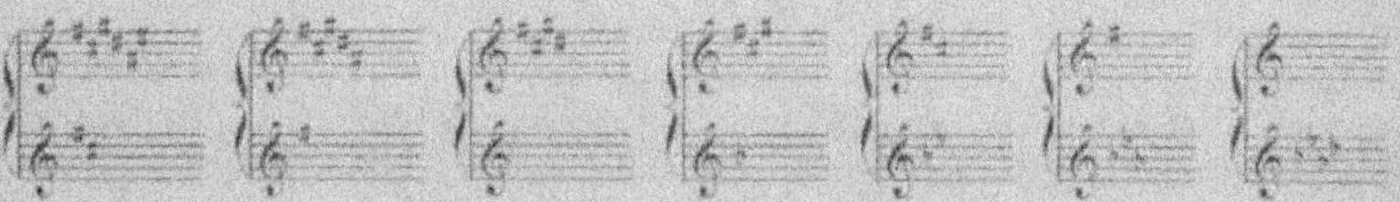

Un instrument *en mi♭* fait entendre la tierce mineure au-dessus ou la sixte majeure au-dessous des notes écrites; son armure a *3 bémols de moins* (3 dièses de plus) que celle des instruments notés dans le ton réel.

Armures réelles
(Instruments en Ut)

Armures d'un
instrument en Mi♭

Un instrument *en ré* fait entendre la seconde majeure au-dessus ou la septième mineure au-dessous des notes écrites; son armure a *2 dièses de moins* (2 bémols de plus) que celle des instruments notés dans le ton réel.

Armures réelles
(Instruments en Ut)

Armures d'un
instrument en Ré

Enfin un instrument *en ré♭* fait entendre le demi-ton au-dessus ou la septième majeure au-dessous des notes écrites; son armure a *5 bémols de moins* (5 dièses de plus) que celle des instruments notés dans le ton réel.

Armures réelles
(Instruments en Ut)

Armures d'un
instrument en Ré♭

Deux observations pour compléter la théorie des instruments transpositeurs.

a) La question de savoir si les sons réels se trouvent au grave ou à l'aigu des sons écrits ne peut se résoudre que par l'étude détaillée des instruments individuels. Par anticipation sur cette étude, disons ici que toutes les flûtes transposées sonnent plus haut que les notes indiquées; les cors, cornets et tubas sonnent plus bas. Les trompettes sonnent plus haut dans leurs meilleurs tons; les clarinettes, les saxophones et les saxhorns sonnent plus bas, à l'exception de leurs variétés les plus aiguës. Faisons remarquer en outre que pour certains instruments, l'écart entre les notes et les sons réels dépasse une et même deux octaves.

b) La partie mécanique des instruments à vent étant entièrement conçue d'après le principe de l'échelle tempérée (§ 27 et 29), on peut en toute occasion écrire les degrés homophones de cette échelle à la place l'un de l'autre, dès que la lecture devient par là plus aisée pour l'exécutant. La notation par bémols est généralement préférée à la notation par dièses, à moins qu'elle n'entraîne une armure beaucoup plus chargée. Mais on doit éviter de mêler dans la même partie instrumentale les dièses et les bémols au point de rendre les accords méconnaissables à la vue. Cette pratique, que l'on regrette de rencontrer chez d'illustres compositeurs, n'apporte aucun avantage réel à l'exécutant, et elle embrouille inutilement la lecture de la partition.

Ex: 93.

Il est évident que les clarinettistes n'auraient pas plus de difficulté à jouer une partie notée ainsi:

Avant de quitter cet exemple nous appellerons encore l'attention sur une particularité de la notation des instruments transpositeurs. On voit qu'en écrivant la partie des clarinettes l'auteur, au lieu d'indiquer à la clef l'armure régulière , a mis tous les accidents à côté des notes. C'est la pratique des maîtres classiques: chez eux la clarinette a rarement plus d'un accident à la clef. Cette habitude avait sa raison d'être à une époque où cette sorte d'instrument n'abordait que les deux ou trois tons les plus simples. Dans l'état actuel de l'art, il est inutile de s'y astreindre. Meyerbeer aurait pu écrire, sans effrayer aucun clarinettiste de notre temps:

Même pour nos cors et trompettes chromatiques il n'y a pas d'inconvénient à mettre toute l'armure à la clef.(1)

§ 81. — Une dernière singularité de la notation des instruments transpositeurs doit être signalée ici, bien que nous ayons encore à y revenir plus tard.

Certains d'entre eux et notamment les cors, à raison de leur grande étendue se servent et de la clef de *sol* et de la clef de *fa*. Mais au lieu de donner à celle-ci sa valeur normale, on écrit toutes les notes une octave trop bas, en sorte que les deux échelles suivantes sont considérées, comme étant à l'unisson.

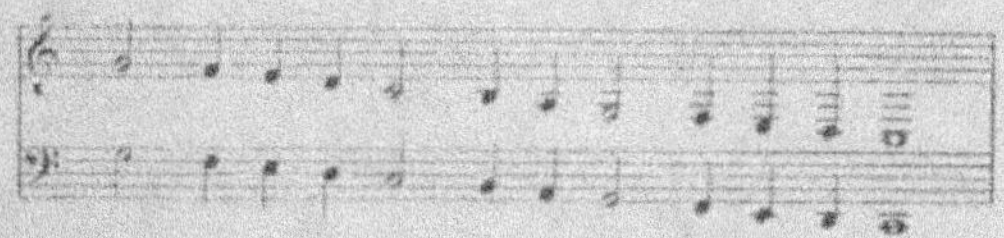

Il résulte de cette pratique bizarre qu'à chaque changement de clef la notation saute d'une octave entière (2).

Ex: 94.

Comme il est inutile de compliquer davantage la lecture des partitions modernes, déjà assez difficile par elle-même, le compositeur fera bien, en écrivant pour des cors chromatiques, de se passer autant que possible de la clef de *fa*, et, au cas où il serait amené à s'en servir, de lui donner sa valeur régulière.(3)

Ajoutons, pour en finir avec les anomalies de la notation, que l'usage des clefs n'est pas fixé d'une manière uniforme en ce qui concerne quelques instruments (le cor anglais, la clarinette basse, les trombones, tubas, etc). Les divers procédés d'écriture suivis à cet égard dans la pratique contemporaine seront mentionnés à leur place.

---

(1) Afin de ne pas rompre en une fois avec des habitudes invétérées, il serait peut-être utile d'adopter un système transitoire pour les tons trop chargés d'accidents. En voici un qui me paraît répondre aux besoins pratiques du moment actuel. Noter les tons majeurs de fa♯, de si, de mi et de la avec l'armure des mêmes tons mineurs; donner aux tons mineurs de fa♯, de mi♭, de si♭ et de fa l'armure des mêmes tons majeurs. Cette combinaison allège l'armure de trois accidents, que l'on peut écrire à côté des notes sans encombrer la partie d'une trop grande quantité de dièses ou de bémols.

(2) La même manière d'écrire était aussi en vigueur autrefois pour la clarinette et le cor de basset.

(3) C'est ce que nous avons fait dans les exemples rétractés d'exprès au cor à pistons.

CHAPITRE VI

Instruments à vent dits à bouche: grandes et petites flûtes.

§ 82 — Toute cette branche de la classe des instruments à vent (§ 11) est renfermée dans les quatre octaves supérieures de l'étendue générale: de ut_3 à ut_7 (§ 21). Depuis longtemps on a renoncé à faire descendre davantage les flûtes: les dimensions du tuyau, l'écartement des trous et la quantité d'air absorbée par l'instrument s'augmentent dans une proportion trop considérable pour les facultés physiques de l'exécutant, dès que l'on dépasse les limites ci-dessus déterminées. Les deux espèces de flûtes ne forment donc pas des familles au sens exact du mot, puisque l'élément mâle, grave, leur fait défaut.

§ 83. — Les flûtes à bec étant complètement rejetées de la pratique de l'art moderne, nous n'avons à nous occuper ici que des flûtes à bouche latérale, dites *flûtes traversières* ou *flûtes* tout court.

§ 84. — L'étendue commune à tous les instruments de cette famille incomplète embrasse un intervalle de deux octaves et une quinte, compris dans l'écriture musicale entre les sons $ré_3$ et la_5 et divisé chromatiquement d'un bout à l'autre.

Seule la grande flûte en *ut*, l'instrument des solos de concert, usitée aussi à l'orchestre, dépasse un peu cette étendue, tant au grave qu'à l'aigu (§ 88).

Le son le plus grave des flûtes est donné par la résonnance du tube entier. Les autres sons de l'octave inférieure se produisent par le raccourcissement graduel de la colonne d'air (§ 9); ceux qui font partie de la gamme de *ré* majeur (mi_3, $fa\sharp_3$, sol_3, la_3, si_3, $ut\sharp_4$) correspondent aux trous primitifs de la flûte traversière. Quant aux sons $fa\natural_3$, $sol\sharp_3$, $si\flat_3$, ut_4, on les obtint d'abord à l'aide de *doigtés fourchus*; mais ce procédé ne donnant pas des intonations d'une justesse satisfaisante fut abandonné plus tard, et l'on se procura ces notes par des trous spéciaux recouverts de clefs, comme on l'avait déjà fait auparavant pour $mi\flat_3$.

Chacun des douze degrés de cette octave inférieure est le son 1 d'une échelle d'harmoniques (§ 11). Pour obtenir l'octave supérieure, il suffit de reprendre le doigté des douze premiers sons en augmentant légèrement la pression du souffle; toute la série saute à l'octave aiguë et l'instrument fait entendre le son 2 (l'octave) de chacune des fondamentales.

Les degrés de la troisième octave se forment à l'aide des sons 3, 4 ou 5 (la douzième, la double octave, la dix-septième majeure) de quelques-unes des fondamentales; pour produire ces notes aiguës, l'exécutant force de plus en plus la pression de l'air.

§ 85. — D'après la tension plus ou moins grande de la sonorité, résultant du degré de pression, l'échelle des flûtes se divise en quatre registres dont les limites s'établissent ainsi dans l'écriture musicale:

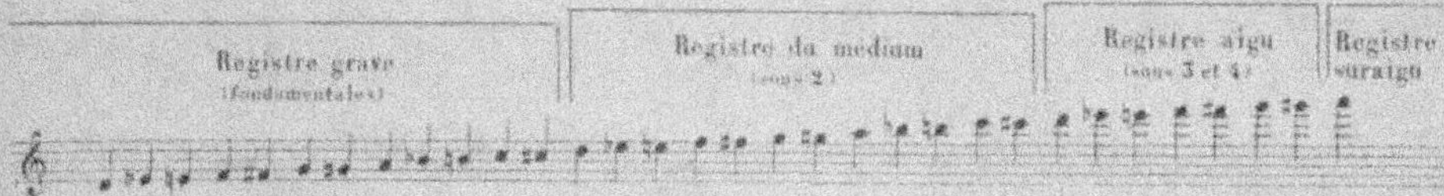

La musique destinée aux flûtes de toute espèce se note aujourd'hui invariablement en clef de sol 2e ligne.

§ 86. — Nous avons vu que l'échelle originaire de la flûte est en *ré majeur*. De là vient que le mécanisme du doigté atteint sa simplicité la plus grande dans les tonalités dont l'armure ne s'éloigne pas beaucoup de celle du ton susdit. Lorsque le compositeur veut donner aux flûtes des traits de bravoure, il dépasse rarement, soit 3 bémols, soit 4 dièses; les tons brillants et faciles entre tous sont *ut, sol, ré, la, fa* et *si*♭, majeurs. A la vérité, le mécanisme de la flûte Boehm, adopté aujourd'hui par la grande majorité des instrumentistes, a supprimé les nombreuses complications de l'ancien doigté, et rendu, jusqu'à un certain point, tous les tons majeurs et mineurs abordables pour des exécutants d'une habileté moyenne. Le compositeur n'a guère à s'abstenir que des batteries rapides de quarte, de quinte (ou d'intervalles plus grands) dans la partie supérieure de l'étendue; même certaines tierces y offrent de la difficulté. La plupart des trilles du registre *suraigu* sont également impraticables.

En résumé aucun instrument à vent n'est comparable, pour la facilité d'émission, aux flûtes: elles rivalisent à cet égard avec les gosiers les plus merveilleux. Gammes diatoniques et chromatiques liées ou détachées, arpèges, trilles, groupes et broderies, tout leur convient également. Les sauts à des intervalles éloignés ne leur coûtent rien; comme le passage d'un harmonique à un autre s'opère sans aucun effort sur les tuyaux à bouche, les flûtes exécutent des suites d'octaves arpégées avec une prestesse telle que les deux notes de l'intervalle semblent parler simultanément.

L'articulation de la langue comporte un degré de vélocité inaccessible à la plupart des autres instruments à vent; de là un procédé technique assez fréquent dans les solos de flûte: la répercussion très rapide, au moyen du *double coup de langue*, de plusieurs sons placés sur le même degré.

Ex: 95.

§ 87. — La famille des flûtes ne renferme à notre époque que deux individualités caractérisées: la grande flûte, la petite flûte: et chacun de ces instruments ne possède qu'une seule variété réellement usitée. A coté de la grande flûte en ut, l'instrument-type, il existe une grande flûte en ré♭; à coté de la petite flûte ordinaire, en ut, on a également une petite flûte en ré♭.

Nous devons ici prévenir le lecteur d'une irrégularité, qui s'est transmise jusqu'à nos jours, dans la désignation du diapason des flûtes. Comme le ton fondamental de l'ancienne flûte est *ré*, ainsi qu'on l'a vu plus haut, les musiciens ont pris tacitement cette note comme terme de comparaison entre le son écrit et celui que perçoit l'oreille. Ils appellent flûte *en ré* (au lieu de flûte *en ut*) celle qui ne transpose pas; flûte *en mi ♭* (au lieu de flûte *en ré ♭*) celle qui fait entendre *mi ♭* quand la notation porte *ré*. En un mot le son indiqué par eux est toujours trop haut d'un ton par rapport à la désignation correcte. C'est celle-ci naturellement que nous emploierons. Néanmoins, comme en matière de pratique musicale on doit tenir compte des habitudes invétérées, nous ajouterons partout l'expression vicieuse entre parenthèses.

Grande flûte d'orchestre ou flûte en ut (improprement dite en ré)

(En italien *flauto*, plur. *flauti*; en allemand *Flöte*, plur. *Flöten*.)

§ 88. — I. Cet instrument a été considérablement perfectionné et développé de notre temps. Avant la réforme de Boehm le tuyau de la flûte avait d'habitude la forme d'un cône renversé, en d'autres termes le canal allait en se rétrécissant du trou d'embouchure à l'extrémité inférieure; aujourd'hui la perce cylindrique est devenue générale. Les qualités de sonorité et d'intonation ont été de beaucoup augmentées par là. En outre, les limites ordinaires de l'étendue des flûtes ont été reculées aux deux extrémités de l'échelle. Au grave l'instrument a gagné deux demi-tons (*ré ♭$_3$, ut$_3$*) par l'adoption de la *patte d'ut*; à l'aigu il s'est enrichi d'une tierce mineure au moins. La flûte moderne possède de la sorte trois octaves pleines. Elle se note toujours à son diapason réel.

Manière d'écrire et effet pour l'oreille:

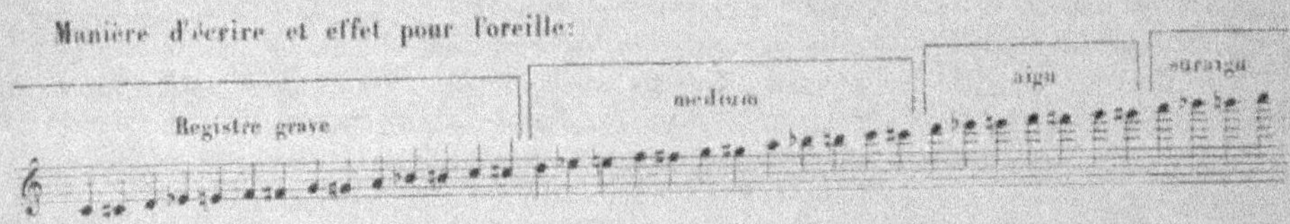

Les deux derniers sons suraigus (*si$_4$, ut$_5$*) sortant assez difficilement, ont une sonorité dure et revêche: ils sont à éviter dans le *piano*.

II. Bien que la flûte descende jusqu'aux sons inférieurs du soprano, elle n'en doit pas moins être considérée comme plus élevée d'une octave environ. En effet la partie essentielle de son étendue, le registre du médium, concorde avec les bonnes notes du mezzo-soprano, non pas à l'unisson, mais à l'octave aiguë (§ 23). Lors donc que la flûte aura à soutenir une cantilène de femme, sa place naturelle sera à l'octave du chant; il en sera de même lorsqu'elle doublera un instrument à vent situé dans la même région que les voix féminines.

§ 89. — Tout ce qu'il importe au compositeur de savoir par rapport au doigté et aux moyens d'exécution des flûtes a été dit au § 86. Il ne nous reste à faire qu'une observation spéciale au mécanisme de la grande flûte. Les batteries et trilles formés des successions suivantes sont inexécutables aujourd'hui.

Les maîtres anciens et modernes confient souvent à la flûte de véritables passages de bravoure, où l'instrument fait briller toute la richesse et toute la variété de ses figures mélodiques.

Ex: 96.

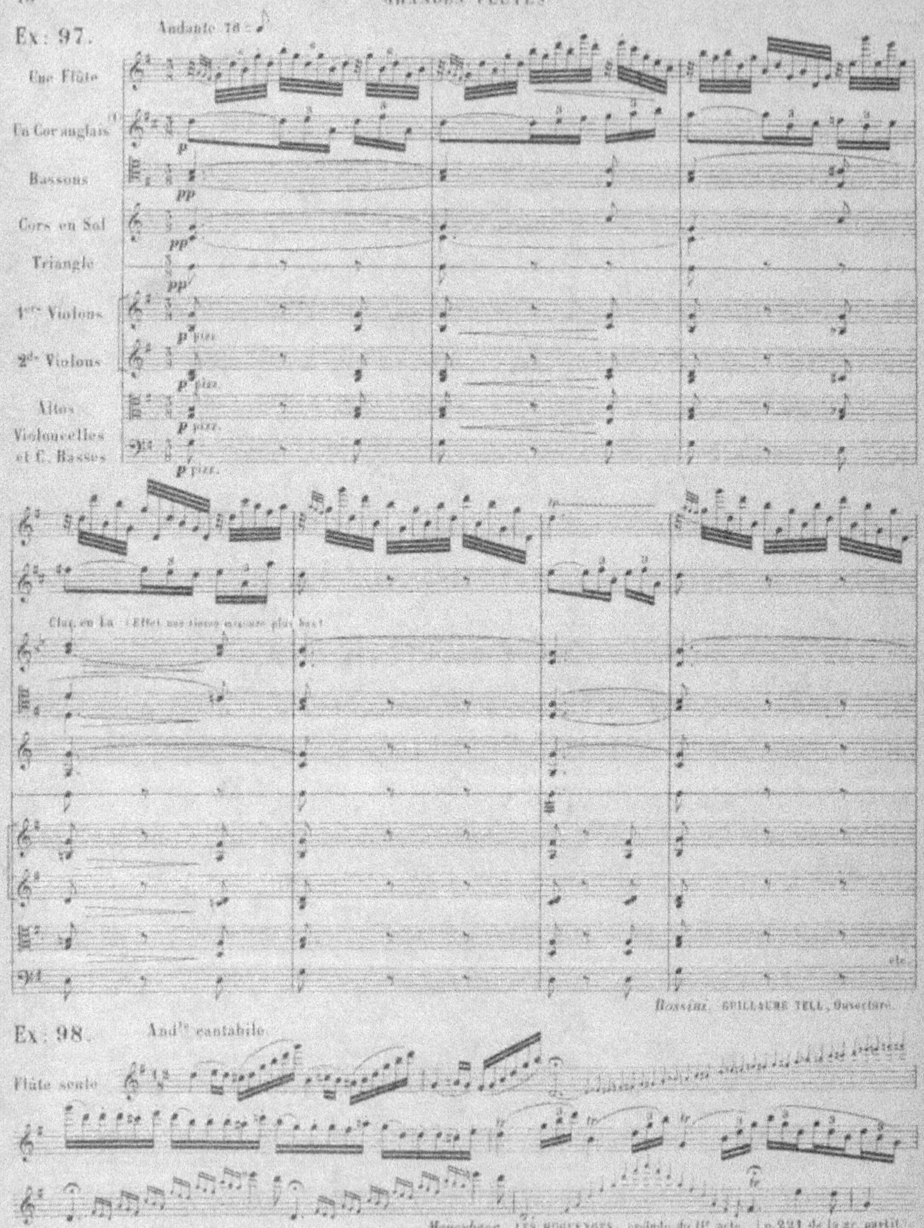

(1) Cette partie est notée dans la partition de *Guillaume Tell* d'après le système italien (voir ci-après § 107.) Nous nous servons ici de la notation la plus usitée et la plus logique.

§ 90. — Le timbre de la flûte, si lumineux, si gai en majeur, pâlit et prend une teinte morne en mineur, surtout dans les tons à bémols. Mendelssohn a trouvé une application aussi neuve qu'ingénieuse de ce genre de sonorité, à la fin du ravissant *Scherzo* du *Songe d'une nuit d'été*, course nocturne d'êtres impalpables, sylphes ou génies.

Ex: 99.

La flûte ne brille pas seulement dans les passages d'agilité, elle se prête tout aussi bien à la mélodie sans ornements. Autrefois ses chants ne quittaient guère les deux registres supérieurs. Quand au registre grave, d'une sonorité si pleine et si pénétrante, il ne comportait qu'un usage assez restreint, à cause du manque de justesse de plusieurs de ses intonations. Aujourd'hui le compositeur a toute liberté pour lui confier des cantilènes largement développées. Voici un spécimen célèbre de ce genre d'effet.

Ex: 100.

§ 91. — Les anciens maîtres symphonistes se contentaient souvent d'une seule flûte. De nos jours l'usage ordinaire est d'écrire deux parties de grande flûte, et même la réunion de trois flûtes n'est plus une rareté.

VARIÉTÉ DE LA GRANDE FLÛTE

§ 92. — La *flûte en ré♭* (improprement dite *en mi♭*) est accordée un demi-ton à l'aigu de l'instrument-type: les notes ut_4, mi_4, sol_4, font pour l'oreille $ré♭_4$, fa_4, $la♭_4$.

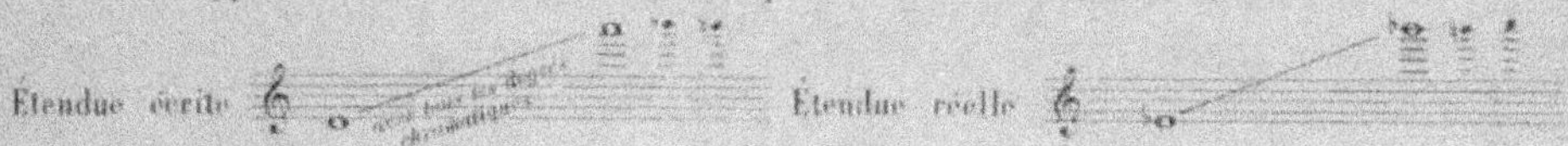

Étendue écrite   Étendue réelle

Pour obtenir le ton d'*ut* il faut donc écrire en *si*, pour obtenir le ton de *si*, il faut écrire en *si♭*, etc. Les quatre tons les plus faciles de la flûte, *ut*, *sol*, *ré* et *la* majeurs donnent sur la flûte en ré♭ les tonalités réelles de *ré♭*, *la♭*, *mi♭* et *si♭* majeurs (voir ci-dessus, p. 63).

Ex: 101.

Flûte en ré♭ (mi♭).   Effet réel

Cet instrument, étranger à l'orchestre, fut imaginé pour les bandes d'harmonie militaire, qui se servent presque exclusivement des tons à bémols, mais il y est fort peu usité.

Petite flûte octave (ou en ut).

(En italien *flauto piccolo, ottavino*, en allemand *kleine Flöte, Pickelflöte*.)

§ 93. — Comme cet instrument est le seul de son espèce à l'orchestre, on a l'habitude de l'appeler *petite flûte* tout court. Son diapason est à l'octave aiguë de la grande flûte en ut: les notes ut_4, mi_4, sol_4, font pour l'oreille ut_5, mi_5, sol_5.

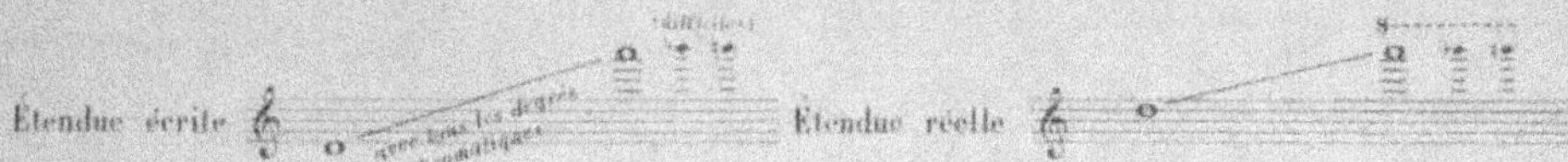

Étendue écrite   Étendue réelle

Le plus élevé de tous les instruments de l'orchestre moderne, la petite flûte touche aux limites extrêmes de la région suraiguë (§ 22); son registre moyen, de beaucoup le plus employé, est situé à deux octaves au-dessus des bonnes notes de la voix normale de femme, le mezzo-soprano (§ 88, II).

Ex: 102.

Petite flûte (octave).   Effet réel

Les sons du registre grave ont une trop faible intensité pour être de grand usage, ceux du registre aigu sont perçants et durs; les trois derniers (la_5, $si♭_5$, $si♮_5$, à l'oreille la_6, $si♭_6$, $si♮_6$) ne sont à leur place que dans le plus véhément *fortissimo*.

§ 94. — Ayant le même doigté que la grande flûte, la petite possède les mêmes ressources d'exécution. Toutes les tonalités lui sont accessibles. Les traits d'agilité, particulièrement les trilles et les fusées diatoniques ou chromatiques, ont dans ce diapason élevé une sonorité étincelante. Deux passages classiques suffiront à indiquer quelques-uns des effets les plus caractéristiques de la petite flûte.

Ex: 103.
Allegro 84 = 2
P.te Flûte
G.des Flûtes
Hautbois
Bassons
Cors en Ut
1.res et 2.des Violons
Altos
Violoncelles et C. Basses
P.te Flûte
Flûtes
Hautb.
Clar.
Bassons
Cors
Trompettes
Trombones (Alto, Ténor et Basse)
Timbales
Contrebasson avec la C. Basse.
9773. H.

§ 95. — La petite flûte n'a rien de la douceur poétique qui distingue la grande; l'extrême acuité de ses sons et leur manque de flexibilité la rendent impropre à moduler un chant expressif. Tout au plus est-elle admise parfois à renforcer à l'octave une phrase mélodique jouée par d'autres instruments. Son intervention dans l'orchestre dramatique a un but presque exclusivement pittoresque.

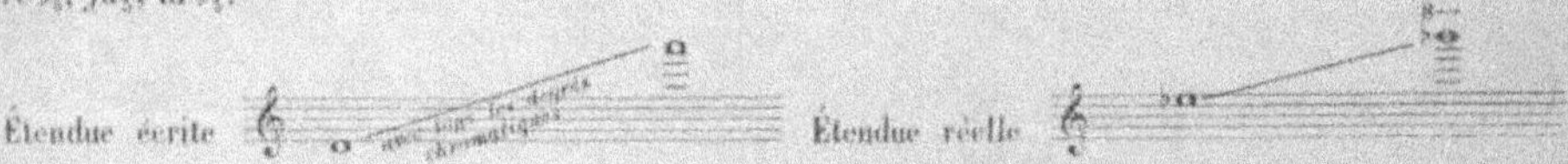

On remarquera que la petite flûte s'associe volontiers avec des instruments à percussion d'un timbre métallique: triangle, cymbales.

§ 96. — La petite flûte octave est exclusivement propre à l'orchestre. Chez les maîtres classiques elle est un instrument accessoire et ne se produit qu'à de rares moments, lorsque son usage est pleinement justifié. Sous l'influence de l'instrumentation rossinienne les musiciens dramatiques du milieu de ce siècle se sont trop souvent écartés de cette sage sobriété: chez eux la petite flûte est devenue un timbre banal. Heureusement il y a lieu de constater chez les compositeurs de la génération actuelle un retour marqué vers des principes plus sains en matière d'orchestration.

L'habitude la plus répandue est de ne donner à la petite flûte qu'une seule partie.

VARIÉTÉ DE LA PETITE FLÛTE

§ 97. — La *petite flûte en ré♭* (improprement dite *en mi♭*) est accordée un demi-ton plus haut que la petite flûte octave, une neuvième mineure à l'aigu de l'instrument-type de la famille, une octave juste au-dessus de la grande flûte en ré♭ (§ 92). Les notes ut_4, mi_4, sol_4, font pour l'oreille $ré♭_5$, fa_5, $la♭_5$.

Les changements de l'armure, et conséquemment les tons faciles, concordent avec ceux de la grande flûte en ré♭.

C'est la petite flûte des bandes actuelles de musique militaire.

---

(1) Nous notons les parties d'instruments de cuivre telles qu'elles se jouent aujourd'hui à l'Opéra de Paris et dans tous les grands théâtres. Cet arrangement a été fait du vivant de Meyerbeer et avec son approbation.

CHAPITRE VII

Instruments à vent résonnant au moyen d'une anche: hautbois, bassons, clarinettes, saxophones, etc.

§ 98. — Cette branche des instruments à vent (§ 12 et 13) a des affinités plus nombreuses et plus étroites avec la voix humaine que les deux autres. L'ébranlement de l'air est produit, de part et d'autre, par un même principe physique; il en résulte que l'émission du son a un caractère semblable. Les instruments à anche sont en quelque sorte des voix créées par l'art; ils reproduisent le cri de la passion individuelle, ils parlent le langage inarticulé des plus intimes affections du cœur.

§ 99. — Les quatre instruments dénommés en tête de ce chapitre forment des *familles*; ils se construisent en différentes dimensions correspondant au diapason des genres caractéristiques de voix (§ 23). Deux familles sont incomplètes: les hautbois et les bassons; la famille des hautbois se compose seulement de voix féminines, celle des bassons n'a que des voix masculines. Toutes deux appartiennent à la même section (tuyau conique et anche double); c'est pourquoi on les considère d'habitude comme formant une famille unique. Mais cette manière de voir ne se concilie pas avec le sens spécial attaché au mot famille. En définitive le hautbois et le basson sont deux types apparentés mais distincts, ainsi que le prouvent la division du tuyau et ce qui s'ensuit: l'étendue de l'échelle et le doigté.

FAMILLE DES HAUTBOIS

§ 100. — A l'époque actuelle elle ne compte plus que deux individus: le *hautbois*, l'instrument-type, correspondant à la voix de *soprano aigu*, et le *cor anglais*, le *contralto*.

Hautbois

(En italien *oboe*, plur. *oboi*; en allemand *Hoboe*, plur. *Hoboen*.)

§ 101. — L'étendue normale du hautbois et des autres instruments de cette famille embrasse deux octaves et une quarte, intervalle exprimé par les notes

On peut obtenir à l'aigu un demi-ton de plus (*fa₃*); mais cette note est périlleuse et il est prudent de s'en passer, bien que Beethoven n'ait pas cru devoir le faire.

Ex: 107.

plus loin

FIDELIO, IIᵉ acte (IIIᵉ en français), ritournelle finale de l'air de Florestan (N° 11).

Les hautbois de fabrication française descendent généralement jusqu'au *si♭*. Cette note supplémentaire n'existant pas sur tous les instruments, ne peut guère être utilisée par le compositeur.

La formation de l'échelle et le doigté sont à peu près les mêmes que sur la flûte. Par l'ouverture progressive des trous (ils correspondent à la gamme de *ré majeur*) et des clefs, l'exécutant obtient une série chromatique de 15 (ou 16) sons fondamentaux qu'il reproduit à l'octave (les trois ou quatre premiers exceptés), pour former la partie de l'échelle comprise entre *ré₁* et *ut₃*.

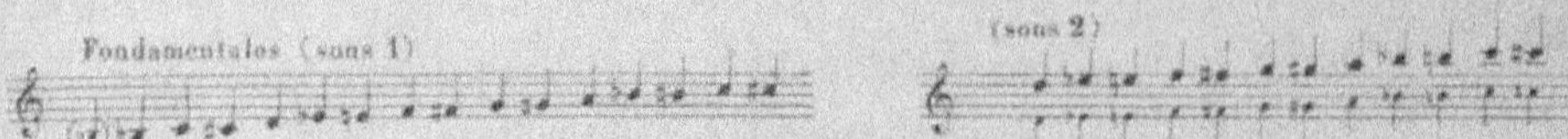

L'échelle se complète à l'aigu au moyen d'harmoniques plus élevés (sons 3, 4 et 5). — Toute la musique de hautbois se note au diapason réel et en clef de sol 2ᵉ ligne.

§ 102. — Si l'on excepte les trois sons les plus graves et ceux qui composent la dernière quarte à l'aigu, l'échelle des hautbois a une remarquable homogénéité de timbre. Aussi la séparation des registres y est peu marquée. Voici les limites que nous leur assignerons:

Le médium et les trois ou quatre sons qui confinent avec lui, au grave et à l'aigu, offrent le plus de ressources au compositeur, tant pour les phrases chantantes que pour le remplissage harmonique. Les notes extrêmes du registre grave sont rauques et sauvages: l'exécutant réussit difficilement à les adoucir. Celles du registre aigu deviennent de plus en plus grêles à mesure qu'elles s'élèvent.

§ 103. — De même que la flûte, le hautbois aborde toutes les tonalités usitées; mais si le compositeur veut lui donner des passages vifs à découvert, il devra s'abstenir des tons armés de plus de 3 bémols ou de 3 dièses. En ce qui concerne les trilles et les batteries rapides formées de deux degrés conjoints, voici ce qu'il y a d'essentiel à observer:

1° ils doivent être compris dans les limites suivantes

2° au dedans de ces limites les trilles et batteries composés de deux notes diésées ou bémolisées sont d'une exécution difficile.

ceux-ci sont même inexécutables

§ 104. — Les formes de traits dont l'effet est le plus satisfaisant sur le hautbois, traité en solo, sont des gammes ou des fragments de gammes, diatoniques ou chromatiques, et en général toute sorte de figures mélodiques d'une contexture simple et d'une vitesse modérée, lorsqu'elles sont placées dans le médium et s'étendent par exception seulement jusqu'au registre aigu.

Ex: 108.

Des traits mélodiques en notes piquées et répétées sont susceptibles d'une finesse qu'aucun instrument à vent ne saurait leur donner au même degré que le hautbois.

§ 105. — Avec son timbre clair et mordant, le hautbois ne passe jamais inaperçu dans l'orchestre, et lorsqu'il se détache de l'ensemble, le caractère parlant de sa sonorité captive immédiatement l'attention de l'auditeur. Le trait fondamental de ce caractère est la *franchise*: aucun instrument n'exprime avec un réalisme aussi frappant ce qu'il est en son pouvoir d'exprimer: à savoir tous les sentiments primitifs, spontanés, depuis la naïve gaité villageoise jusqu'à la douleur la plus poignante.

§ 106. — À l'orchestre on écrit habituellement deux parties de hautbois, mais en laissant souvent reposer la seconde partie. Dans les passages doux, lorsqu'ils accompagnent la voix, deux hautbois se font trop remarquer pour qu'on leur donne un simple remplissage harmonique. Leur timbre incisif augmente singulièrement l'âpreté des dissonances de seconde et de septième. Lorsque, jouant à l'unisson, les hautbois se détachent de l'orchestre, ils possèdent une intensité suffisante pour percer une masse nombreuse de voix et d'instruments.

L'orchestre wagnérien, dans sa forme la plus complète (la tétralogie des *Nibelungen*, *Parsifal*), comprend trois hautbois et un cor anglais. Mais on ne doit jamais perdre de vue que ce formidable ensemble instrumental est destiné à se faire entendre d'un peu loin.

Les hautbois (de même que les bassons) n'ont plus de rôle utile dans les bandes de musique militaire. Leur petite voix grêle, presque enfantine, ne peut parvenir à se faire entendre à travers la sonorité massive des cuivres modernes; elle y devient d'un grotesque parfait, dit avec raison Berlioz. Quelques chefs de musique s'obstinent néanmoins à conserver le hautbois; ils ne s'en servent, à la vérité, que pour des solos.

Cor anglais

(En italien *corno inglese*, en allemand *englisches Horn*.)

§ 107. — C'est un hautbois en *fa* accordé une quinte au-dessous de l'instrument-type. Les notes *ut*, *mi*, *sol*, font pour l'oreille *fa₃ la₃ ut₄*. L'étendue du cor anglais concorde de tout point avec l'étendue ordinaire du hautbois.

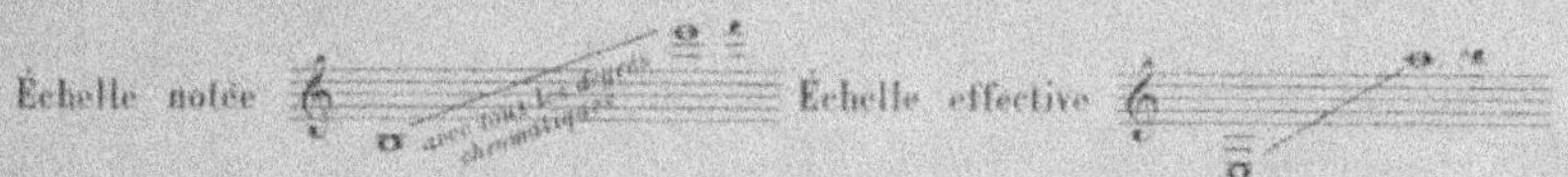

Outre ce mode régulier de notation, commun à tous les instruments transpositeurs, il en existe pour le cor anglais deux autres. Les anciens compositeurs français, jusqu'à Halévy inclusivement, écrivent les sons à leur hauteur effective, en clef d'ut 2ᵉ ligne; le hautboïste, pour retrouver son doigté, suppose la clef de sol. Les Italiens antérieurs à Verdi notent la partie de cor anglais dans le ton réel, mais une octave trop bas: ils emploient la clef de fa 4ᵉ ligne. Ce dernier procédé est d'une absurdité flagrante, et aussi incommode pour le lecteur de la partition que pour l'exécutant; celui-ci, pour retrouver le doigté du hautbois, doit lire les notes à la clef d'ut 4ᵉ ligne.

Si l'on fait abstraction du registre suraigu, dont il n'y a pas lieu de se servir, la sonorité du cor anglais possède une homogénéité remarquable dans tout le parcours de l'échelle. Les dernières notes au grave ont, grâce à la forme arrondie du pavillon, une qualité de son beaucoup meilleure que sur le hautbois. Le registre du médium concorde aussi exactement que possible avec la belle octave d'une vraie voix de contralto.

§ 108. — Aucune différence n'existe entre le doigté du cor anglais et celui du hautbois; les deux instruments sont toujours joués par le même artiste. Comme le cor anglais, de par son diapason et son caractère exclusivement chantant, n'a jamais à jouer de véritables passages de bravoure, aucune tonalité majeure ou mineure ne lui est interdite; toutefois les armures chargées de dièses sont peu employées. Lorsque le ton exigé par la notation du cor anglais possède un homophone usité (par exemple *fa♯ = sol♭* majeur, *sol♯ = la♭* mineur), le compositeur choisit de préférence l'armure par bémols.

Ex: 115.

Ambr. Thomas, HAMLET, Acte III (p 333 de la gr. part.)

§ 109. — Parmi les instruments qui ne se mêlent pas à l'ensemble habituel de l'orchestre et ne sont pas exhibés sans une intention marquée du compositeur, le cor anglais produit peut-être l'impression la plus profonde. C'est une voix mélancolique, rêveuse, dit Berlioz, dont la sonorité a quelque chose d'effacé, de *lointain*, qui la rend supérieure à toute autre quand il s'agit d'émouvoir en faisant renaître les images et les sentiments du passé; quand le compositeur veut faire vibrer la corde secrète des tendres souvenirs.

Ex: 116.

Ex : 117.

Ajoutons toutefois que l'effet expressif de ce timbre n'est pas circonscrit à une seule classe de situations dramatiques; il s'offre au compositeur partout où il s'agit de produire une impression calme, mêlée de mystère ou de tristesse vague.

Ex : 118.

§ 110. — Le cor anglais ne s'emploie guère qu'à l'orchestre; encore est-il étranger à la symphonie classique. Sa véritable place est dans les compositions vocales et instrumentales de style dramatique.

Comme le cor anglais est toujours joué par un hautboïste, le compositeur ne lui assigne souvent qu'une seule partie, en gardant à sa disposition un des hautbois; lorsque deux cors anglais sont nécessaires il se passe complètement de hautbois. C'est là l'habitude générale. Dans le gigantesque orchestre de Richard Wagner, où chaque famille d'instrument à anche est représentée par trois ou quatre individus, le cor anglais fonctionne pendant toute la durée du drame. Naturellement un pareil système d'instrumentation n'est pas réalisable avec les orchestres ordinaires de nos théâtres et de nos concerts.

FAMILLE DES BASSONS

§ 111. — Elle ne comprend que deux individus admis dans la pratique actuelle de l'art: le basson proprement dit, l'instrument-type; le contre-basson.

Seul le premier a sa place constante à l'orchestre: le second n'y paraît que de loin en loin.

Basson

(En italien fagotto, pl.-ti, en allemand Fagott, pl.-te)

§ 112. — Son étendue normale embrasse trois octaves pleines qui coïncident à peu près avec le parcours du violoncelle. Les notes plus aiguës, assez nombreuses, que les bassonistes parviennent à émettre ne sont d'aucun usage. On écrit l'échelle du basson à sa hauteur effective, en se servant de deux clefs: fa sur la 4ᵉ ligne pour les sons graves et moyens, ut sur la 4ᵉ ligne pour les sons aigus.

Étendue pour l'écriture et pour l'oreille 

Cette étendue considérable se produit de la même manière que sur le hautbois et la flûte. Au moyen de huit trous et d'un grand nombre de clefs (les trous correspondent à la gamme d'*ut majeur*), l'on obtient 20 sons fondamentaux (de $si\flat_{-1}$ à fa_2), dont les 12 plus aigus, en sautant à l'octave, fournissent la partie de l'échelle comprise entre $fa\sharp_2$ et fa_3.

Les notes les plus élevées de l'instrument proviennent des sons 3, 4 et 5 de l'échelle des harmoniques.

On construit aujourd'hui, principalement en Allemagne, des bassons qui ont un demi-ton de plus au grave: la_{-1}. Cette note se rencontre fréquemment chez Richard Wagner.

§ 113. — Nous délimiterons ainsi les registres du basson:

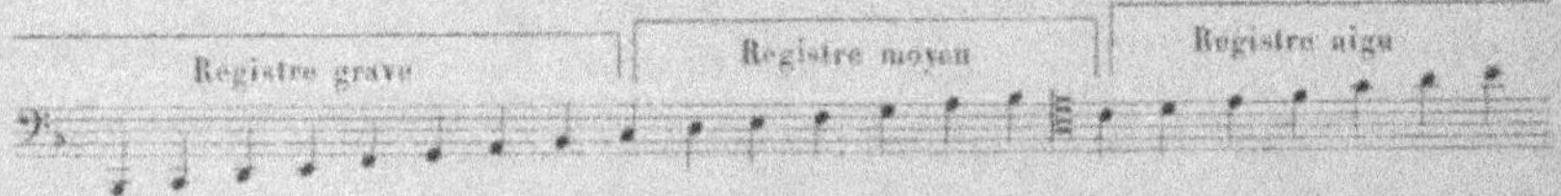

On voit que cette échelle embrasse l'étendue totale des voix d'homme (§ 23); aussi, dans le chœur des instruments à anches ou dans l'ensemble orchestral, le basson fait tantôt une partie de ténor, tantôt la partie inférieure de l'harmonie. Lorsqu'il est appelé à doubler la cantilène, sa place normale est à l'unisson du violoncelle, à l'octave au-dessous de la voix de soprano et du hautbois, à la double octave au-dessous de la flûte, à la triple octave au-dessous de la petite flûte. Les notes du registre grave, vibrantes et pleines, fournissent une excellente basse aux instruments à vent quand les trombones se taisent (voir le début de l'ouverture du *Tannhäuser*, ci-après, ex: 211). Le médium possède une sonorité assez volumineuse, mais flasque et molle. Quant au registre supérieur, il a quelque analogie avec celui du violoncelle, mais le timbre est terne et l'émission a un je ne sais quoi de serré et de pénible. Les sons les plus aigus, de même que ceux du registre grave, s'attaquent difficilement en *pianissimo*.

§ 114. — Tous les tons usités dans la musique d'orchestre conviennent au basson, quand il s'agit simplement de phrases mélodiques ou de dessins conçus dans un mouvement modéré. Il en est différemment lorsque le compositeur lui confie des passages en solo chargés de notes; en ce cas le choix des tons est limité par les conditions du mécanisme technique. Une des principales difficultés du doigté de cet instrument est la liaison rapide et réitérée des sons *fa* ♯ et *sol* ♯ (= *sol* ♭ - *la* ♭) dans toutes les octaves; les échelles tonales réputées faciles sont celles qui ne donnent pas lieu à la succession de pareils accouplements de notes, à savoir *ut, sol, ré* et *fa* majeurs et mineurs; *si* ♭, *mi* ♭ et *la* ♭ majeurs.

Les trilles à utiliser par le compositeur sont compris entre les deux suivants: on doit s'abstenir de ceux-ci, inexécutables

§ 115. — Malgré la gravité de son diapason, le basson se prête à un jeu assez véloce, pourvu que l'on touche avec sobriété au registre inférieur. Les formes de traits ont de l'analogie avec celles qui dominent dans la musique destinée au hautbois.

Il existe de plus un genre de passages, en notes détachées, exclusivement propre au basson: ce sont des dessins formés de sauts d'octaves, d'accords décomposés en batteries. Les anciens maîtres se sont beaucoup complu à cette sorte de figures, dont la gaîté humoristique tourne facilement au grotesque.

§ 116. — Si par le diapason le basson correspond à la voix d'homme, il en diffère complètement par le caractère expressif. Sa sonorité ne rappelle en rien la fougue passionnée du ténor ou la mâle énergie de la basse; elle est tout à fait dénuée de force et de noblesse. Dans un chant pathétique le registre aigu seul figure parfois au premier plan; cette voix souffreteuse traduit avec une vérité parlante la plainte d'un être faible, malheureux.

Souvent, chez les maîtres, une note isolée, un accent senti, suffit pour produire les plus surprenants effets.

Ex: 125.

Les notes du médium et les degrés supérieurs du registre grave prennent facilement des intonations railleuses, sardoniques, que l'art de Meyerbeer a su convertir en un ricanement sépulcral dans ce passage de la *Résurrection des nonnes maudites* au IIIe acte de *Robert le Diable*.

Ex: 126.

§ 117. — En tant qu'interprète de la mélodie proprement dite, le basson a vu se réduire de beaucoup son rôle, depuis que l'art instrumental s'est enrichi d'autres voix graves plus sonores, plus caractérisées: la clarinette basse, le cor chromatique. Mais il a gardé toute son importance comme timbre de combinaison. A l'orchestre le basson se contente d'être un serviteur utile, infatigable; de tous les instruments à vent c'est celui qui se repose le moins.

L'usage ordinaire des compositeurs est d'écrire deux parties de basson destinées à être jouées chacune par un seul exécutant. A l'Opéra de Paris où l'on emploie quatre bassonistes, les deux parties sont doublées dans les *tutti* de l'orchestre, à moins que l'auteur n'ait écrit quatre parties distinctes. Cette dernière combinaison n'est pas rare chez les maîtres de l'école française.

Ex: 127.

En Allemagne Richard Wagner a introduit l'usage, depuis *Lohengrin* (1847), d'écrire trois parties de basson.

Pas plus que le hautbois, le basson n'est à sa place dans les bandes d'harmonie de notre époque; à côté des sonorités puissantes et nourries dont il y est entouré, la sienne paraît être d'une maigreur tout-à-fait comique.

Contre-basson

(En italien *contraffagotto*, en allemand *Contrafagott*)

§ 118. — L'instrument auquel ce nom revient légitimement n'apparaît à l'orchestre qu'en de rares occasions. Comme la contrebasse par rapport au violoncelle, il reproduit à l'octave grave l'échelle du basson et s'écrit de la même manière: les notes *ut₂*, *mi₂*, *sol₂* sont à l'oreille *ut₁ mi₁ sol₁*. Anciennement le contre-basson avait au grave l'étendue intégrale de l'instrument-type; les instruments actuels ne possèdent pas les quatre degrés inférieurs, *ré♭₁*, *ut₁*, *si—₀*, *si♭—₀* (écrits), lesquels au reste sortaient difficilement et n'étaient d'aucune utilité pratique. Malgré ce raccourcissement de son échelle, le contre-basson descend encore d'un ton au-dessous des contrebasses ordinaires; sauf l'orgue aucun instrument n'émet des sons aussi profonds. À l'aigu il n'y a pas de raison pour aller au-delà des sons 2. L'étendue employée se détermine conséquemment ainsi:

Il est presque superflu de dire qu'un instrument aussi grave n'est propre ni à des traits d'agilité ni à des chants expressifs. Les maîtres classiques ne lui donnent guère d'autre besogne que de renforcer les violoncelles et les contrebasses dans l'ensemble général de quelques morceaux de grand éclat. Rarement ils se donnent la peine de noter la partie tout au long; l'indication *contrafagotto col basso* leur suffit. Il est à remarquer que Beethoven laisse même doubler au contrebasson les traits les plus chargés de notes.

Mais il est certain que des passages semblables, déjà difficiles pour le basson ordinaire, n'étaient pas joués intégralement sur le contrebasson, où, du reste, ils ne seraient d'aucun effet. Sans doute les contrefagottistes de cette époque-là, tout comme les contrebassistes, *simplifiaient* à l'occasion. Aujourd'hui les musiciens d'orchestre sont tenus de jouer ce qu'on leur met devant les yeux; c'est pourquoi le compositeur fera bien d'écrire pour le contrebasson une partie spéciale, sans traits rapides et coupée de *repos* assez fréquents.

Au temps de Beethoven le contrebasson faisait partie des bandes d'harmonie militaire dont il était la basse profonde. C'est en cette qualité qu'il apparaît dans la marche guerrière au final de la IX° Symphonie.

Ex: 131.

All° assai vivace. 84 = ♩.
Petite Flûte
2 Hautbois
2 Clarinettes en Si♭
(Effet au ton plus bas)
2 Bassons
Contre-basson
2 Cors en Si♭ grave
(Effet une neuvième majeure plus bas)
Trompettes en Si♭
Triangle
Cymbales
Grosse caisse
pp

Trompettes en Si♭.
2° seule
pp

FAMILLE DES CLARINETTES

§ 119. — Seule parmi les instruments à anche, elle forme un ensemble harmoniquement complet, embrassant la plus grande partie de l'étendue générale des sons musicaux. La *clarinette* proprement dite remplit entièrement (et dépasse même) l'échelle des voix de femme, de même que la *clarinette basse* comprend tout le parcours des voix d'homme. La *clarinette alto* embrasse aussi le domaine sonore du ténor. Quant à la *petite clarinette*, elle monte à des hauteurs inaccessibles à l'organe humain.

Les complications inhérentes au doigté de la clarinette ont nécessité pour chacune des quatre individualités la création de plusieurs instruments transpositeurs. Toutes les variétés usitées de notre temps se montent à neuf. Nous les énumérons dans la direction de l'aigu au grave.

Petites clarinettes (soprano aigu) .... { en *mi* ♭
{ en *ré*

Clarinettes ordinaires (soprano) .... { en *ut*, l'instrument-type
{ en *si* ♭
{ en *la*

Clarinettes-altos .... { en *fa* (dite aussi *cor de basset*)
{ en *mi* ♭

Clarinettes-basses .... { en *si* ♭
{ en *la*

Clarinette ordinaire (soprano).

(En italien *clarinetto*, pl. -*ti*, en allemand *Klarinette*, pl. -*en*.)

§ 120. — Le type primitif de toute la famille est la *Clarinette en Ut* (*clarinetto in C*). Son échelle, qui se reproduit, au diapason près, sur tous les instruments dérivés, est de trois octaves et une sixte. La musique de clarinette est notée à la clef de sol 2ᵉ ligne.[1]

Étendue pour l'écriture et pour l'oreille [2]

Pour former son échelle, plus étendue encore que celle du basson, la clarinette moderne est munie de 18 trous dont 13 sont recouverts par des clefs; ils fournissent une série chromatique de 19 fondamentales (sons 1).

---

(1) Mozart écrit parfois les sons les plus graves en clef de fa 4ᵉ ligne, mais en les notant une octave trop bas, d'après l'habitude anormale adoptée pour les cors (ci-dessus § 81, p. 65). Dans quelques partitions de Wagner (p. e. *la Walkyrie*, p. 22) on trouve aussi la clef de fa aux clarinettes, mais avec sa valeur régulière.

(2) Au temps de Mozart il existait des clarinettes qui avaient une tierce majeure de plus au grave.

En sa qualité de tuyau cylindrique résonnant au moyen d'une anche, la clarinette ne peut former la partie aiguë de son étendue qu'en utilisant les sons impairs de l'échelle des harmoniques (§ 13); aucun autre instrument de l'orchestre ne présente cette particularité. Les degrés compris entre *si* ♮, et *fa*, se produisent comme sons 3 (douzièmes) de la série des fondamentales.

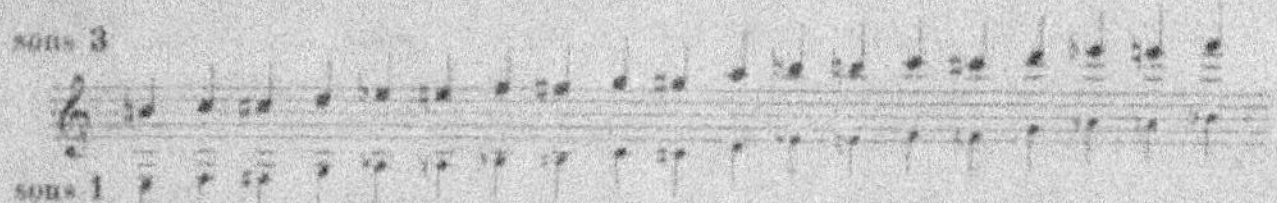

Les degrés plus aigus se forment à l'aide des sons 5 (quinte au-dessus de la double octave) et 9 (seconde majeure au-dessus de la triple octave). Le son 7, étant un harmonique discordant, ne peut guère être utilisé.

§ 124.— On distingue dans les clarinettes quatre registres:

Abstraction faite du registre suraigu, situé au-delà des limites de l'organe humain, la clarinette ordinaire embrasse l'étendue du soprano et celle du contralto réunies. Elle reproduit dans ses deux principaux registres le caractère opposé de ces deux voix: le *clairon* a le brillant du soprano élevé, le *chalumeau* avec son timbre creux et mordant rappelle les accents de la voix grave de femme. Moins vivante, moins sympathique est la sonorité des deux autres registres. Le médium, transition entre le chalumeau et le clairon, est terne, faible; *sol* ♯, *la*, *si* ♭, sont les plus mauvaises notes de la clarinette; on tâchera autant que possible, de les toucher seulement en passant, surtout dans un chant ou un trait en solo.

Ex: 132.

Quant au registre suraigu, il a des sons perçants dont il n'est pas facile de tirer un bon parti. Beethoven a utilisé ces notes, difficiles à adoucir, pour une idée mélodique de caractère joyeux et populaire, le trio du menuet de la VIIIᵉ Symphonie (ex. 138). Il fait monter la clarinette jusqu'à *sol*, limite extrême de son étendue à l'orchestre; les sons plus élevés ne se rencontrent que dans les morceaux de pure virtuosité.

En définitive la clarinette peut être considérée comme une juxtaposition de deux sonorités distinctes, assez faiblement reliées entre elles. Les deux registres du milieu sont de beaucoup les plus usités.

§ 122. — En raison du nombre considérable de sons fondamentaux qui se reproduisent à la douzième aiguë (§ 120), la clarinette a nécessité de tout temps plus de clefs que les autres instruments à anche; de là des complications inévitables dans son doigté, dès que les dièses ou les bémols se multiplient. À cet égard il y aura donc lieu pour le compositeur de tenir compte des observations suivantes:

I. Des passages surchargés de notes, surtout s'ils sont à découvert, ne doivent s'écrire que dans les tonalités dont l'armure s'éloigne peu de celle de la gamme primitive de l'instrument. Sont réputés faciles les tons majeurs depuis deux bémols jusqu'à deux dièses (*si♭, fa, ut, sol, ré*), les mineurs depuis trois bémols jusqu'à un dièse (*ut, sol, ré, la, mi*). Les traits et arpèges formés des accords principaux de ces divers tons s'exécutent sans difficulté. Mais dès que les accidents deviennent plus nombreux, on agira prudemment en donnant à la clarinette une partie très simple.

II. Le battement alternatif de deux notes voisines, sous forme de trille ou autrement, ne doit pas dépasser à l'aigu les notes

En deçà de la limite indiquée les trilles suivants sont impraticables:

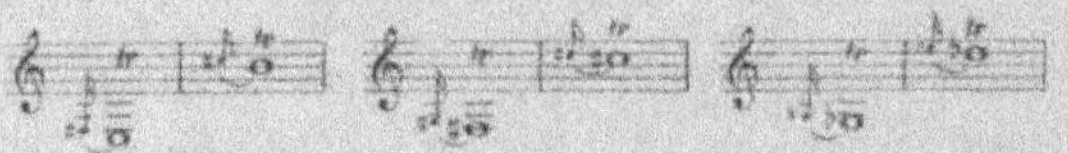

On fera bien de s'abstenir également, dans le médium, de ceux qui ont pour note inférieure un dièse ou un bémol:

III. Il faudra éviter aussi les traits entièrement compris dans le médium, tels que ceux-ci:

Ex : 133.

§ 123. — Afin de faciliter au compositeur l'usage de la clarinette dans toutes les tonalités usitées, on a adopté à l'orchestre, concurremment avec la clarinette *en ut*, deux instruments transpositeurs: l'un en *si♭*, pour tous les tons à bémols, l'autre en *la*, pour les tons dièsés. Les clarinettistes attachés à un orchestre de concert ou de théâtre sont tenus d'avoir constamment les trois instruments à leur disposition. Selon la tonalité du morceau, on écrit la partie des clarinettes pour l'une des trois espèces d'instruments. Parfois un changement de clarinette est indiqué au cours même du morceau: quelques mesures de repos suffisent à cet effet. Mais ceci ne doit pas avoir lieu pour une modulation passagère; la substitution rapide d'un instrument à un autre entraînant des inconvénients pratiques par rapport à la justesse de l'intonation.

Le choix entre les trois clarinettes n'est pas toujours motivé par de simples considérations de facilité; souvent il se fonde sur le caractère de sonorité spécial à chacune d'elles. La *clarinette en ut* possède un timbre éclatant jusqu'à la rudesse. Les classiques allemands ne l'ont employée en général que pour des morceaux de force appartenant aux tons *d'ut* ou de *sol* majeurs.

Les anciens maîtres de l'opéra français (Gluck, Cherubini, Spontini) ont une manière spéciale. Quel que soit le ton de la composition, ils écrivent des parties de clarinettes *en ut*, en laissant, par une convention tacite, aux exécutants le soin d'opérer la transposition, s'il y a lieu, sur un des deux autres instruments. Cette pratique est complètement abandonnée en France par les compositeurs de l'époque actuelle.

§ 124. — La *clarinette en si♭* (*clarinetto in B*) est accordée un ton au-dessous de l'instrument-type; les notes *ut₁ mi₁ sol₁* sonnent à l'oreille *si♭, ré, fa₁*.

C'est la clarinette par excellence, celle des virtuoses: son timbre réalise à un degré éminent les qualités maîtresses de cette voix instrumentale: la pureté et le mordant. Les variétés aiguës perdent en distinction et en charme à mesure que leur diapason s'élève au-dessus de celui de la clarinette *en si♭*.

A l'orchestre son usage est plus étendu que celui des deux autres clarinettes[1]. Elle s'emploie principalement dans les tons favoris de l'instrument (§ 122, I), correspondant aux tonalités réelles de *la♭*, *mi♭*, *si♭*, *fa* et *ut*, majeurs, de *si♭*, *fa*, *ut*, *sol* et *ré*, mineurs. Mais on ne craint pas de lui donner à l'occasion des armures plus chargées d'accidents. Le tableau suivant indique dans tous les tons usités sur la clarinette *en si♭* le rapport entre sa notation et celle des instruments non transpositeurs.

---

[1] Quelques chefs d'orchestre ont le tort de permettre aux exécutants de jouer sur leur clarinette en si♭ des parties écrites pour des clarinettes en Ut ou en La. Outre que le caractère de la sonorité est altéré par là, l'instrument perd un demi-ton au grave. En effet, le *mi₁* de la clarinette en la (pour l'oreille *ut ♯₁*) répondrait sur la clarinette en si♭ à un *ré ♯₁*, qui n'existe pas.

Tons majeurs	Tons mineurs

(Mi♭ majeur.) — Clarinette en Si♭ / Instruments à cordes — Exemples: Mozart, Symphonie en Mi♭; Beethoven, Symphonie héroïque (III°).

(Si♭ majeur.) — Clarinette en Si♭ / Instruments à cordes — Exemple: Beethoven, Symphonie en Si♭ (IV°).

(Fa majeur.) — Clarinette en Si♭ / Instruments à cordes — Exemples: Beethoven, Symphonie pastorale, (VIII° Symphonie).

(Ut majeur.) — Clarinette en Si♭ / Instruments à cordes — Exemple: Mozart, Ouverture de la Clemenza di Tito.

(Sol majeur.) — Clarinette en Si♭ / Instruments à cordes — Exemple: Beethoven, Ouverture des Ruines d'Athènes.

(Fa mineur.) — Clarinette en Si♭ / Instruments à cordes — Exemple: Beethoven, Ouverture d'Egmont.

(Ut mineur.) — Clarinette en Si♭ / Instruments à cordes — Exemple: Beethoven, Symph. en Ut mineur.

(Sol mineur.) — Clarinette en Si♭ / Instruments à cordes — Exemple: Mendelssohn, Scherzo du Songe d'une nuit d'été.

(Ré mineur.) — Clarinette en Si♭ / Instruments à cordes — Exemple: Beethoven, premier morceau de la IX° Symphonie.

(La mineur.) — Clarinette en Si♭ / Instruments à cordes.

§ 125. — La *clarinette en la* (*clarinetto in A*) est accordée une tierce mineure au-dessous de l'instrument-type; les notes ut_4 mi_4 sol_4 font à l'oreille la_3 $ut\sharp_4$ mi_4.

Plus basse d'un demi-ton que la clarinette en *si♭*, la clarinette en *la* est moins propre aux traits brillants; en revanche elle possède une suavité incomparable. Mozart affectionnait cet instrument dont la sonorité s'harmoniait avec son génie tendre, élégiaque. Il en a fait choix pour son concerto de clarinette (ex. 137) et pour son célèbre quintette avec instruments à cordes.

On n'emploie guère la clarinette en *la* que pour des morceaux appartenant aux tons dièsés.

Tons majeurs

(Fa♯ majeur.)

Clarinette en La

Instruments à cordes

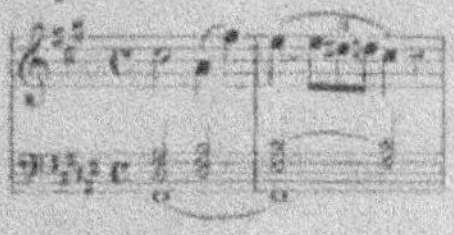

(Si majeur.)

Clarinette en La

Instruments à cordes

Exemple: Beethoven, Andante du Concerto pour piano en Si♭

(Mi majeur.)

Clarinette en La

Instruments à cordes

Exemples: Beethoven, Ouverture de Fidelio; Mendelssohn, Ouvert. du Songe d'une nuit d'été.

(La majeur.)

Clarinette en La

Instruments à cordes

Exemples: Beethoven, VIIᵉ Symphonie; Mendelssohn, Symphonie italienne.

(Ré majeur.)

Clarinette en La

Instruments à cordes

Exemple: Beethoven, IIᵉ Symphonie.

(Sol majeur.)

Clarinette en La

Instruments à cordes

Exemple: Meyerbeer, les Huguenots, IIᵉ acte Air: "O beau pays de la Touraine."

(Ut majeur.)

Clarinette en La

Instruments à cordes

Tons mineurs

(Sol♯ mineur.)

Clarinette en La

Instruments à cordes

(Ut♯ mineur.)

Clarinette en La

Instruments à cordes

(Fa♯ mineur.)

Clarinette en La

Instruments à cordes

Exemple: Weber, Freyschütz, Final du IIᵉ acte.

(Si mineur.)

Clarinette en La

Instruments à cordes

Exemple: Schubert, Symphonie inachevée.

(Mi mineur.)

Clarinette en La

Instruments à cordes

(La mineur.)

Clarinette en La

Instruments à cordes

Exemple: Mendelssohn, Symphonie écossaise.

(Ré mineur.)

Clarinette en La

Instruments à cordes

Exemple: Mozart, début de l'Ouverture de Don Giovanni.

Pour certains morceaux composés dans les tons de *fa♯ majeur*, *si majeur* ou *sol♯ mineur*, il est parfois préférable de prendre la clarinette en *si♭* (cela dépend de la manière dont la modulation est conduite); on écrit alors par enharmonie, comme si le ton réel était *sol♭ majeur*, *ut♭ majeur* ou *la♭ mineur*.

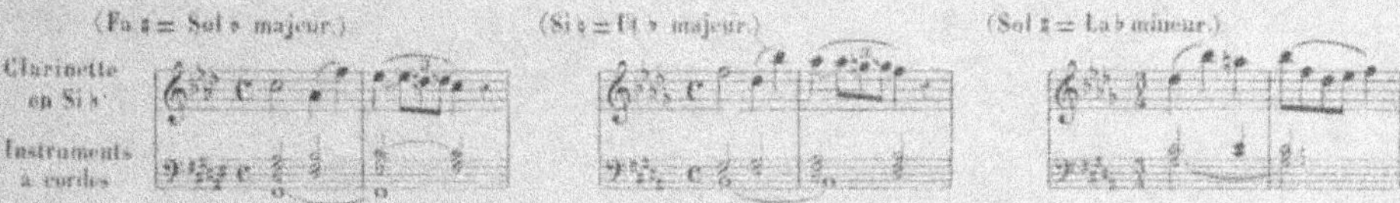

(Fa♯ = Sol♭ majeur.)   **(Si♮ = Ut♭ majeur.)**   **(Sol♯ = La♭ mineur.)**

Clarinette en Si♭

Instruments à cordes

Dans un passage en *sol*♭, au IVᵉ acte des *Huguenots*, Meyerbeer emploie une clarinette en *la*, en même temps qu'une clarinette en *si*♭, afin d'atteindre au grave l'*ut*♯₂.

Ex: 136.

§ 126. — Aucun instrument à vent n'offre au compositeur une aussi grande variété de ressources techniques que la clarinette. On connaît sa grande étendue, la diversité de ses timbres. Sa souplesse pour la production des nuances n'est pas moins remarquable. L'attaque du son est à la fois suave et précise; mieux que le hautbois et le basson, la clarinette sait enfler les sons et les diminuer jusqu'à l'extrême limite du *pianissimo*. Elle possède aussi au besoin une articulation plus rapide. Enfin elle se plie admirablement aux diverses formes de la pensée musicale: le chant soutenu trouve en elle un interprète éloquent, et les traits d'agilité lui sont aisés et naturels, pourvu qu'ils ne s'éloignent pas des tons usuels de l'instrument (§ 122. I).

Les éléments principaux des passages de bravoure sont à peu près les mêmes que sur la flûte: des gammes diatoniques et chromatiques, des arpèges, des trilles, etc. Ils se trouvent réunis pour la plupart dans l'extrait suivant du concerto de clarinette de Mozart.

Ex: 137.

Les œuvres orchestrales non écrites pour faire briller la virtuosité des solistes ne comportent pas naturellement un style aussi orné. Toutefois les parties de clarinettes y sont en général plus chargées de notes et contiennent des dessins plus hardis que celles des autres instruments à anche.

Ex: 138.

Les sons du chalumeau fournissent des dessins d'accompagnement (particulièrement des arpèges ou des batteries), dont l'effet, grâce au timbre mordant de ce registre, est des plus caractéristiques.

Ex: 139.

On utilise aussi le registre grave pour des battements rapides en secondes, en tierces ou en quartes; cette sorte de trémolo se rencontre surtout dans les parties d'accompagnement de la musique d'harmonie.

§ 127. — On a vu plus haut (§ 124) que l'échelle chantante de la clarinette se décompose en deux parties, douées chacune de son caractère sonore et conséquemment de son expression propre.

La partie correspondant à la voix de soprano (elle comprend le registre aigu et accessoirement les notes du médium) est de beaucoup la plus usitée: c'est la clarinette au sens étroit du mot. Le timbre y tient à la fois du hautbois et de la flûte; il a l'accent vibrant de l'organe féminin, avec une expression tour à tour tendre, fière, passionnée. Ce caractère appartient principalement à la clarinette en si♭; la plupart des solos épars dans les partitions d'opéras lui sont destinés.

Ex: 141.

Les notes aiguës et moyennes de la clarinette en *la* ont une expression plus contenue.

Ex: 143.

Dans la clarinette en *ut*, au contraire, le timbre franc du soprano est trop accentué et tourne facilement à la vulgarité, voire même à la caricature. Mendelssohn en composant la musique du *Songe d'une nuit d'été* a tiré parti de cette sonorité pour la symphonie burlesque qui accompagne la représentation des comédiens de village.

La voix grave des clarinettes a quelque chose d'étrange, voire même de sinistre. Ce timbre est essentiellement dramatique. Ses effets les plus extraordinaires connus jusqu'à ce jour ne consistent pas en dessins mélodiques; ils ont été obtenus, soit par des tenues isolées (ci-dessus ex. 140), soit par des harmonies chromatiques.

Ex : 144.

Weber, LE FREYSCHÜTZ, Ouverture.

Pour trouver quelque spécimen d'un chant parcourant les notes graves de la clarinette, il nous faut recourir au répertoire propre de l'instrument.

§ 128. — La pratique générale à l'orchestre est d'employer deux clarinettes. Chez les anciens compositeurs d'opéras, la première se détache parfois de sa compagne, pendant des morceaux entiers, pour jouer une partie obligée dialoguant avec la voix. Mozart notamment a des airs de soprano avec clarinette solo, genre de composition aujourd'hui complètement démodé.

L'orchestre des derniers drames de Wagner comprend trois parties de clarinette, sans compter la clarinette basse.

Jusque vers 1840 les clarinettes étaient dans la musique d'harmonie les seuls instruments de la région moyenne capables de faire entendre toute sorte de chants et de traits; elles y figuraient en fort grand nombre et remplissaient à peu près le rôle dévolu aux violons et altos dans la musique d'orchestre (la basse était confiée à des instruments à embouchure). De nos jours ce rôle tend à passer de plus en plus (en France et en Belgique du moins) aux saxophones, dont la sonorité ample et nourrie lutte avec plus d'avantage contre la formidable puissance des cuivres modernes.

Clarinette alto

§ 129. — La variété la plus importante de cette sorte d'instruments, et la seule qui jusqu'ici ait paru à l'orchestre, est la *clarinette alto en fa*, appelée par les Allemands *Bassethorn* (terme que les Italiens ont traduit par *corno di bassetto*, les Français par *cor de basset*). Elle est accordée à la quinte grave de la clarinette en *ut*, à la quarte grave de la clarinette en *si♭*; les notes *ut, mi, sol,* font à l'oreille *fa, la, ut,*. Les cors de basset fabriqués en Allemagne descendent chromatiquement jusqu'à *ut,* (pour l'oreille *fa,*).

Mozart, qui dans les dernières années de sa vie affectionnait cet instrument, écrit le registre inférieur en clef de *fa*, d'après le singulier système pour la notation des cors (§ 81, p. 65).

Ex: 145.

En indiquant l'étendue de la clarinette alto nous avons négligé le registre suraigu, inutile en pratique: c'est aux clarinettes soprano à faire entendre des sons aussi élevés. Les différences de timbre entre les notes du chalumeau et celles des registres plus élevés se reproduisent dans toutes les variétés de la famille.

Au point de vue du mécanisme technique, le cor de basset ne diffère pas de la clarinette soprano. Malgré la gravité de son diapason, on peut lui confier toute sorte de gammes, d'arpèges, de batteries et de traits, à condition de ne pas s'écarter beaucoup des tonalités faciles de l'instrument (§ 122), lesquelles répondent sur le cor de basset aux tons *réels* de *mi♭, si♭, fa, ut* et *sol* majeurs, de *fa, ut, sol, ré* et *la* mineurs.

Ex: 146.

Beethoven, LES CRÉATIONS DE PROMÉTHÉE, ballet,
N° 14 (p.125 de l'éd. des œuvres complètes).

Le timbre de cet instrument se distingue par sa gravité onctueuse; les morceaux où Mozart a mis en œuvre, au lieu de clarinettes, deux cors de basset respirent une sérénité presque surhumaine.

§ 130. — La *clarinette alto en mi♭* est plus grave d'un ton que le cor de basset; son diapason est conséquemment à la sixte majeure au-dessous de la clarinette en *ut*; les notes *ut₁ mi₁ sol₁* font pour l'oreille *mi♭₃ sol₃ si♭₃*. L'échelle a l'étendue ordinaire des clarinettes de nos jours; elle ne contient pas les notes ajoutées au grave pour la *clarinette alto en fa*.

Jusqu'ici cet instrument n'a pas été introduit à l'orchestre. On l'utilise dans les bandes de musique d'harmonie, particulièrement en Angleterre.

Clarinette basse

§ 131. — En France et en Belgique on ne connaissait jusqu'à ces derniers temps qu'une seule variété de cet instrument: la *clarinette basse en si♭*, dont le diapason est à l'octave grave de la clarinette soprano en *si♭*, une neuvième majeure au-dessous de la clarinette en *ut*; les notes *ut₁ mi₁ sol₁* répondent conséquemment aux sons réels *si♭₂ ré₃ fa₃*. L'échelle ne dépasse pas l'étendue ordinaire des instruments de cette famille:

Chez les compositeurs allemands d'aujourd'hui on voit parfois la partie de clarinette basse notée une octave plus bas et en clef de *fa* (pour les sons les plus aigus seulement on se sert de la clef de *sol*). Dans ce cas l'intonation réelle ne se trouve qu'à un ton au-dessous de la note indiquée. Un tel mode d'écriture facilite peut-être la lecture de la partition, mais non pas à coup sûr l'exécution, puisqu'il supprime la relation entre le doigté et la note. Le système suivi jusqu'à ces derniers temps en France, uniforme pour tous les instruments transpositeurs, est évidemment préférable.[1]

Ex: 148.

Le registre grave est le plus beau et le plus caractérisé; à l'aigu on dépasse rarement la note *ut*, (*sib*, réel). La technique est identique à celle des autres clarinettes; il est presque superflu de dire que le caractère de l'instrument répugne aux traits légers, mais il admet parfaitement certaines formes de passages rapides (par exemple des arpèges liés).

La voix de la clarinette basse a une sonorité sombre et ténébreuse dont l'expression est très pénétrante. Meyerbeer, le premier, sut apprécier la puissance dramatique de cet organe.

Ex: 149.

(1) Wagner a successivement suivi les deux manières: dans *Tannhäuser* la Clarinette basse est notée à la française, dans *Lohengrin* et dans les œuvres plus récentes à l'allemande.

À l'orchestre on n'écrit jamais plus d'une partie de clarinette basse. Jusqu'à notre époque cet instrument était réservé pour quelques situations extraordinaires. Depuis *Lohengrin* (1847) Wagner en a fait un élément constant de sa luxuriante instrumentation, le réunissant à deux (parfois même à trois) clarinettes-soprano, afin d'obtenir dans cette nature de timbre un groupe harmoniquement complet.

On a commencé il y a une quarantaine d'années à introduire la clarinette-basse dans la musique d'harmonie, et non sans succès; aujourd'hui on lui substitue généralement le saxophone-baryton (en *mi*♭), qui possède un timbre et un diapason presque semblables avec plus de puissance mais moins d'étendue.

§ 132. — Les opéras allemands de notre époque renferment des passages écrits pour la *clarinette basse en la*, dont le diapason est à l'octave inférieure de la clarinette-soprano en la, à la dixième mineure au-dessous de l'instrument-type de la famille. Les notes *ut*₁ *mi*₁ *sol*₁ font à l'oreille *la*₂ *ut*♯₃ *mi*₃.

La notation illogique employée en Allemagne pour la clarinette-basse en si♭ subsiste également ici.

Ex : 150.

Ex : 151.

Petites clarinettes

§ 133. — On range dans cette catégorie toutes les clarinettes plus aiguës que l'instrument primitif de la famille. En raison de leur sonorité dure et peu distinguée, elles ont joué jusqu'à présent un rôle assez mince dans les manifestations élevées de l'art. Leur domaine est la musique militaire. Seule la variété la plus grave, la *clarinette en ré*, a été admise parfois à l'orchestre. Elle est accordée un ton au-dessus de la clarinette en *ut*; les notes *ut₁ mi₁ sol₁* font à l'oreille *ré₁ fa♯₁ la₁*.

Dans le répertoire moderne je ne vois guère à citer qu'un exemple de l'emploi de cet instrument, c'est l'*incantation du feu* (le *Feuerzauber*) à la dernière scène de la *Walkyrie*, page symphonique d'un éclat vraiment merveilleux.

§ 134. — La *petite clarinette en mi♭*, une partie essentielle des musiques militaires de notre époque, est accordée à la tierce mineure aiguë de la clarinette en *ut*; les notes *ut₁ mi₁ sol₁* font pour l'oreille *mi♭₁ sol₁ si♭₁*.

Employé surtout dans son registre aigu, dont la sonorité a beaucoup de brillant et d'éclat, cet instrument sert à combler la distance entre la clarinette en *si♭* (ou le saxophone soprano) et la petite flûte en *ré♭*, plus haute de deux octaves (§ 97). Les fonctions ordinaires de la petite clarinette dans les bandes d'harmonie consistent à renforcer la partie mélodique, en la doublant à l'octave. Les traits d'agilité (en gammes, arpèges, trilles, etc.) lui conviennent non moins bien que les passages franchement rythmés.

Berlioz a fait entendre la petite clarinette en *mi♭* dans une de ses productions orchestrales.

Ex: 154.

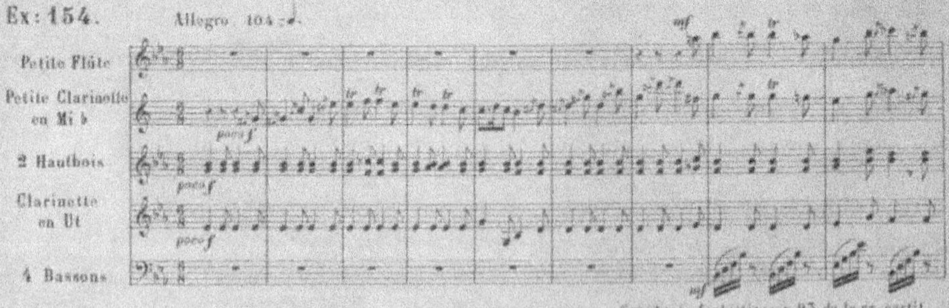

FAMILLE DES SAXOPHONES

§ 135. — La construction de ce type d'instrument repose sur un principe dont on ne connaît pas d'application certaine dans les nombreux appareils sonores que les siècles passés ont transmis à l'Europe moderne: la mise en vibration d'une colonne d'air contenue dans un tuyau conique, au moyen d'une anche battante semblable, sinon identique, à celle de la clarinette [1]. On fabrique d'habitude le tuyau du saxophone en métal, mais si l'on employait du bois ou toute autre matière, la qualité du son n'en serait nullement modifiée.

En créant cet instrument, M. Adolphe Sax a enrichi l'orchestre d'une voix nouvelle et douée de son expression propre; le timbre, un peu voilé, tient à la fois du violoncelle, du cor anglais et de la clarinette, mais avec une sonorité plus intense.

§ 136. — Grâce à l'homogénéité remarquable de ce timbre dans les diverses régions sonores, et à des procédés de facture et de mécanisme ingénieusement perfectionnés, le célèbre facteur a pu construire des saxophones à toutes les dimensions possibles, et créer une famille d'instruments plus complète, plus régulière qu'aucune autre. Elle se compose actuellement de six individus:

1) le *sopranino* ou *petit soprano*,	4) le *ténor*,
2) le *soprano*,	5) le *baryton*,
3) le *contralto*,	6) le *saxophone basse*,

lesquels se succèdent alternativement à distance de quarte et de quinte en sorte que les n°s 1, 3 et 5 d'une part, les n°s 2, 4 et 6 d'autre part, correspondent entre eux à l'octave ou à la double octave. De plus chaque individu est représenté par deux variétés accordées à un ton d'intervalle. La famille des saxophones forme donc une double parallèle de six instruments: l'une, peu usitée, est accordée aux diapasons d'*ut* et de *fa*; l'autre série se construit aux diapasons de *si♭* et de *mi♭*. Nous ne décrirons ici que cette dernière.

N° 1 Saxophone-*sopranino* en *mi♭*	N° 4 Saxophone-*ténor* en *si♭*
N° 2 Saxophone-*soprano* en *si♭*	N° 5 Saxophone-*baryton* en *mi♭*
N° 3 Saxophone-*contralto* en *mi♭*	N° 6 Saxophone-*basse* en *si♭*

Ces six instruments ont une échelle identique (abstraction faite de la hauteur absolue des sons), le même doigté et la même notation. Leur étendue ordinaire, entièrement chromatique, s'exprime dans l'écriture musicale par les notes comprises entre si_2 et $mi♭_4$. Les individus utilisés pour les solos de virtuosité (n°s 3, 4 et 5: le contralto, le ténor et le baryton) ont deux demi-tons de plus à l'aigu: chacun d'eux monte conséquemment jusqu'au son désigné par la note fa_4.

I. Nous envisagerons comme instrument-type de la famille le *saxophone-soprano en si♭* (n° 2), accordé un ton plus bas que les sons écrits; les notes ut_4 mi_4 sol_4 font pour l'oreille $si♭_3$ $ré_4$ fa_4 (comme sur la clarinette en *si♭*).

Étendue pour la notation  Étendue effective 

---

[1] La languette du saxophone est plus forte, plus large et légèrement bombée au centre.

Ex : 155.

Saxophone
soprano
en Si♭

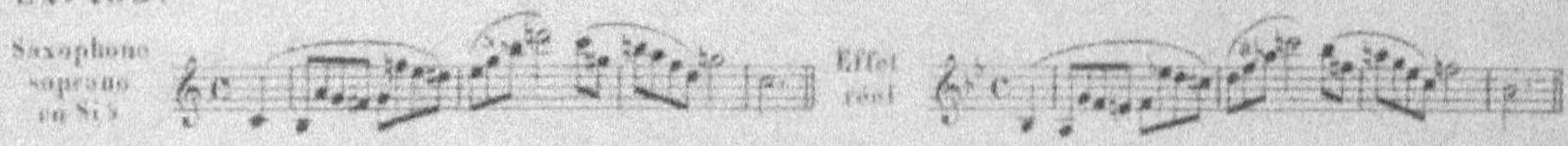

II. Le *saxophone-contralto en mi♭* (n° 3) est accordé une quinte au-dessus du soprano en si♭, une sixte majeure au-dessous des sons écrits; les notes *ut₄, mi₄, sol₄* font pour l'oreille *mi♭₃, sol₃, si♭₃*.

Étendue pour la notation

Étendue effective

Ex : 156.

Saxophone
contralto
en Mi♭

III. Le *saxophone-ténor en si♭* (n° 4) est accordé une octave au-dessous du soprano en si♭, une neuvième majeure au-dessous des sons écrits; les notes *ut₄, mi₄, sol₄* font pour l'oreille *si♭₂, ré₃, fa₃* (de même que sur la clarinette-basse en si♭). On retrouve la hauteur réelle des sons en lisant la musique à la clef d'ut, 4ᵉ ligne, et en ajoutant deux bémols à l'armure.

Étendue pour la notation

Étendue effective

Ex : 157.

Saxophone
ténor
en Si♭

IV. Le *saxophone-baryton en mi♭* (n° 5) s'accorde une octave au-dessous de l'alto en mi♭, une douzième au-dessous du soprano en si♭, une treizième majeure (sixte majeure et octave) au-dessous des sons écrits; les notes *ut₄, mi₄, sol₄* sonnent à l'oreille *mi♭₂, sol₂, si♭₂*. Pour trouver facilement sa hauteur réelle il faut le lire en clef de fa 4ᵉ ligne, et ajouter trois bémols à l'armure indiquée.

Étendue pour la notation

Étendue effective

Ex : 158.

Saxophone
baryton
en Mi♭

V. Le *saxophone-basse en si♭* (n° 6), la variété la plus grave de la famille, est accordé deux octaves au-dessous du soprano en si♭, deux octaves et un ton (=seizième majeure) au-dessous des sons écrits; en conséquence les notes *ut₄, mi₄, sol₄* font pour l'oreille *si♭₁, ré₂, fa₂*.

Étendue pour la notation

Étendue effective

Ex: 159.

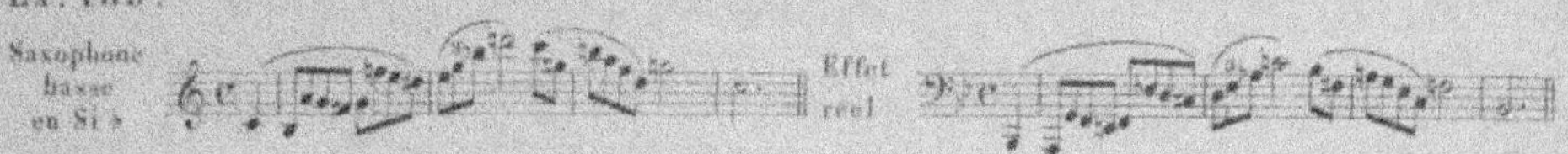

VI. Il nous reste à définir l'étendue de la variété la plus aiguë de la série. Le *saxophone sopranino* (ou *petit soprano*) *en mi ♭* (n° 1) est accordé une quarte au-dessus du soprano en si♭, une tierce mineure à l'aigu des sons écrits. Les notes *ut₁, mi₁, sol₁,* font pour l'oreille *mi♭₁, sol₁, si♭₁,* (comme sur la petite clarinette en *mi♭*). (§ 134, p. 104).

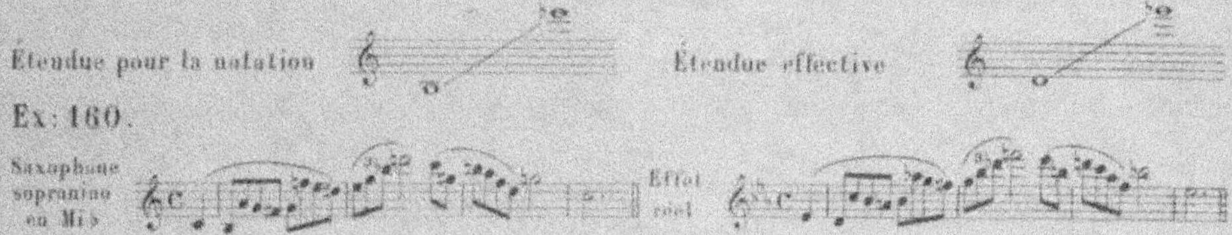

Ex: 160.

§ 137. — L'échelle du saxophone se produit à peu près de la même manière que celle du hautbois. Au moyen d'une série de clefs ouvrant des trous latéraux disposés de façon à diminuer progressivement la longueur de la colonne d'air, le saxophone obtient en sons fondamentaux (sons 1) les 15 premiers degrés de l'échelle chromatique dont il dispose.

Le tuyau étant conique se divise comme un tuyau ouvert et fournit en conséquence les octaves (sons 2) de ses fondamentales. Ainsi se produit la portion de l'échelle comprise entre *ré₂* et *ut♯₃.* Des clefs à octavier facilitent le partage de la colonne d'air.

Les degrés plus élevés sont émis à l'aide de clefs supplémentaires. Ce sont également des sons 2; leurs fondamentales faisant double emploi avec les quatre premiers sons de la série des octaves ne sont pas utilisées en pratique.

Ces deux dernières notes, nous l'avons dit plus haut, n'existent que sur les instruments appelés parfois à faire entendre des solos de virtuosité.

§ 138. — Au point de vue de la notation, les registres des saxophones se limitent par les mêmes notes que les registres du hautbois.

Si l'on veut se rendre un compte exact de la situation effective des registres dans les diverses variétés de cette famille, il faut transcrire l'étendue de chacune d'elles sans transposition aucune. Voici cette transcription pour les quatre variétés les plus usitées

§ 139. — Grâce à un système de clefs et de palettes très ingénieusement combiné, le doigté du saxophone est d'une régularité parfaite et permet à l'artiste d'aborder, sans changer d'instrument, la série entière des tons usités ainsi que toutes les formes de traits accessibles aux hautbois, aux clarinettes et aux bassons. Les passages liés conviennent surtout à cette famille d'instruments. Les arpèges sont aussi faciles, mais moins légers que sur la clarinette. Presque tous les trilles s'exécutent sans difficulté.

§ 140. — Jusqu'à ce jour le saxophone ne s'est guère répandu hors de la France et de la Belgique, et dans ces pays même il n'a paru à l'orchestre qu'en de rares circonstances. Son rôle s'est développé davantage dans la musique d'harmonie; la sonorité du saxophone, dont la puissance est triple au moins de celle de la clarinette, ne se laisse pas absorber par les cuivres, tout en se mariant très bien avec eux. Aujourd'hui toutes les bandes militaires françaises et belges font un usage plus ou moins étendu de cette nouvelle famille instrumentale.

On l'emploie en deux façons différentes. La plus caractéristique, non encore essayée à l'orchestre, consiste à mettre simultanément en œuvre tous les individus dont se compose la famille, ou du moins les principaux d'entre eux, de manière à former un groupe de sonorités homogène et complet, à l'instar du quatuor des voix ou des instruments à archet. Nous appellerons *petit chœur* la réunion du *soprano*, de l'*alto*, du *ténor* et du *baryton*.

On obtient le *grand chœur*, à six parties, en ajoutant au groupe susdit les deux voix extrêmes: à l'aigu le *sopranino*, au grave le *saxophone basse*. Ces instruments supplémentaires se bornent souvent à renforcer la mélodie et la basse.

L'autre mode d'emploi du saxophone, et le seul dont on trouve des exemples à l'orchestre, se réduit à exhiber séparément un des individus (de préférence l'*alto*, le *ténor* ou le *baryton*), soit en solo, soit en combinaison avec d'autres instruments à vent. C'est ainsi que plusieurs maîtres français de notre époque, Meyerbeer, Ambroise Thomas, Massenet, ont produit dans leurs opéras l'invention de l'éminent facteur belge.

§ 141. — Nous ne terminerons pas ce chapitre sans donner les renseignements indispensables sur une autre famille nouvelle d'instruments à anche: celle des *sarrusophones*, inventée vers 1863 par un chef de musique de l'armée française, M. Sarrus [1]. Elle ne procède pas, comme le saxophone, d'un principe nouveau: le sarrusophone est une colonne d'air conique mise en vibration à l'aide d'une anche double, et ne diffère du hautbois et du basson que par une sonorité plus puissante, conséquence de la largeur du tuyau. Sous ce dernier rapport l'instrument dont il s'agit a d'étroites affinités avec les variétés graves du hautbois primitif: le hautbois de chasse, la bombarde, [2] etc. Les sarrusophones se fabriquent en cuivre; leur mécanisme de doigté est emprunté en grande partie au saxophone.

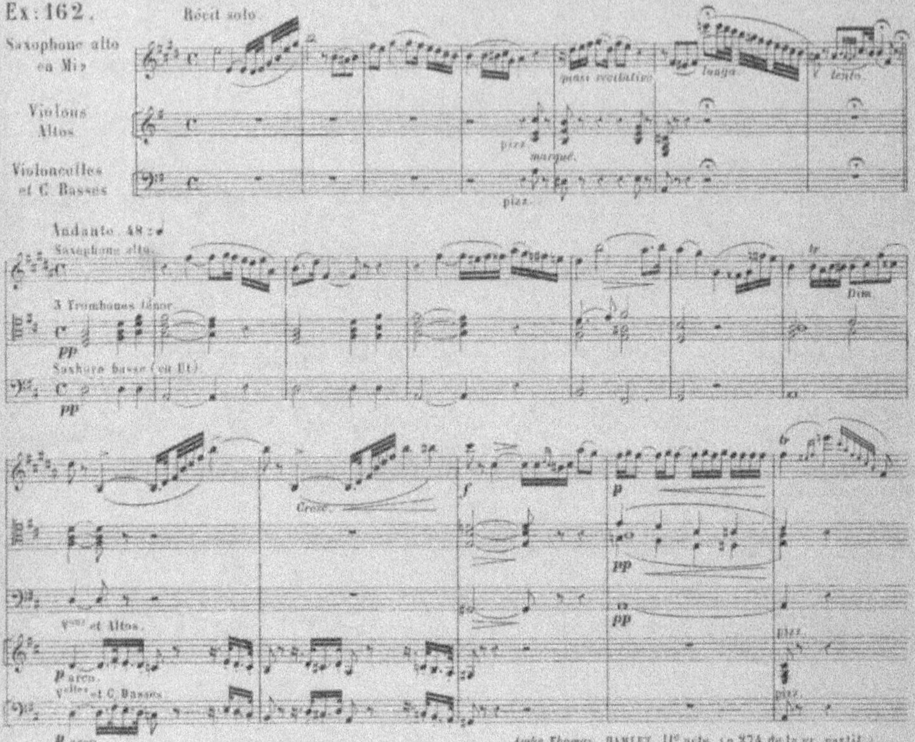

Par l'ouverture successive des trous latéraux se produisent les fondamentales suivantes:

(1) H. Lavoix, fils, *Histoire de l'instrumentation* (Paris, 1878, Firmin Didot) p. 118.
(2) *Catalogue du musée instrumental du conservatoire royal de Bruxelles*, p. 189 et suiv. (*Annuaire de 1879*, p. 105 et suiv.)

lesquelles sautent à l'octave supérieure par une plus forte pression des lèvres sur l'anche, et par l'adjonction d'une clef dont le jeu provoque le partage de la colonne d'air. L'exécutant obtient ainsi les notes

Les degrés les plus hauts de l'échelle sont formés par les sons 3 ou 4 de quelques-unes des fondamentales

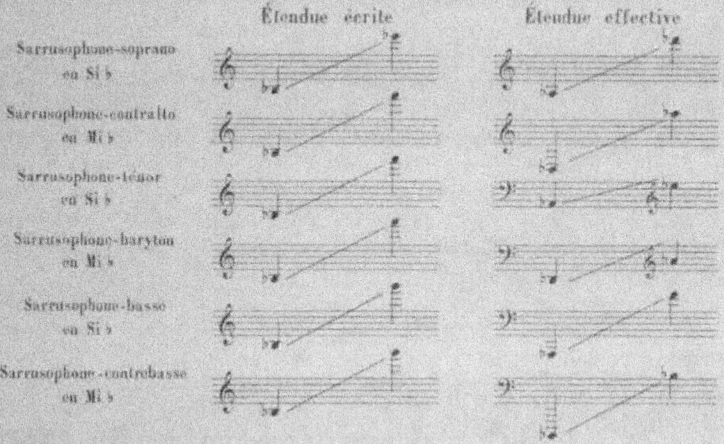

La famille des sarrusophones, visiblement calquée sur celle du saxophone, comprend les six instruments que voici:

On pourrait ajouter à cette énumération: le *sarrusophone-sopranino en mi♭*, accordé à la quarte aiguë du soprano en si♭ (étendue effective *ré♭₃* à *sol♭₅*) et le *sarrusophone-contrebasse en si♭*, à la quarte grave de la contrebasse en mi♭ (étendue effective *la♭₋₁* à *fa₁*). Mais ces deux instruments extrêmes sont à peu près inusités.

Jusqu'à présent le sarrusophone a paru seulement dans les musiques militaires en France. Il y a toutefois lieu de remarquer que l'on s'est mis récemment à construire pour l'orchestre des *sarrusophones contrebasse en ut.*

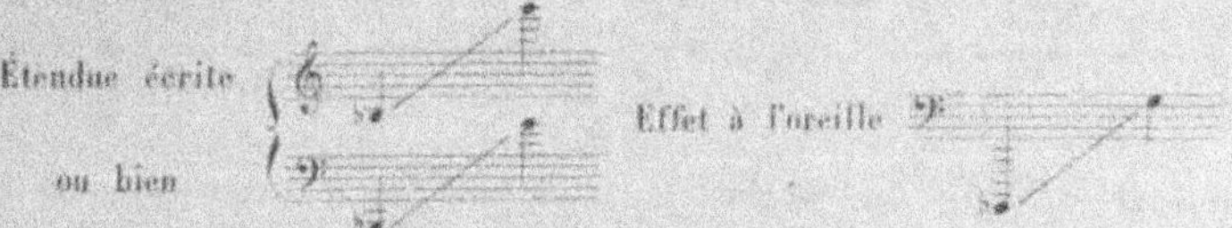

Cet instrument est destiné à remplacer — et avec avantage — l'ancien contrebasson (ci-dessus p. 88), rôle qui lui convient parfaitement en vertu de sa proche parenté avec la famille des hautbois.

CHAPITRE VIII

Instruments à embouchure naturels:
cor et trompette simples, cornet de poste et clairon d'ordonnance

§ 142. — Longtemps toute cette branche d'instruments, que les musiciens désignent habituellement sous le nom de *cuivres*, joua un rôle fort effacé dans la pratique de l'art. Aujourd'hui les cuivres sont devenus un élément indispensable des combinaisons instrumentales, et forment dans nos orchestres une masse imposante, dominant par sa puissance les *bois* (flûtes, clarinettes, hautbois et bassons). Ils occupent dans l'étendue générale des sons musicaux les mêmes régions à peu près que les instruments à anche. Mais le caractère de leur sonorité est tout autre. Les cors, les trompettes et les trombones ne sont pas faits pour la mélodie monodique; leurs accents métalliques et mâles appellent l'harmonie simultanée. Leurs moyens techniques impliquent des formes musicales simples, sans ornements ni figures rapides.

§ 143. — Ainsi qu'il a été dit plus haut (§ 15, 16) les organes sonores inscrits en tête de ce chapitre se présentent à leur état le plus simple: dénués de tout moyen mécanique pour changer instantanément la longueur du corps vibrant. Primitivement destinés à faire entendre des appels et des fanfares de chasse ou de guerre, ils n'ont pas d'échelle suivie et leurs ressources musicales sont des plus restreintes.

Deux de ces instruments, le cor et la trompette simples, ont tenu jusqu'à ces derniers temps une place importante dans l'orchestre; ils s'y voient aujourd'hui supplantés par des appareils sonores mieux appropriés aux exigences de l'art raffiné de notre époque. De jour en jour le cor simple apparaît plus rarement dans l'œuvre des compositeurs; partout, même en France, on est en train de lui substituer le cor à pistons. La trompette simple a disparu de tous les orchestres de l'Europe. Quant au cornet et au bugle simples, ils n'y ont jamais eu accès.

Mais, de même que la trompette et le cor, ils ont donné naissance à des instruments chromatiques universellement adoptés dans les orchestres et dans les bandes militaires. L'étude des quatre instruments naturels s'impose donc au même titre. En effet si l'on veut être en mesure d'utiliser toutes les ressources des nouvelles inventions instrumentales, on doit connaître à fond les propriétés sonores des types primitifs. C'est faute de posséder ces connaissances que beaucoup de compositeurs (et des plus célèbres) se montrent si incertains, si inexacts dans leur manière d'écrire pour cette portion importante de nos forces orchestrales.

Cor simple

(En italien *corno*, pl. *corni*; en allemand *Horn*, pl. *Hoerner*)

§ 144. — Il appartient aux régions moyenne et grave. En raison du peu de largeur de son diamètre, le tuyau du cor entre difficilement en vibration sans se partager; c'est pourquoi il ne donne pas régulièrement le son fondamental de l'échelle des harmoniques (§ 10, p. 3). Par contre, sa grande longueur (1) lui permet de se diviser en beaucoup de parties aliquotes et de faire entendre conséquemment une portion considérable de la susdite échelle: à cet égard le cor surpasse tous les autres instruments. Son étendue générale chez les maîtres classiques est comprise entre les sons 2 et 16.

---

(1) Le tuyau du cor à sa plus petite longueur usitée (en Si♭ aigu) mesure 2m95; il a donc presque six mètres (5m90) lorsqu'il est accordé une octave plus bas (en Si♭ grave). Le ton de Fa donne une longueur de 3m939. Mahillon, *Éléments d'acoustique musicale*, p. 101.

Quelle que soit la hauteur absolue de la série harmonique, on écrit la partie de cor comme si la fondamentale était *ut*₁. Lorsqu'on se sert de la clef de *fa*, ce qui arrive souvent pour le grave, les notes s'écrivent une octave plus bas qu'il ne le faudrait (§ 81, p. 65).

ÉCHELLE HARMONIQUE DU COR

Tous les degrés de cette échelle s'obtiennent par des modifications graduelles dans la pression des lèvres, sans l'intervention de la main dans le pavillon; c'est pourquoi on les appelle *sons ouverts*. Ceux qui dépassent le son 12 à l'aigu sont redoutés de la majorité des cornistes; on les rencontre rarement dans les productions récentes [1]. Et de fait, ces harmoniques supérieurs sont toujours assez périlleux, placés à découvert. À mesure que les divisions du tuyau deviennent plus petites et que leurs différences diminuent, la moindre erreur dans la pression des lèvres fait sortir un harmonique pour un autre.

§ 145. — Grâce aux *corps de rechange* ou *tons* (§ 16), l'échelle du cor se transpose sur tous les degrés de la gamme chromatique. On compte *seize* tons réellement usités, dont les deux extrêmes sont distants d'une neuvième mineure. Ils se divisent en trois groupes:

a) quatre tons aigus, à savoir: *si*♭ (aigu), *la*♮ (aigu) *la*♭ et *sol*:

b) quatre tons moyens: *fa*♯ (ou *sol*♭), *fa*, *mi*♮ et *mi*♭:

c) six tons graves: *ré*, *ré*♭, *ut*, *si*♮, *si*♭ (grave) et *la*♮ (grave).

Les tons moyens ont la meilleure sonorité et offrent le plus de ressources au compositeur et à l'exécutant; *fa* est considéré comme le ton par excellence.

Selon la longueur plus ou moins grande des corps de rechange, l'étendue pratique de l'instrument est sujette à se modifier aux deux extrémités de l'échelle. Les harmoniques au-dessus du son 12 ne sortent bien qu'avec les tons graves; réciproquement le son 2 s'émet d'autant plus facilement que l'instrument porte un ton plus aigu.

Voici l'étendue normale du cor dans chacun de ses tons. Les notes indiquées comme «difficiles» sont peu utilisées de notre temps.

I. Tons aigus

Cor en Si♭ aigu, son fondamental Si♭₁.   Effet réel au ton plus bas.

Rarement employé. Exemple: Mozart, *la Flûte enchantée*, premier Air de la Reine de la nuit.

---

[1] L'existence du son 15, c'est-à-dire d'un *ut* serré et juste, semble être restée à peu près inconnue des compositeurs depuis J. S. Bach qui l'emploie beaucoup. Gluck est l'unique maître de la période classique qui ait fait un usage fréquent de ce son aigu.

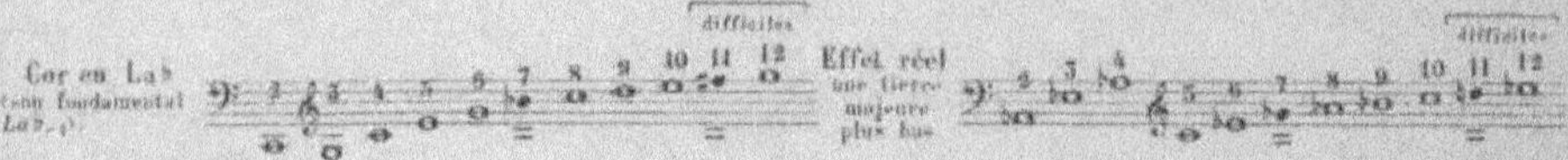

Exemples: Beethoven, VIIe Symphonie, Larghetto de la IIe Symphonie.

Aucun exemple de son emploi dans le répertoire classique ne me vient à l'esprit.

Exemple: Mozart, Symphonie en Sol mineur, 1er morceau, Menuet et Final.

II. Tons moyens

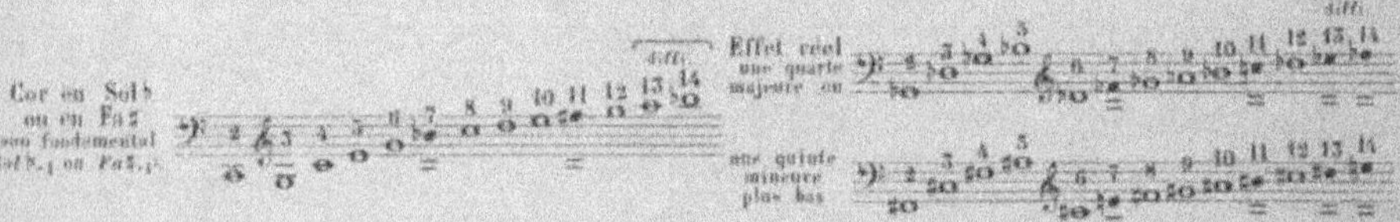

Presque inusité. Exemple chez Haydn: Andante de la Symphonie en fa♯ mineur.

Exemples: Beethoven, Symphonie pastorale, VIIIe Symphonie, etc.

Rare chez Haydn et chez Mozart. Exemples chez Beethoven: Ouvertures de *Léonore* et de *Fidelio*, etc.

Exemples: Mozart, Symphonie en mi♭; Beethoven, IIIe Symphonie (*Eroïca*), etc.

Cor en Ré
(son fondamental
Ré₋₁)

Effet réel
une septième
mineure
plus bas

Exemples: Beethoven, II° Symphonie, IX° Symphonie, etc.

Cor en Ré♭
(son fondamental
Ré♭₋₁)

Effet réel
une septième
majeure
plus bas

Je n'en connais pas d'exemple dans le répertoire classique.

Cor en Ut grave
(son fondamental
Ut₋₁)

Effet réel
une octave
plus bas

Exemples: Mozart, Symphonie en Ut (*Jupiter*); Beethoven, I° Symphonie, V° Symphonie, etc.

Cor en Si♮ grave
(son fondamental
Si₋₁)

Effet réel
une octave et
un demi-ton
plus bas

Il n'en existe pas d'exemple chez Haydn, Mozart, Beethoven ou Weber.

Cor en Si♭ grave
(son fondamental
Si♭₋₁)

Effet réel
une octave
et un ton
plus bas

Exemples: Beethoven, IV° Symphonie, IX° Symphonie, etc.

Cor en La grave
(son fondamental
La₋₁)

Effet réel
une octave
et une tierce
mineure
plus bas

Inusité chez les anciens et rare chez les modernes.

Pour avoir toujours présente à l'esprit l'étendue pratique de chacun des tons du cor, il suffit de savoir que l'échelle totale de l'instrument (fournie par la réunion de tous les tons) est comprise entre les *sons réels si♭₋₁*, au grave, et *fa₂* à l'aigu, et que les 4 ou 5 sons extrêmes de chaque côté sont d'une émission difficile: ceux d'en haut par leur grande tension, ceux d'en bas par leur relâchement excessif. Le parcours facile se trouve entre *ré₁* et *ut₂*.

ÉTENDUE GÉNÉRALE DU COR TRANSCRITE EN SONS RÉELS

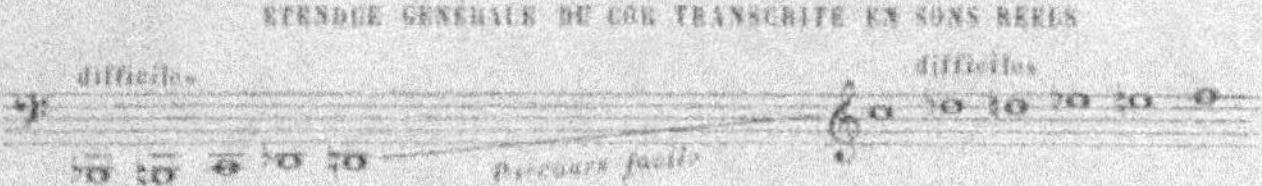

Peu de cornistes sont capables de parcourir cette longue échelle d'un bout à l'autre avec la même facilité et la même plénitude de son. Chacun d'eux, d'après ses aptitudes physiques, s'exerce à développer plus particulièrement les qualités du timbre, soit à l'aigu, soit au grave, et se sert à cet effet d'une embouchure *ad hoc*. De là vient que l'exécutant est ou *cor alto*, en ce cas il joue l'une des deux parties aiguës, (1ᵉʳ et 3ᵉ cors) ou *cor basse* (2ᵉ et 4ᵉ). Si l'on excepte les solos, où le compositeur s'étend avec plus de liberté, les harmoniques supérieurs (sons 12 à 16) sont réservés au cor alto, les harmoniques inférieurs (sons 3 et 2) au cor basse. Voici un passage célèbre où se rencontrent ces notes extrêmes.

Ex: 163.

§146. — On évite autant que possible de faire prendre aux cors un autre ton de rechange pendant la durée du morceau. Des changements fréquents et subits de ce genre entraînent de graves inconvénients dans l'exécution: en effet le peu de sûreté de l'attaque des sons sur le cor simple n'a pas d'autre cause que les variations constantes de la longueur du tube. Lorsqu'un changement de ton est jugé indispensable, la partie des cors doit avoir un nombre suffisant de mesures à compter (soit huit dans un mouvement modéré), pour que l'exécutant puisse préparer son instrument, et se préparer lui-même à l'emboucher dans ces nouvelles conditions. On devrait s'abstenir en toute occasion de passer d'un des tons aigus à un ton grave ou vice versa; malheureusement cette règle n'est observée par aucun compositeur.

§147. — Les intonations de l'échelle naturelle du cor diffèrent de celles que fournissent les instruments accordés par une série de quintes, soit exactes, soit tempérées (§29). Toutefois, si l'on fait abstraction des quatre sons discordants qu'elle renferme (7, 11, 13 et 14), les différences ne sont pas assez fortes pour se faire sentir désagréablement dans la pratique. De ces quatre harmoniques faux, les deux *si♭* (7 et 14) sont les seuls dont on peut tirer quelque parti comme sons ouverts. Ils sont trop bas d'un grand comma: *si♭—ut* (7-8 ou 14-16) forment sur le cor un *ton maxime*, intervalle étranger à la constitution harmonique de l'art européen. Haydn, Mozart et leurs contemporains ont laissé totalement de côté le *si♭*, en écrivant leurs parties de *cor*, et peut-être n'avaient-ils pas tort: toujours est-il que si l'on a quelque souci de la justesse, on n'en saurait user avec assez de prudence et de tact.

Rossini dans une fanfare de chasse a produit un effet saisissant en faisant attaquer le son 7 par tous les cors réunis (le même effet se trouve dans le chœur des chasseurs d'*Euryanthe*); isolée ainsi de toute harmonie, cette note insolite a un cachet étonnant de sauvagerie et de romantisme.

Cependant les sons 7 et 14 ne doivent pas être systématiquement exclus de toute combinaison harmonique; ils sont acceptables dans certains accords dissonants (comme septième de dominante, par exemple, ou septième diminuée), surtout lorsque l'intonation irrégulière n'est pas doublée par un instrument à sons fixes.

Ex: 165.

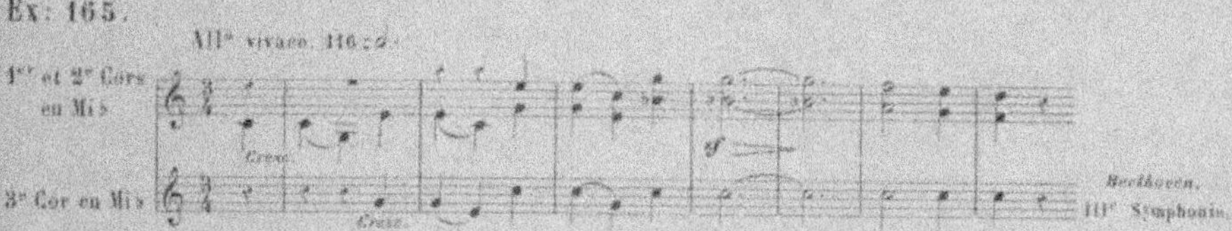

On peut aussi, sans inconvénient, se servir du son 7 en guise de note de passage. Mais, je le répète, c'est vraiment faire violence à l'oreille que d'employer cette intonation fausse à la façon d'un degré régulier de la gamme, alors que l'exécutant ne possède aucun moyen pour l'amener à la hauteur voulue par notre sentiment musical. Et cependant c'est là l'usage presque général des compositeurs. Au reste l'invention du cor à pistons permet aux exécutants d'aujourd'hui de se passer de cet harmonique.

Les sons 11 et 13 se trouvent entre les touches du clavier tempéré (§ 40, 41) et n'ont par conséquent aucune application rationnelle dans notre système musical. A l'état de sons ouverts ils ne s'emploient pas de nos jours.

§ 148. — Lorsque le corniste, en faisant résonner son instrument, introduit la main dans le pavillon, toutes les intonations s'abaissent et le timbre s'assourdit. A mesure que la main s'avance et que l'orifice inférieur du tuyau devient plus étroit, ces deux effets s'accusent davantage. L'exécutant peut arriver ainsi à *baisser* tous les degrés de l'échelle harmonique, depuis une fraction presque imperceptible de demi-ton, jusqu'à un intervalle de ton, *à peu près*. Ce phénomène est utilisé pour combler artificiellement les nombreuses lacunes que présente l'échelle musicale du cor simple.

Nous distinguerons trois applications pratiques du procédé dont il s'agit.

Et d'abord on s'en sert pour adapter à notre gamme actuelle les harmoniques discordants. Le son 11 (*fa♯* trop bas) devient *fa♮*; c'est le premier son bouché que l'on ait employé dans la musique d'orchestre.

Ex: 166.

Le son 13 (*la♮* trop bas) se convertit en *la♭*; les sons 7 et 14 (*si♭* trop bas) deviennent des *la♮*. Ces quatre intonations, produites par un abaissement de *moins d'un demi-ton*, ont une sonorité excellente et fort peu voilée; parmi les sons bouchés ce sont les meilleurs.

En second lieu on fait entendre l'intonation située à un intervalle de demi-ton au-dessous de chacun des sons justes de l'échelle des harmoniques (2, 3, 4, 5, 6, 8, 9, 10, 12, 15, 16), en sorte que le diapason de l'instrument entier se trouve pour ainsi dire transposé un demi-ton plus bas.

Ces deux catégories de sons bouchés n'exigent que l'obturation partielle de l'orifice du tuyau et gardent en conséquence une sonorité assez distincte. Il n'en est pas de même d'une troisième espèce de sons bouchés, situés à un intervalle plus grand que le demi-ton au-dessous de l'harmonique qui sert à les produire. On a recours à ces notes, très sourdes, pour obtenir dans le grave, où les harmoniques sont plus espacés, quelques-uns des échelons essentiels de la gamme; mais toutes, excepté le *la*♭₃ sont trop hautes. Le corniste ne réussit pas à baisser d'un intervalle de ton entier le son ouvert.

En réunissant tous les sons artificiels dont on vient d'expliquer la formation à ceux que l'instrument produit naturellement, on peut faire entendre sur le cor simple, (avec une force et un timbre inégaux, à la vérité) une échelle continue de plus de deux octaves, chromatique à un seul demi-ton près. Nous désignons par ○ les sons ouverts; ⊘ marquera les sons abaissés d'un demi-ton au maximum, ● les sons abaissés de plus d'un demi-ton.

Comme l'exécutant modifie à son gré la hauteur des sons bouchés, ceux d'entre eux qui sont marqués d'un accident font indifféremment fonction de notes diésées ou de notes bémolisées homophones. Quant au son 7 (ouvert), déjà trop bas comme *si*♭, il ne peut d'aucune manière tenir lieu d'un *la*♮: ce dernier degré de l'échelle chromatique manque totalement à l'octave moyenne du cor(1).

Dans leurs compositions orchestrales les maîtres classiques antérieurs à Beethoven s'abstiennent des sons bouchés, à l'exception de *fa*♮ (son 11 abaissé) qu'ils traitent en son ouvert. Beethoven lui-même use très sobrement de ces notes lorsqu'il ne met pas les cors en évidence; il les réserve pour les passages *obligés*. La pratique générale des compositeurs consiste à mêler, avec plus ou moins de discrétion, les intonations artificielles à celles qui se produisent sans le secours de la main.

Ex: 167.

Ex: 168.

(1) On peut l'obtenir facilement dans l'octave aigüe par l'abaissement du son 15 (si♮).

Parfois le timbre sourd et lugubre des sons bouchés est utilisé intentionnellement en vue de l'expression dramatique. Dans ce cas l'exécutant force un peu l'émission, de manière à *cuivrer les sons*, à obtenir une vibration étouffée dont l'impression est sinistre. Un pareil moyen expressif se remarque au IIIᵉ acte de *Robert*; lorsque Robert s'avance pour cueillir le rameau magique sur le tombeau de Sᵗᵉ Rosalie, les cors font entendre le ricanement des nonnes damnées.

§ 149. — Les cornistes habiles font entendre en outre, dans le voisinage des harmoniques les plus graves de l'instrument (sons 2, 3 et 4), quelques notes purement factices, se produisant par la seule action des lèvres. De pareilles intonations sont naturellement vacillantes et faibles; pour acquérir une fixité relative, elles doivent s'émettre posément. On ne les utilise que dans le *piano* et à découvert, en les faisant précéder autant que possible, de l'harmonique auquel elles se rattachent. Il n'existe plus aucune raison pour recourir à ces sons irrationnels, aujourd'hui que les mêmes intonations s'obtiennent avec sûreté et justesse à l'aide de pistons.

§ 150. — Bien que le cor ait au besoin une émission rapide, il ne se prête, ni par la constitution de son échelle, ni par sa sonorité sérieuse, aux traits d'agilité proprement dits. La plupart de ceux qui se rencontrent dans la musique d'orchestre sont très courts et composés de sons ouverts.

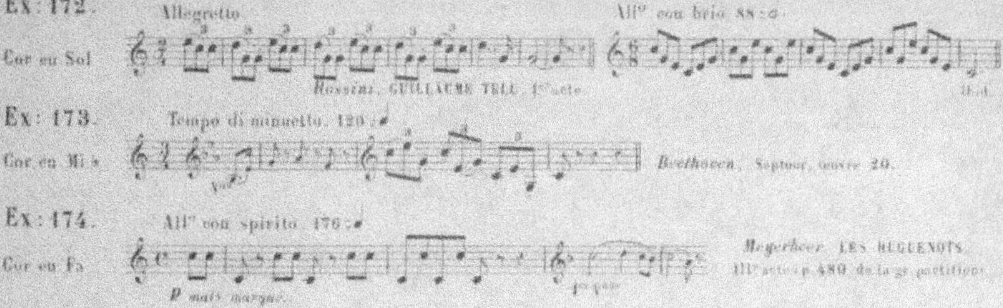

Les traits mêlés de sons bouchés ont une saveur moins caractérisée. Ils sont rares à l'orchestre. Le passage suivant, qui renferme des notes très sourdes, est renforcé en partie par les bassons, par les altos et les violoncelles.

Ex: 175.

Le *trille*, toujours difficile, n'a lieu qu'entre deux notes du médium, formées, soit par des degrés conjoints de l'échelle des harmoniques, soit par un seul et même harmonique alternativement ouvert et bouché. Voici tous les trilles usités sur le cor simple :

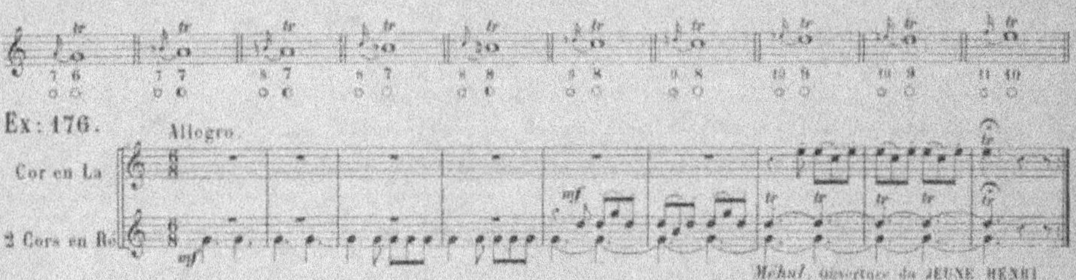

Ex: 176.

§ 454. — Le cor est un instrument essentiellement poétique, comme la flûte et la harpe, mais sa poésie est plus intime, plus romantique. Aucun instrument n'agit aussi puissamment sur l'imagination de l'auditeur. Toutefois cette propriété esthétique ne se manifeste pleinement que dans les tons moyens: ce sont les seuls auxquels on confie des phrases mélodiques de longue haleine. *Mi♭* est le plus suave, le plus idéal de tous.

Ex: 177.

Les tons aigus, par suite de l'émission tendue de leurs notes élevées, ont un timbre mince et sec, peu fait pour le *cantabile* de grand style, mais bien approprié aux morceaux d'un rythme franc et d'une allure sans pesanteur.

Ex : 178.

Tout au contraire, les tons les plus graves ont une résonnance pleine et vibrante, mais peu de mobilité; ce qui leur convient, quand ils sont mis en évidence, ce sont des motifs d'un dessin très ample.

Ex : 179.   Allegro. 84 = ♩

Beethoven, V° Symphonie.

§ 152. — En forçant l'intensité de l'émission, l'exécutant obtient des sons d'une rudesse sauvage; embouché de cette façon, le cor redevient trompe de chasse. Un pareil procédé d'intonation (qui s'indique quelquefois par les mots *pavillon en l'air*) n'est de mise que pour certains effets bruyants: fanfares, appels, etc.

Il arrive aussi parfois que l'on étouffe la sonorité des cors, afin de lui donner un accent lugubre et caverneux. Pour atteindre ce but on intercepte les vibrations de la colonne d'air en obturant partiellement le pavillon, soit par la main, ce qui fournit les sons dits *bouchés* (p. 117), soit au moyen d'une *sourdine* (1). Ce dernier procédé, longtemps abandonné, a été remis de nos jours en honneur par Wagner. Gluck a obtenu un résultat analogue dans *Alceste* en faisant aboucher les cors pavillon contre pavillon.

§ 153. — Les compositions destinées aux orchestres actuels ont tantôt deux, tantôt quatre parties de cor. Sauf de rares exceptions, la symphonie de forme classique s'est contentée jusqu'à ces derniers temps d'une seule couple de cors; il en est de même pour la musique d'opéra, dans tous les morceaux qui ne comportent pas un grand déploiement de sonorité.

___

(1) La sourdine du cor est un cône de carton percé d'un trou à sa base et que l'on place dans le pavillon. Celle de la trompette est un petit tube en bois que l'on dispose d'une manière analogue.

Chez les anciens maîtres le caractère harmonique de l'instrument est maintenu non-seulement dans les *tutti* de l'orchestre, mais encore lorsque la partie des cors passe au premier plan. À partir de Beethoven les passages à un seul cor commencent à se multiplier;[1] néanmoins les effets les plus touchants de cette voix instrumentale continuent à se produire par des mélodies en duo, concises, simples. Une succession de quelques consonnances stéréotypées pour ainsi dire: deux ou trois tierces, une quinte, une sixte; telle est la formule technique des cantilènes du cor naturel, depuis les plus vieux airs de chasse jusqu'aux morceaux de nos opéras modernes.

Ex: 180.

Quand plusieurs tubes mis simultanément en vibration ont une égale longueur, partant une fondamentale commune, l'intonation est aussi franche, l'effet des consonnances aussi harmonieux que possible. Les maîtres classiques ont pour règle d'imposer aux deux instruments accouplés le même corps de rechange. Le choix de celui-ci se détermine par la construction harmonique du morceau. Comme les sons bouchés, en dehors de certains cas spéciaux, n'étaient pour eux qu'un pis-aller (Haydn et Mozart s'en sont abstenus complètement), le compositeur, en choisissant le ton des cors, se préoccupait avant tout d'avoir à sa disposition autant de sons ouverts que possible. Voici à cet égard la pratique traditionnelle:

Quand *deux cors* seulement sont employés, on leur assigne en général le ton correspondant à la tonique du morceau. Dans le mode majeur cette règle souffre peu d'exceptions chez les trois grands symphonistes, à moins que le morceau n'appartienne à une tonalité pour laquelle l'instrument ne possédait pas, de leur temps, un corps de rechange particulier. En mineur, au contraire, l'emploi des tons du cor est assez variable. Une combinaison très fréquente consiste à prescrire aux cors le ton du relatif majeur, ce qui procure au compositeur la médiante en sons ouverts; par contre il perd la tonique qui devient un son bouché (Ex. *Beethoven*, début de la Ve Symphonie).

---

[1] Lorsqu'il arrive qu'un des instruments se détache de ses compagnons, pour se faire entendre seul, c'est tantôt le cor alto, tantôt le cor basse. Chez Beethoven le dernier cas est le plus fréquent. Exemples: début de l'Allegro de l'ouverture de *Fidelio*; Allegretto de la VIIe Symphonie (premier passage à trois dièses, mes. 18 et suiv.); Adagio de la IXe Symphonie.

Lorsque *quatre cors* sont mis en œuvre, les anciens maîtres donnent assez souvent à cette double paire d'instruments le même ton, surtout dans les compositions d'un caractère simple et grandiose. Mais ce n'est pas là cependant leur procédé habituel. Le plus souvent ils mettent deux cors dans le ton du morceau, les deux autres dans un des tons étroitement liés avec lui. Au moyen de ce mélange d'échelles, le compositeur, sans prodiguer les sons bouchés, acquiert la possibilité de donner aux cors un rôle actif dans les parties modulantes de son œuvre. En faisant alterner les instruments accordés à des diapasons divers, il comble les lacunes de leur étendue et peut imaginer des mélodies de longue haleine.

Ex: 181.

Certains effets spéciaux, motivés par la situation dramatique, nécessitaient parfois la réunion de plus de deux tons du cor. Méhul voulant faire une succession d'accords en sons bouchés, pour accompagner les paroles d'un mourant, met les cors en *trois tons différents*. Weber réunit également trois tons dans la *Chasse infernale* du *Freyschütz*, afin de réaliser l'harmonie étrange de sa fanfare et d'augmenter l'effet sinistre du morceau à l'aide des sons rauques du cor en si♭ aigu.

Ex : 182.

Meyerbeer et Berlioz usent fréquemment de ces combinaisons compliquées et donnent jusqu'à quatre tons différents aux cors, même en des passages où ceux-ci se contentent de participer à l'ensemble. De semblables raffinements jurent avec le caractère franc et simple de l'instrument, outre qu'ils présentent de graves inconvénients par rapport à la justesse et à la sûreté de l'intonation. D'ailleurs ils n'ont plus aucune raison d'être, aujourd'hui que l'on aboutit si facilement à un meilleur résultat par les cors à pistons. Quand on prodigue les harmonies chromatiques et les modulations, la logique la plus élémentaire commande de choisir les instruments faits en vue d'une musique ainsi conçue.

Au lieu de deux ou de quatre parties de cor, quelques œuvres de maître en renferment trois : deux cors alto le (1ᵉʳ et le 3ᵉ) et un cor basse (le 2ᵉ), tous accordés communément dans le même ton. Un des principaux chefs-d'œuvre de Beethoven, l'*Eroica*, est d'un bout à l'autre instrumenté dans cette manière, et l'on sait ce que le roi des symphonistes y a trouvé d'effets riches et pittoresques.

Enfin le quatuor des cors est parfois doublé. La manière usuelle d'employer une aussi grande masse d'instruments à vent de même genre consiste à la scinder en deux groupes égaux dont l'un, placé à une certaine distance, répond en écho à l'autre groupe.

Nous n'avons rien à dire ici de l'usage des cors simples dans les bandes d'harmonie ou de fanfare. Depuis plus d'une génération, ces deux genres de musique se servent exclusivement de cors chromatiques.

Trompette

(En italien *tromba*, pl.—*be*, ou *clarino*, pl.—*ni*; en allemand *Trompete*, pl.—*ten*.)

§ 154. — Elle occupe la région aiguë et presque toute la région moyenne (§ 22). Le tuyau, étroit et long [1], produit à peu près les mêmes harmoniques que le cor (§ 144). Le mode de notation est aussi le même.

---

[1] Dans le ton de *ré*, diapason-type de la trompette simple, la longueur est de 2ᵐ 342. Mahillon, *Éléments d'acoustique musicale*, p. 105.

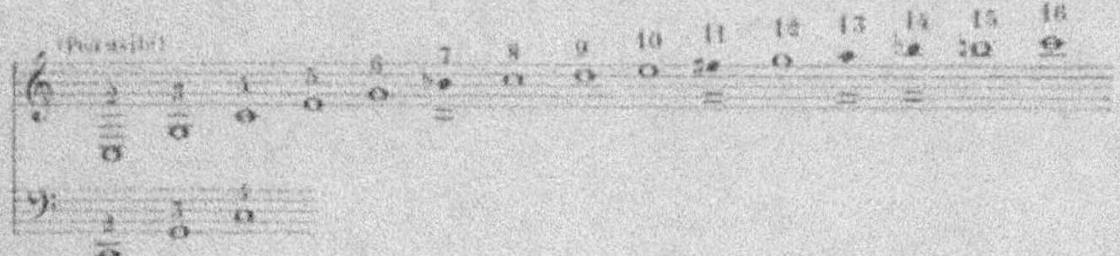

En écrivant pour la trompette simple, le compositeur ne dispose que des harmoniques tels qu'ils sont donnés par la nature; l'exécutant n'a aucun moyen pour modifier régulièrement l'intonation de ces sons. La pauvreté mélodique d'une pareille échelle a souvent obligé les maîtres de recourir aux sons discordants compris dans l'étendue actuellement en vigueur. Le son 11, le plus usité, fait fonction de *fa♮*; le son 7 s'emploie comme *si♭*.

§ 155. — Le diapason de la trompette est mobile, comme celui du cor, et peut se poser, à l'aide de tubes additionnels ou corps de rechange, sur les douze degrés de l'échelle chromatique. Si l'on part de la trompette en *ut*, qui se note à la hauteur réelle des sons, on rencontre, en montant par degrés chromatiques, huit tons plus aigus: d'abord *ré♭* (rarement employé), *ré♮*, *mi♭*, *mi♮* et *fa*, les plus beaux tons de l'instrument, ensuite *fa♯* et *sol*, grêles, criards et très peu usités à l'orchestre. Voici l'étendue assignée à chacun de ces tons, d'après la pratique en vigueur depuis Haydn. Les deux ou trois notes les plus aiguës de chaque ton sont ordinairement réservées à la première trompette, les sons 3 et 2 à la seconde.

Au grave de la trompette en *ut* on trouve trois tons, *si♮*, *si♭* et *la♮*, dont le timbre manque d'éclat et de caractère. Au reste le dernier ton, le plus sourd de tous, ne se rencontre presque jamais. Il exige un tube plus long que celui du trombone ténor.

Trompette en Si♭ (son fondamental Si♭₁)   —   Effet réel au ton plus bas

Ex. 191.

Trompettes en Si♭ (pour le théâtre)   —   Beethoven, Ouverture de LÉONORE

Trompette en La♮ (son fondamental La₁)   —   Effet réel une tierce mineure plus bas

Ce ton est inusité chez les anciens maîtres.(1)

On voit qu'au point de vue de la hauteur des sons, la trompette continue le cor du côté de l'aigu. Ses 12 corps de rechange produisent l'octave supérieure des 12 tons les plus graves du cor. Il en résulte qu'un trait noté à l'unisson pour les deux sortes d'instruments se fait entendre simultanément dans deux octaves voisines (2).

En formant une seule échelle chromatique de tous les sons *réels* que les instrumentistes modernes obtiennent à l'aide des corps de rechange de la trompette, on atteint une étendue totale de deux octaves et une sixte mineure (re₁ à sib₃). Défalcation faite de la dernière quarte au grave, dont il n'y a pas à tirer grand parti, la trompette est une voix de *mezzo-soprano*. Les notes propres à être utilisées dans le *piano* ne dépassent point à l'aigu *fa₃*. Les sons plus élevés ne trouvent leur emploi que dans les passages de force.

ÉTENDUE GÉNÉRALE DES SONS RÉELS DE LA TROMPETTE SIMPLE

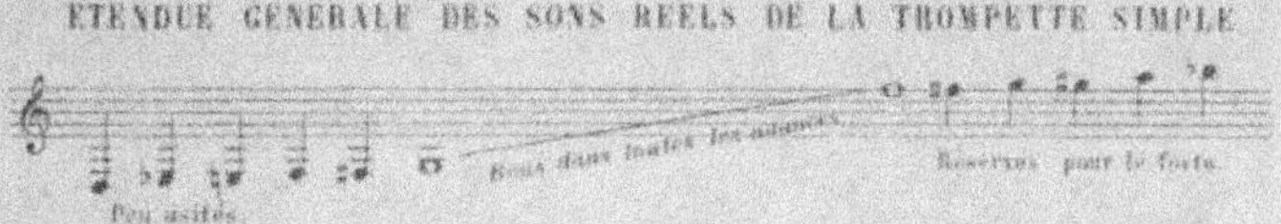

§156. — L'émission du son sur la trompette est franche, précise et au besoin fort rapide (3). Elle permet à l'exécutant de soutenir et de détacher les sons, de les enfler et de les diminuer, bref de leur donner toutes les nuances d'articulation et d'intensité. Mais ces qualités musicales trouvaient peu à se faire valoir sur l'ancien instrument. Les degrés de l'échelle que le compositeur avait à sa disposition dans chacun des tons étaient trop peu nombreux pour lui fournir les éléments d'un vrai chant ou d'un trait mélodique. Dans les très rares occasions où la trompette passait au premier plan, elle n'avait à produire que des sonneries militaires, des tenues ou de petites phrases très simples dont l'effet était dû principalement au rythme et au timbre.

---

(1) La nouvelle édition de l'*Armide* de Gluck, publiée par M. Saint-Saëns, indique par erreur des *trompettes en la* dans l'air de la Haine (avec chœurs) au IIIᵉ acte: "Plus on connaît l'Amour." Les parties d'orchestre originales, qui existaient encore à l'Opéra au temps où j'y étais Directeur de la musique (1866-1870), et que j'ai feuilletées bien souvent, n'avaient pas de *trompettes dans ce morceau*.

(2) Il ne peut y avoir unisson pour l'oreille que si le compositeur réunit l'un des deux tons les plus aigus du cor (*Si♭ aigu, La♮ aigu*) à l'un des deux tons les plus graves de la trompette (*Si♭, La♮*).

(3) De même que les flûtistes, les joueurs de trompette se servent du *double* et du *triple coup de langue* pour répéter un son avec toute la célérité possible. Ce mode d'articulation appartient surtout aux sonneries militaires.

Le boute-selle.
Allegretto.

Ex. 192.

Ex: 193.

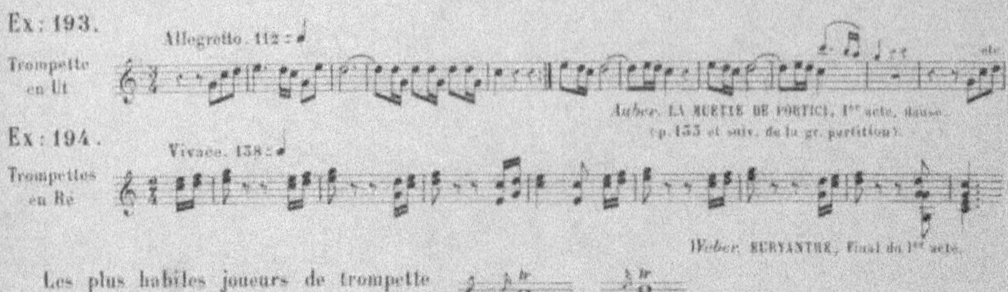

Les plus habiles joueurs de trompette exécutaient les deux trilles suivants

C'était là un de leurs principaux moyens d'effet dans les solos de virtuosité.

§ 157. — En général les compositeurs classiques et leurs successeurs se contentent de deux trompettes; ce timbre aigu et clair, auquel s'associe volontiers la résonnance grave des timbales, tranche vigoureusement sur les teintes moins éclatantes du quatuor et des autres instruments à vent. Les deux parties de trompette, qui ne marchent presque jamais l'une sans l'autre, se combinent de manière à former des intervalles doués par eux-mêmes d'un sens harmonique très précis: des octaves, des quintes, des tierces majeures et mineures. Toutes ces consonnances simples ont une plénitude remarquable lorsqu'elles sont réalisées par deux trompettes, et en particulier l'octave, dont l'effet est si faible dans les timbres peu vibrants. Le caractère harmonique de l'instrument fait qu'en mineur, aussi bien qu'en majeur, le compositeur assigne aux trompettes un corps de rechange qui lui donne, en octaves, la tonique et la dominante, ou du moins l'un de ces deux sons.

Rarement les deux parties de trompettes ont chacune un ton différent. Meyerbeer a tiré un excellent parti de cette combinaison dans la scène de la bénédiction des poignards au IV° acte des *Huguenots*. Par l'accouplement des tons de *mi♮* et de *si♮* il obtient l'accord complet de la tonique de *sol♯ mineur*, qui lui fournit une sonnerie de l'effet le plus sinistre.

Ex: 195.

L'usage simultané de plus de deux trompettes est limité, chez les prédécesseurs de Meyerbeer, aux cas où un pareil surcroît de sonorités fortes et vibrantes se justifie, soit par le caractère très pompeux du morceau, soit par les incidents du drame.

Ex: 196.

À notre époque de sonorité à outrance, il est peu de morceaux d'ensemble et de Finals d'opéra qui n'aient quatre parties de trompette, et l'on ne craint pas même, lorsque la situation dramatique en fournit l'occasion, de doubler ou de tripler ce quatuor.

Ex : 198.

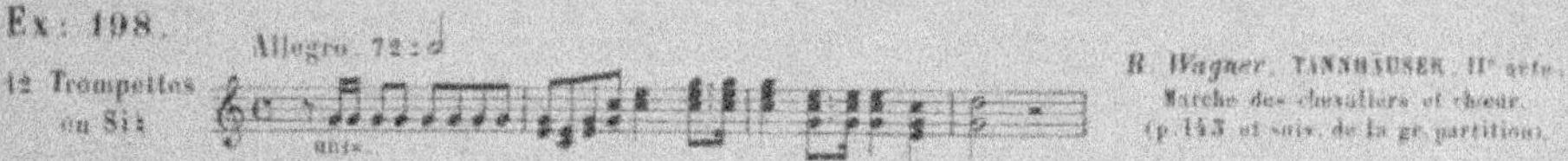

Depuis environ une trentaine d'années la trompette simple est tombée en désuétude auprès des musiciens d'orchestre; en Allemagne elle a été remplacée par la trompette à pistons (*Ventil-Trompete*); dans les pays latins on lui a substitué malencontreusement le facile et vulgaire cornet à pistons. Malgré ce fait considérable, beaucoup de compositeurs, surtout parmi les symphonistes, ont continué longtemps après à écrire en vue de l'ancien instrument; les uns par habitude, les autres en imitation des modèles classiques, d'autres enfin par l'effet d'une antipathie plus ou moins fondée contre les nouveaux instruments. Cette sorte de protestation platonique n'a pu empêcher la disparition complète de la trompette naturelle, et tout le monde a fini par reconnaître que le parti le plus sage est d'utiliser résolument les ressources qu'offrent les instruments chromatiques.

Les conséquences de la transformation des cuivres ont été plus importantes encore pour les bandes d'harmonie militaire, jusque-là très pauvres en instruments mélodiques. Aussi les chefs de musique ont-ils accueilli avec avidité, trop souvent sans discernement, les nombreuses innovations qui se sont produites dans cette partie du matériel musical depuis deux générations. L'ancienne trompette a été réduite ainsi à ses fonctions primitives : elle ne sert plus de nos jours qu'à régler les mouvements de la cavalerie.

Cornet simple ou cornet de poste

§ 158. — Malgré l'étymologie de son nom, cet instrument populaire, presque oublié de la génération actuelle, n'a rien de commun avec le cor. Il se rapproche davantage de la trompette, d'abord par son timbre éclatant, ensuite par sa hauteur générale, correspondant à la voix de mezzo-soprano. Mais son tube est beaucoup moins long [1], partant son échelle plus restreinte; celle-ci est comprise entre les sons 2 et 8; encore n'en utilisait-on guère que l'octave centrale (de 3 à 6). Accordé au ton d'*ut*, son diapason-type, le cornet simple fait entendre les intonations suivantes (que nous transcrivons à leur hauteur réelle):

On voit que la fondamentale du cornet en *ut*, à savoir *ut*, est située dans l'étendue générale des sons musicaux une octave au-dessus de la fondamentale de la trompette en *ut ut*, En conséquence lorsque les deux instruments font entendre des unissons, chacun d'eux se trouve jouer à une octave différente de l'échelle harmonique.

[1] Longueur totale du cor en *Ut* grave, 5ᵐ 258, de la trompette en *Ut* 2ᵐ 629, du cornet (et du clairon) en *Ut*, 1ᵐ 314.

Ex: 199.

Ce fait suffit à expliquer la difficulté du jeu de la trompette et donne le secret de la faveur dont jouit le cornet à pistons auprès des musiciens d'orchestre. En exécutant le passage ci-dessus, le cornettiste n'a qu'à passer d'un degré de l'échelle harmonique au degré voisin, aigu ou grave, tandis que le trompettiste doit à chaque intonation sauter un échelon, ce qui demande une habileté et une sûreté de lèvres incomparablement plus grandes.

On construisait les cornets de poste en diverses dimensions; à côté du diapason d'*ut* celui de *si♭* était très usité.

Intonation aisée et légère: telles sont les qualités natives de ce type d'instrument et de son descendant, le cornet à pistons (voir plus loin).

Clairon d'ordonnance

§ 159. — Semblable au cornet en ce qui concerne la longueur du tube, le clairon est situé dans la même région de l'étendue générale (*mezzo-soprano*), et parcourt un espace à peu près égal sur l'échelle des harmoniques. Le diamètre considérable de son tuyau, trait distinctif de ce type d'instrument, lui permet d'émettre le son 1, la fondamentale; mais cette intonation profonde, séparée du reste de l'échelle par une octave entière, est de peu d'utilité pratique. En somme, la meilleure portion de l'étendue est, de même que sur le cornet, comprise entre les sons 3 et 6.

Le clairon se construit rarement au ton d'*ut*; son diapason ordinaire est *si♭*.

Dans la plupart des armées européennes les sonneries réglementaires de l'infanterie sont exécutées par des clairons.

La sonorité de ce genre d'instrument, puissante, rude et tant soit peu rauque, possède un caractère belliqueux confinant à la brutalité. Par sa facilité d'émission non moins que par son aptitude à recevoir des dimensions très diverses, ce type d'instrument était destiné à fournir aux facteurs contemporains une matière féconde pour l'application de leurs découvertes. Le clairon en *si♭* transformé en instrument chromatique, au moyen de trous et de clefs, a donné naissance à la famille des Bugles-ophicléides. Celle-ci à son tour, ayant adopté un mécanisme perfectionné, est devenue la famille actuelle des *saxhorns-tubas*, l'élément principal des bandes de fanfare, et représentée dans nos orchestres par le tuba-basse.

CHAPITRE IX

Instruments à embouchure produisant l'échelle chromatique par un mécanisme autre que les pistons: trombones à coulisse, bugles à clefs, ophicléides.

§ 160. — Nous avons énuméré plus haut (§§ 15, 17) les divers procédés mécaniques à l'aide desquels on change instantanément le diapason des instruments à embouchure, afin de leur faire produire une échelle continue. Ce but est atteint d'une des deux manières suivantes:

a) Ou bien la longueur initiale du tube *augmente* graduellement, et le diapason de l'instrument *baisse* d'un demi-ton à chaque nouvelle extension;

b) Ou bien la longueur initiale *diminue* graduellement, et le diapason *hausse* d'un demi-ton à chaque raccourcissement.

Le nombre des longueurs à obtenir est déterminé par la limite grave de l'instrument. Si celui-ci ne dépasse pas en pratique le son 2 (comme le font le cor, la trompette et le cornet) *sept* longueurs suffisent, puisqu'il n'y a que sept demi-tons (une quinte) entre les sons 3 et 2. Mais si le son 1 fait partie de l'échelle usitée (ceci est le cas pour les instruments graves de la famille des claironsbugles), il faut *douze* longueurs pour remplir chromatiquement l'intervalle d'octave entre le son 2 et la fondamentale de l'échelle harmonique.

Le plus ancien moyen que l'on ait imaginé pour obtenir une succession de demi-tons descendants est la coulisse, telle qu'elle fonctionne sur le trombone (§ 17); de même le premier mécanisme dont on se soit avisé pour créer une succession de demi-tons ascendants est celui de trous, recouverts ou non par des clefs. Tous deux ont déjà plusieurs siècles d'existence et répondent insuffisamment aux exigences de la technique actuelle; le système des coulisses à raison de son fonctionnement lent et grossier, celui des clefs par suite des intonations défectueuses qu'il fournit. Le mécanisme des pistons, inventé vers 1815 et en voie d'amélioration continuelle, est incontestablement plus satisfaisant à tous égards; il est destiné dans un avenir prochain à remplacer à lui seul les deux procédés primitifs. Aujourd'hui le trombone à coulisse, il est vrai, obtient encore la préférence dans les orchestres à cause de son timbre franc et caractérisé. Cela vient de ce que la plupart des facteurs, en construisant des trombones à pistons, ont altéré les proportions normales du tube pour complaire aux trombonistes-virtuoses, et au grand détriment de l'éclat du son. Mais cet état de choses changera quand les chefs d'orchestre et les compositeurs le voudront sérieusement. Quant aux instruments à clefs, ils sont presque oubliés de la génération actuelle et en passe de devenir des objets de curiosité.

INSTRUMENTS À COULISSE

§ 161. — Des tuyaux ayant le même diamètre dans la plus grande partie de leur parcours sont seuls compatibles avec le mécanisme de la coulisse. Sur le continent on ne connaît qu'une famille d'instruments de cette catégorie: les trombones [1]. Le mot italien *trombone* (all. *Posaune*) est un augmentatif de *tromba*; il désigne une trompette grave dont le tube, construit en vue de la production des harmoniques inférieurs, est proportionnellement plus large que celui de la trompette soprano. De là vient que le trombone ne dépasse point à l'aigu le son 10, mais à ses longueurs les plus

---

[1] En Angleterre on possède en outre des *trompettes à coulisse* (décrites dans le *Nouveau traité d'instrumentation*, p. 257-258).

favorables, il peut descendre jusqu'à la fondamentale de l'échelle des harmoniques. Toutefois ce dernier son grave n'est pas considéré comme appartenant à l'étendue régulière de l'instrument; il n'est pas relié chromatiquement au son 2, limite grave de l'étendue pratique des trombones. Sept longueurs remplissent l'intervalle de quinte compris entre les sons 3 et 2. La gamme chromatique s'interrompt brusquement une quinte mineure au-dessous du son 2, fourni par la longueur initiale.

La famille des trombones à coulisse se compose de trois instruments qui correspondent aux trois voix les plus graves du quatuor choral et portent leurs noms: le *trombone alto*, le *trombone ténor*, le *trombone basse*; de nos jours elle s'est enrichie d'un *trombone contrebasse*. La région du *soprano* n'y est point représentée, en sorte que tout ce système instrumental a un caractère exclusivement mâle. On considère comme le type de la famille le trombone ténor.

À la lecture d'une partition les trombones se distinguent tout d'abord des autres instruments à embouchure par une particularité graphique: ils sont invariablement notés dans le ton réel et dans l'octave réelle. Une pareille uniformité n'existe pas quant à l'usage des clefs. D'après la règle traditionnelle chaque espèce de trombone emploie la clef de la voix correspondante; mais lorsque le compositeur réunit sur une seule portée deux trombones ou tous les trois, il emploie, selon la hauteur de ses accords, soit la clef de fa, 4ᵉ ligne, soit la clef d'ut, 4ᵉ ou 3ᵉ, laissant au copiste ou au graveur le soin de transcrire chaque partie séparée dans sa clef normale.

Trombone ténor

(En allemand *Tenorposaune*)

§162. — À sa plus petite longueur (les deux tubes étant rentrés complètement l'un dans l'autre) le trombone ténor fait entendre l'échelle harmonique de *si♭_₁*, (1), depuis le son 2 jusqu'au son 8. Un exécutant habile atteint au grave la fondamentale, à l'aigu les sons 9 et 10. La clef régulière est celle du ténor, sauf pour les derniers sons au grave que l'on écrit toujours à la clef de *fa*, 4ᵉ ligne.

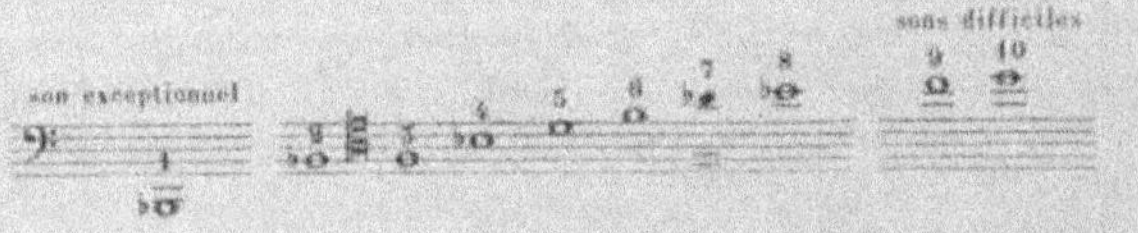

Le diapason de la longueur initiale (dite Iʳᵉ position) étant connu, toute l'étendue de l'instrument s'en déduit avec une certitude absolue. Pour la reconstruire il suffit de se rappeler que la série entière des sons baisse d'un demi-ton à chaque allongement. En conséquence la position II correspond à la fondamentale *la_₁*, la position III à *la♭_₁*, IV à *sol_₁*, V à *sol♭_₁*, VI à *fa_₁*, VII à *mi_₁*. Au-dessous de la IVᵉ position le son 1 ne sort plus. Quant aux sons 9 et 10, ils ne trouvent leur emploi qu'aux deux premières positions: nous les négligeons dans le tableau suivant.

____

(1) La fondamentale du trombone ténor est à l'unisson de celles du *cor en si♭ aigu* et de la *trompette en si♭* — une octave au-dessous des fondamentales du *cornet en si♭* et du *clairon en si♭*.

Si, faisant abstraction des fondamentales, on compose de toutes ces intonations une échelle ascendante ou descendante, il se produit une succession chromatique non interrompue embrassant une étendue totale de deux octaves et demie (depuis *mi*₁ jusqu'à *si*♭₃). Comme les harmoniques se rapprochent davantage à mesure que l'on monte, il arrive souvent à l'aigu que le même son appartient à diverses fondamentales. Lorsque l'exécutant a le choix entre plusieurs positions il évite la VII°. Voici pourquoi: 1° elle nécessite pour le bras une extension peu commode; 2° à cette grande longueur les proportions du tube sont défectueuses, ce qui altère la justesse et la qualité du son. Par ces causes, les deux notes qui se produisent uniquement à la VII° position, *mi*₁ et *si*₁, sont les plus mauvaises de l'instrument.

Nous donnerons l'échelle du trombone dans l'ordre descendant, afin de démontrer aussi clairement que possible le mécanisme de sa formation.

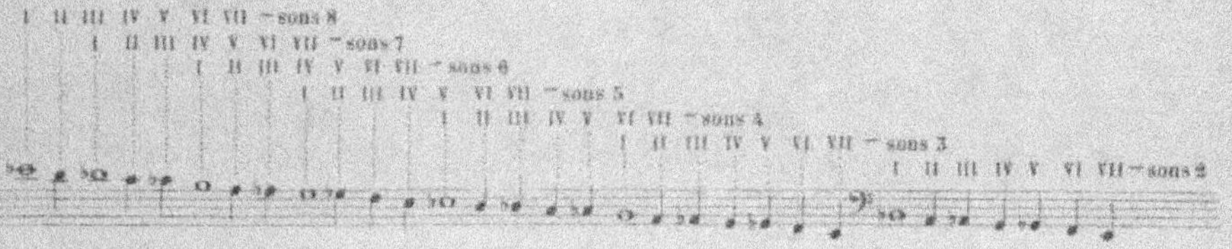

En utilisant les harmoniques extrêmes (sons 10, 9, 1) on peut ajouter à cette étendue normale quatre notes suraiguës:

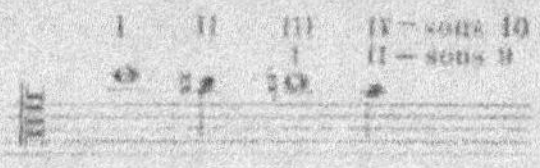

plus quatre notes sous-graves séparées du reste de l'échelle par un intervalle de quinte mineure ou de triton (la moitié d'une octave).

Si l'on excepte l'œuvre de Berlioz, où se rencontrent de loin en loin ces notes profondes (appelées *pédales*), il n'existe pas à ma connaissance d'autre exemple de leur emploi qu'une phrase dans le Final du 1ᵉʳ acte de *Zampa* (lorsque le bandit passe l'anneau des fiançailles au doigt de la statue): " De mon manque de foi " etc.

§ 163. — La division intérieure de l'échelle ordinaire du trombone ténor coïncide avec celle de la voix de ténor, à part l'extension plus grande du registre grave. Elle peut s'énoncer par une formule générale applicable à tous les instruments à embouchure qui parcourent à peu près le même espace sur l'échelle des harmoniques (cornets, bugles, saxhorns, etc.):

Le registre aigu a pour limite inférieure le son 6 produit par la longueur initiale (I);

Le registre moyen, le plus sonore, descend jusqu'au son 3 de la susdite longueur (I);

Le registre grave comprend les sons 3 et 2; ces derniers diminuent rapidement de puissance et de fermeté à mesure qu'ils descendent.

Il est important de bien se pénétrer de cette règle si l'on désire acquérir une grande sûreté de main en écrivant pour les nombreux instruments chromatiques admis aujourd'hui dans les orchestres.

§ 164. — En dehors du registre grave, où le son se produit toujours pesamment, le trombone est susceptible d'une vivacité d'émission à peu près égale à celle du cor. Il n'a aucune difficulté à parcourir avec vitesse les harmoniques procédant de la même fondamentale bien que des traits ainsi conçus ne se rencontrent pas dans la musique d'orchestre.

Mais le mécanisme rudimentaire de la coulisse ne lui permet pas de rendre avec aisance des traits rapides tant soit peu prolongés, dès qu'ils entraînent de fréquents changements de position. A l'aigu et dans le médium de l'échelle, la même intonation pouvant se prendre toujours de deux ou de trois manières (voir le tableau précédent) l'exécutant évite facilement les grands écarts et le compositeur ne doit pas s'interdire les gammes diatoniques ou chromatiques (celles-ci sont les plus faciles), même les dessins mélodiques assez vifs, pourvu qu'ils soient courts. Dans le registre grave il n'en est pas de même. Certaines successions de sons exigent le passage subit à une position très éloignée et sont par là incompatibles avec un mouvement précipité.

A une époque où l'instrumentation de la musique de théâtre était moins soignée qu'elle ne l'est généralement aujourd'hui, les compositeurs ne se faisaient pas scrupule de renforcer par le trombone des traits de basse de toute sorte, au risque d'imposer à l'exécutant une tâche au-dessus de ses forces. Je me contenterai de rappeler à ce propos deux pages bien connues.

Un instrument à pistons est seul capable de jouer distinctement tant de notes. Ceux de nos contemporains qui continuent à donner la préférence aux trombones à coulisse feront donc bien de s'abstenir de pareils passages, s'ils tiennent à entendre ce qu'ils ont écrit. Tous les instruments ont leurs qualités et leurs défauts: l'essentiel est d'écrire la musique qui leur convient.

La réunion de plusieurs sons dans une seule articulation ne peut s'effectuer d'une manière irreprochable, lorsque les intonations liées proviennent de positions différentes, à cause des intervalles intermédiaires que le glissement de la coulisse produit inévitablement. Le vrai *legato* n'a donc qu'une application très restreinte sur le trombone à coulisse; à l'exécution il se convertit en un simple *sostenuto*, à moins que le compositeur n'ait eu égard au mécanisme de l'instrument. Mais ce cas est assez rare. Comme la plupart des traits chantants des trombones sont doublés par d'autres instruments graves, le compositeur n'a pas scrupule de mettre des liaisons illusoires, comptant sur l'effet de la masse pour couvrir les défaillances individuelles. Dans le passage suivant la mesure désignée par N.B. est inexécutable sur le trombone à coulisse.

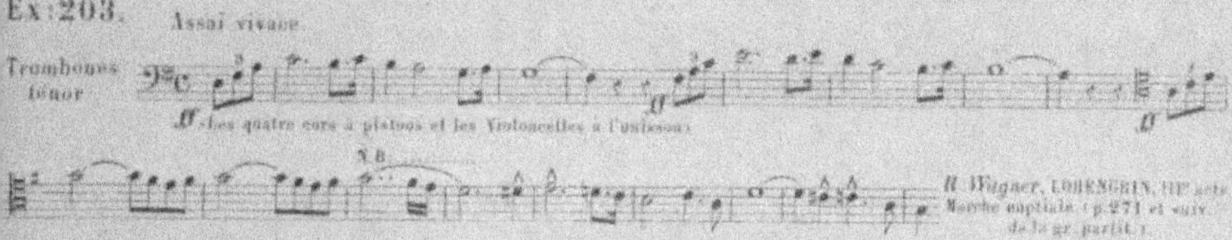

Les anciens virtuoses du trombone exécutaient couramment, dit-on, des trilles de seconde majeure. Comme il est impossible d'obtenir le trille au moyen de mouvements répétés de la coulisse, le procédé devait être identique à celui que l'on met en œuvre sur le cor de chasse: l'instrumentiste, imprimant à ses lèvres un frémissement très rapide, rebat deux harmoniques voisins, situés à distance de ton, soit 8 et 9, soit 9 et 10. Or le premier son 8 que l'on rencontre, en remontant l'échelle chromatique du trombone, apparaît seulement au bout de la deuxième octave (voir le tableau p. 133). Tous les trilles praticables étaient compris en conséquence dans le registre aigu. Voici ceux du trombone ténor [1]

pos. VII   VI   V   IV   III   II   I

---

[1] Les quatre premiers trilles du trombone ténor indiqués par Berlioz (*Traité d'instrumentation* p. 204) sont absolument impossibles. Quant aux trilles du trombone alto, ils sont naturellement situés une quarte juste au-dessus de ceux du trombone ténor. Ceux du trombone basse se trouvent une quarte au-dessous.

Bien qu'on ne se soit pas fait faute autrefois de composer pour le trombone ténor à coulisse des concertos et des airs variés, cet instrument, on le voit, offrait d'assez maigres ressources techniques à la virtuosité individuelle. Mozart, s'inspirant des paroles de la célèbre Prose des Morts, a confié au trombone ténor un véritable solo dans sa messe posthume.

Ex : 204.

Mais c'est là une exception tout à fait isolée. En général les maîtres allemands ont traité le trombone à coulisse à la manière d'une voix chorale, ne lui donnant que de grosses notes ou de courtes phrases d'un vigoureux dessin rythmique, et ne séparant pas le ténor de ses deux compagnons.

Trombone alto
(En allemand *Altposaune*)

§ 165. — C'est la haute-contre de la famille; sa clef normale est celle d'ut sur la 3° ligne. La voix, moins puissante que celle du ténor et même un peu grêle, a besoin de s'appuyer sur des sonorités plus graves. On l'appelle parfois *petit trombone en mi♭*; en effet il fait entendre à sa plus petite longueur (ou 1ʳᵉ position) les harmoniques de la fondamentale mi♭₁(1); les six positions suivantes correspondent respectivement aux fondamentales ré₁, ré♭₁, ut₁, si♮₋₁, si♭₋₁ et la₋₁.

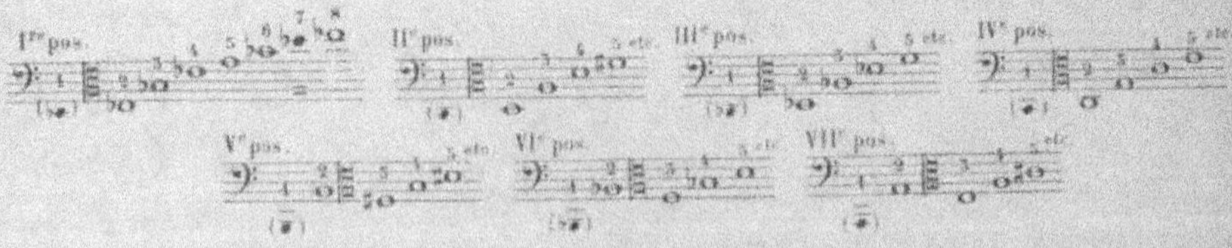

<hr>

(1) Unisson de la fondamentale de la trompette en Mi♭.

Le trombone alto reproduit conséquemment à la quarte aiguë l'échelle du trombone ténor avec ses subdivisions.

La réduction du tube rend plus difficile l'émission des quatre notes suraiguës accessibles au trombone ténor (sur l'alto sol_4, $fa\sharp_4$, $fa\natural_4$, et mi_4), ainsi que des quatre notes sous-graves (mib_1, $ré_1$, $réb_1$, ut_1); la pratique n'en fait aucun usage. Même les sons inférieurs de l'étendue ordinaire, que nous avons notés à la clef de *fa*, s'emploient fort peu à cause de la mauvaise qualité de leur timbre, en sorte que le trombone alto se contente de parcourir les deux octaves comprises entre mib_1 et mib_2.

Les écarts de la coulisse étant diminués dans la même proportion, le trombone alto possède plus de mobilité, plus de souplesse que le ténor.

Trombone basse
(En allemand *Bassposaune.*)

§ 186. — On appelle parfois de ce nom un trombone ténor construit au diapason habituel ($si\,b$), mais auquel le facteur a donné un plus grand diamètre, afin d'obtenir au grave une sonorité plus nourrie. C'est la *Tenor-Bassposaune* des Allemands. Le véritable trombone basse a été malheureusement de tout temps peu en faveur auprès des instrumentistes, à cause de la fatigue que les hommes les plus robustes éprouvent à en jouer. Son diapason régulier, de même que toute son étendue, est à une quarte juste au-dessous de celui du trombone ténor; de là son nom allemand *Quart-Bassposaune*. À sa longueur initiale ou Ire position il fait entendre en conséquence les harmoniques de la fondamentale fa_{-1}, et ses six allongements correspondent aux fondamentales mi_{-1}, mib_{-1}, $ré_{-1}$, $réb_{-1}$, ut_{-1}, et $si\natural_{-2}$. La clef régulière du trombone basse est *fa* sur la 4e ligne.

Le développement considérable du tuyau permet à l'artiste de parcourir d'un bout à l'autre l'échelle chromatique de l'instrument, depuis les notes suraiguës jusqu'aux derniers sons du registre grave.

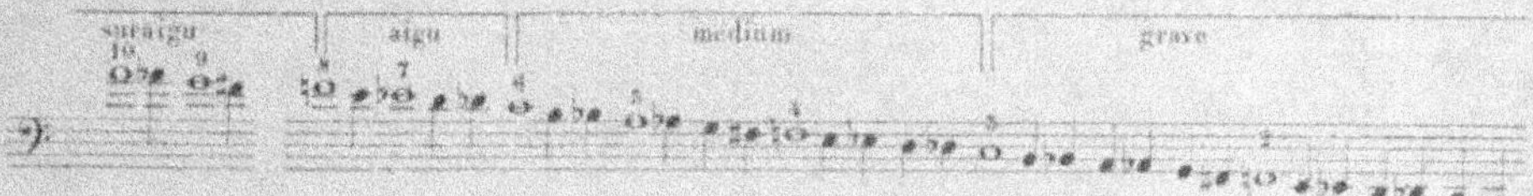

Quant aux pédales, on n'en a pas essayé l'effet jusqu'à ce jour; mais je pense qu'un exécutant habile et doué de bons poumons doit produire sans difficulté trois ou quatre de ces sons formidables:

Un instrument capable d'atteindre à de pareilles profondeurs ne saurait parler avec volubilité, et le maniement incommode de la coulisse n'est pas fait pour lui communiquer des allures plus vives[1]. Ce qui rend le trombone basse précieux à l'orchestre, c'est sa sonorité vibrante et ferme, ce sont surtout les magnifiques notes de son registre grave, si admirablement placées dans certaines œuvres des maîtres.

Ex : 205.

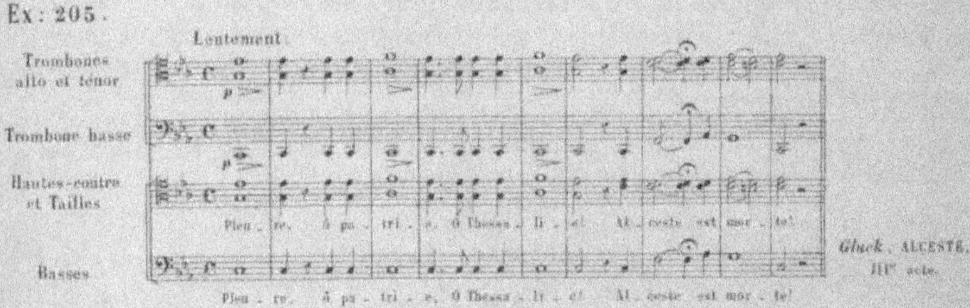

Au temps où les trombones étaient les seuls instruments à embouchure qui eussent à leur disposition une échelle complète, les compositeurs se voyaient souvent obligés de recourir au plus grave des trois pour lui donner à faire la basse d'une harmonie de cors: pis-aller absolument inutile aujourd'hui.

§ 167.— La manière dont les trombones interviennent dans la musique instrumentale est à elle seule une révélation du caractère harmonique qu'ils possèdent au plus haut degré. Tandis que dans la technique traditionnelle, tous les autres instruments à vent se réunissent deux à deux pour coopérer à l'ensemble polyphonique, les trois individualités de la famille des trombones ont constitué dès l'origine un groupe séparé, un chœur de voix d'hommes capable de former en lui-même une harmonie complète (Ex. 205).

Depuis Gluck les trois trombones devinrent le complément indispensable de l'instrumentation dramatique et, pour ainsi dire, sa marque distinctive: la symphonie classique n'adopta pas une sonorité aussi prépondérante. Réservés à l'origine pour des sujets d'une haute portée tragique, pour des situations extraordinaires, les trombones se virent bientôt appelés à des fonctions moins spéciales; Spontini les fit servir à rehausser l'éclat des chœurs et des ensembles; l'école rossinienne les prodigua outre mesure et jusqu'au point de les dépouiller de toute leur poésie.

---

[1] Autrefois un manche suppléait à la longueur insuffisante du bras, lorsqu'il s'agissait de descendre aux dernières positions; aujourd'hui un mécanisme moins primitif réduit de moitié l'écart d'une position à l'autre.

Cette extension graduelle de leur usage amena un changement dans la composition du trio. L'habitude de réunir les trois diapasons caractéristiques, disposition excellente qui permettait à chacun des instruments de se mouvoir dans la meilleure partie de son échelle, fut abandonnée à la longue, en considération surtout de la fatigue qu'éprouvaient les exécutants à jouer la partie de trombone basse. Depuis 1830 les orchestres français n'ont plus que des trombones ténor. Par cette innovation regrettable le groupe des trombones a vu son étendue s'amoindrir d'une octave entière. Ses qualités sonores et techniques en ont reçu une atteinte non moins sensible: en effet le trombone ténor manque d'aisance et d'éclat dans le haut; au-dessous d'*ut*, il n'a guère de puissance et aucune mobilité.

Heureusement l'invention des nouveaux cuivres chromatiques est venue apporter une large compensation à ces pertes. Au grave, l'ophicléide, que le tuba remplaça plus tard, a pu suppléer à l'insuffisance du trombone ténor et fournir une basse solide au quatuor formé par sa réunion avec l'ancien trio. À l'aigu, les trompettes à pistons (pour ne pas parler des cornets et des bugles-saxhorns) ont enrichi les cuivres non pas seulement d'un beau soprano, mais au besoin de tout un chœur de timbres homogènes.

Les effets caractéristiques des trombones, s'obtenant en général par des accords pleins, ont pour condition essentielle l'association des trois instruments. Deux trombones sont incapables de former par eux-mêmes des harmonies complètes. Mais aussi cette absence de plénitude fait que leur sonorité pèse moins lourdement sur l'ensemble et s'accommode mieux aux exigences du style polyphonique.

Voilà sans doute ce qui a suggéré à Beethoven l'idée de convertir le trio en duo quand il a donné dans son instrumentation une place aux trombones sans vouloir les mettre trop en évidence. Il est étonnant que cette combinaison instrumentale soit absolument laissée de côté par les compositeurs, malgré les avantages évidents qu'elle présente en mainte circonstance. En effet l'oreille moderne se passe malaisément du timbre des trombones dans une œuvre vigoureuse et brillante; d'autre part beaucoup d'idées musicales courent risque d'être écrasées sous la sonorité massive du groupe entier.

§ 168. — L'invention des pistons n'a guère modifié la manière d'écrire les parties de trombone à l'orchestre, l'échelle des deux sortes d'instruments étant identique. Il en est différemment pour la musique d'harmonie, qui depuis trente ans a répudié l'ancien trombone pour le nouveau, à pistons: celui-ci y joue le rôle de soliste et de virtuose.

Trombone contrebasse
(En allemand *Contrabass-Posaune.*)

§ 169. — En quelques endroits de sa grande tétralogie des *Nibelungen*, Richard Wagner ajoute cet instrument formidable, en guise de basse profonde, au trio ordinaire des trombones. Le diapason et toute l'échelle du trombone contrebasse sont à l'octave inférieure du ténor. La fondamentale de la 1re position est par conséquent *si♭*₋₂; ce son situé dans l'octave de 32 pieds, la dernière de l'échelle générale (§ 21), n'est pas réalisable en pratique, au moins je le suppose. Il doit en être de même, à plus forte raison, des six autres fondamentales plus graves encore (*la*₋₂, *la♭*₋₂, *sol*₋₂, *sol♭*₋₂, *fa*₋₂, *mi*₋₂). En revanche l'instrumentiste doit monter facilement jusqu'au son 10.

Voici la série des sons 2, degrés inférieurs de l'échelle pratique de l'instrument:

Malgré l'extrême gravité des sons, Wagner les écrit à leur hauteur réelle.[1]

Ex: 206.

2 Trombones ténor
Trombone basse
Trombone contrebasse
WOTAN
Violoncelles et C. Basses

INSTRUMENTS À CLEFS

§ 170. — Ils formaient une famille unique, procédant du clairon d'ordonnance par la forme du tuyau, et se rattachant, par le mécanisme des trous et des clefs, à de vieux instruments à embouchure construits en bois: le cornet à bouquin, le serpent d'église. Les bugles à clefs et autres organes de même espèce n'étaient pas dépourvus de certaines qualités musicales. Ils avaient une facilité remarquable à lier les sons, conséquemment à chanter; en outre leur timbre, tout en étant à la fois bruyant et sourd, avait du caractère. Leurs vices radicaux étaient une sonorité très inégale et une justesse douteuse.

La famille des bugles-ophicléides n'a eu qu'une existence fort éphémère. Elle apparut vers 1815. Accueilli avec empressement dans les musiques d'harmonie, elle leur apporta un soprano énergique et chantant, en même temps qu'une basse assez sonore; de plus elle présida à la création des musiques de fanfare. À l'Opéra l'ophicléide devint le suppléant du trombone basse[2]. Le déclin de ce genre d'instruments commença avec l'apparition des autres cuivres chromatiques et fut d'une rapidité étonnante.

---

[1] Il y aurait avantage, et pour l'exécutant et pour le lecteur de la partition, à ce que la partie fût écrite, comme celle de la contrebasse à cordes, une octave au-dessus du diapason réel.

[2] Meyerbeer produisit, par exception, le bugle à clefs comme voix principale à deux endroits célèbres de son *Robert*: la *Résurrection des Nonnes*; la *lecture du testament de la mère*, au Ve acte. Aujourd'hui cela s'exécute sur le cornet à pistons, au grand détriment de l'effet caractéristique.

À l'époque de son plus grand développement, la famille comprenait quatre individus, deux couples d'instruments symétriquement posés sur l'échelle générale:

1° *le bugle-soprano* (dit aussi *trompette à clefs, cor à clefs*), l'organe mélodique, accordé en *ut* ou en *si♭*,[1] à l'unisson du clairon d'ordonnance (ci-dessus p. 139 et

2° le *bugle-sopranino* (ou petit bugle), à la quarte aiguë du soprano;

3° *l'ophicléide-basse* à l'octave inférieure du bugle-soprano, et

4° *l'ophicléide-alto* à la quarte aiguë du précédent.

Les bugles à clefs et l'ophicléide-alto ont complètement disparu depuis 1860. Un seul des quatre instruments persiste encore, à l'église et dans quelques orchestres français: nous allons le décrire brièvement

Ophicléide basse

§ 171. — Lorsque le tube de l'instrument résonne sans qu'aucune des clefs soit mise en action, il fait entendre à l'octave inférieure l'échelle harmonique du clairon d'ordonnance:

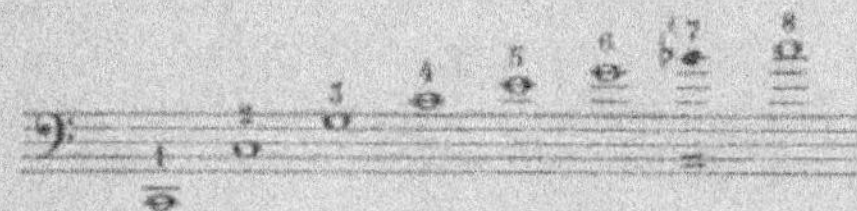

Mais dans cet état, toute la longueur du tuyau n'entre pas en vibration, la clef la plus rapprochée de l'orifice inférieur restant levée. Si l'on veut faire résonner le tube entier, il faut abaisser cette clef; l'on obtient alors une échelle harmonique plus basse d'un demi-ton:

Il en était ainsi de tous les instruments à clefs. On indiquait toujours leur diapason, non par la longueur totale, mais par la II° longueur dans l'ordre ascendant.

Pour remplir chromatiquement toute l'octave inférieure, et par suite l'étendue entière de l'ophicléide, dix longueurs, outre ces deux, sont nécessaires (p. 131 § 160). Mais à mesure que le tube se raccourcit par l'ouverture des clefs, les proportions de la colonne d'air deviennent plus défectueuses et le nombre des harmoniques utilisables diminue, en sorte que les cinq dernières longueurs ne fournissent plus que des fondamentales.

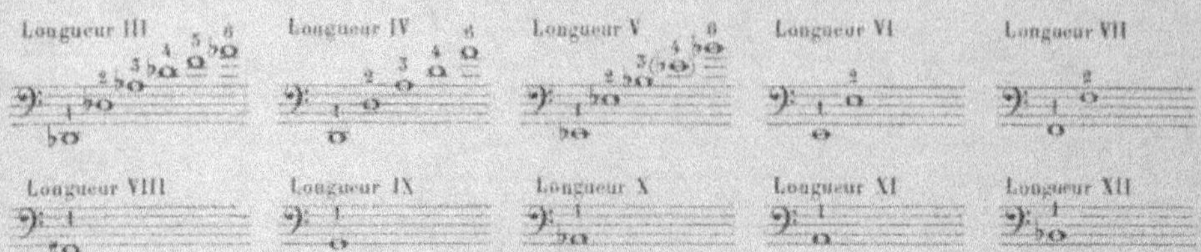

Ainsi se forme, tant bien que mal, l'échelle chromatique de l'ophicléide. La voici, avec ses divisions intérieures:

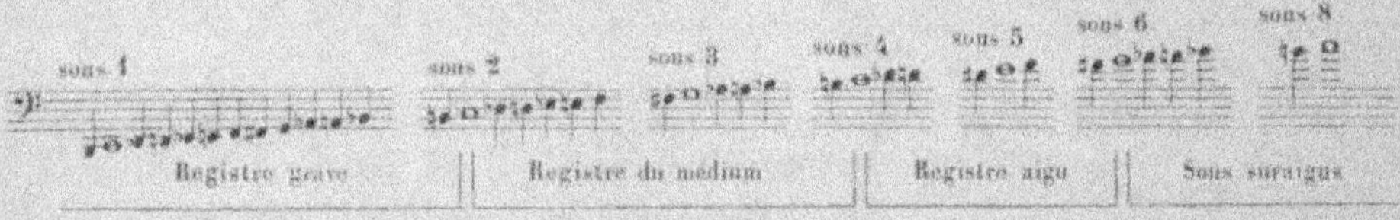

§ 172. — Au temps où cet instrument était d'un usage général il se construisait habituellement à deux diapasons: en *ut* et en *si♭*.

L'*ophicléide basse en ut* fait entendre l'échelle ci-dessus à la hauteur exacte indiquée par la notation [1]. A l'orchestre la partie d'ophicléide est toujours notée pour un tel instrument; elle ne se sépare guère des trombones et figure souvent sur la même portée (voir les exemples suivants). Quand il n'y a que trois notes, la plus basse est à la fois destinée au 3ᵉ trombone et à l'ophicléide.

L'*ophicléide basse en si♭* reproduit la susdite échelle un ton au-dessous des notes indiquées: *ut₂, mi₂, sol₂* font à l'oreille *si♭₂, ré₂, fa₂*. Ce fut de 1845 à 1848 le principal instrument grave des musiques militaires: il s'y employait en masse.

§ 173. — Si l'on excepte le registre inférieur et l'extrême aigu, où la production du son est moins spontanée, l'ophicléide participe à toutes les propriétés techniques des instruments à clefs (§ 170). Les traits chromatiques ou diatoniques (tant liés que détachés), les dessins chantants, les trilles majeurs ou mineurs lui sont également faciles. Mais ces ressources d'exécution ne trouvaient guère à se faire valoir en dehors des grands morceaux d'harmonie ou de fanfare. A l'orchestre ses sons grossiers, beuglants, et d'une sauvagerie frisant par moments le grotesque, n'étaient pas faits pour s'étaler au premier plan, à côté des sonorités distinguées du quatuor. Depuis Spontini, qui introduisit l'ophicléide à l'Opéra de Paris, jusqu'à Meyerbeer, qui fut un des derniers à s'en servir, les compositeurs lui assignèrent comme fonction, tantôt de renforcer la partie inférieure des trombones, devenue trop faible par l'étendue du trombone basse, tantôt de former avec les trois instruments une harmonie de quatre voix graves, harmonie d'un effet majestueux, mais toujours lourde et massive.

---

[1] Sa fondamentale (*ut₁*) est à la même hauteur que celles de la trompette en *ut* et du cor en *ut* aigu.

Ex: 207.

Andantino
Bassons
Cors en Ré
Trombones et Ophicléide
UN HÉRAUT
A toi, Robert de Norman . di . e, Le prince de Gre . na . de adresse ce car .

. tel; Et par ma . fois . . Il se de . fi . e, Non dans un vain tour . noi mais en combat mor . tel
Meyerbeer, ROBERT LE DIABLE, acte II,
(p. 271 de la gr. partit.)

Ex: 208.

Poco Andante 80 :
Bassons
1er Cor en Si ♮ grave (Ut♭)
2e Cor en Mi♭
3e et 4e Cors en Mi♮ (Fa♭)
Trompettes (lisez cornets) à pistons en La♭
3 Trombones et Ophicléide
Meyerbeer, LES HUGUENOTS, bénédiction des poignards
acte IV (p. 684 de la gr. partit.)

CHAPITRE X

Instruments à embouchure qui produisent l'échelle chromatique à l'aide de pistons: cors, trompettes, trombones, cornets, saxhorns (bugles, tubas, bombardons) etc.

§ 174. — Cette catégorie d'agents sonores, si largement représentée dans l'orchestre de nos jours, ne renferme aucun timbre qui n'ait déjà été décrit au cours des pages précédentes. Nous voyons apparaître ici de nouveau les vieux instruments de guerre et de chasse, mais transformés en vue d'un art prodigieusement développé. Au lieu d'être enserrés dans un cercle étroit d'intonations et de tonalités, ils deviennent à la volonté du compositeur les interprètes de la mélodie monodique, au même titre que les autres instruments à vent.

Dans les premiers temps qui ont suivi la découverte des nouveaux mécanismes, leur application a varié fréquemment, en sorte que les conditions d'emploi des cuivres chromatiques sont assez mal connues. Jusqu'à ce jour beaucoup de maîtres n'ont eu à cet égard que des notions vagues, et ont été parfois amenés ainsi à écrire des parties d'orchestre dont l'exécution sur les instruments indiqués est ou impossible ou de mauvais effet. Nous croyons donc répondre à une des exigences les plus impérieuses de la technique actuelle en donnant les renseignements nécessaires pour utiliser, en connaissance de cause, ces récentes acquisitions de l'orchestre.

Disons d'abord que deux systèmes d'instruments à pistons coexistent aujourd'hui: 1° le système ordinaire, *à pistons additionnés*, le seul dont l'usage se soit répandu partout; 2° le système *à pistons indépendants*, créé par Adolphe Sax: des artistes français et belges ont commencé de s'en servir il y a vingt-cinq ans. L'un et l'autre s'appliquent d'une manière uniforme aux différents instruments à embouchure; c'est pourquoi la formation de l'échelle chromatique, partant le mécanisme du doigté, se laisse réduire à une théorie générale, simple et facile à retenir. Dans notre *Nouveau Traité d'instrumentation* nous avons exposé en détail le fonctionnement des deux systèmes (p. 269-273); ici nous ne parlerons que du système ordinaire. Au reste l'étendue des instruments à pistons est la même, quel que soit le système employé.

§ 175. — Ainsi qu'on a pu le voir dans les deux chapitres précédents, l'étendue de tous les cuivres réunis embrasse les seize premiers sons de l'échelle des harmoniques: quatre octaves. La fondamentale, qui occupe à elle seule toute l'octave inférieure, n'est émise que par les tuyaux d'un grand diamètre (tubas, bombardons); les deux octaves intermédiaires (sons 2 à 4, sons 4 à 8) existent sur tous les instruments à embouchure; l'octave supérieure (sons 8 à 16) n'est accessible qu'aux cors et aux trompettes. Au point de vue de l'espace qu'ils parcourent sur l'échelle des harmoniques, les instruments à embouchure se divisent donc en trois groupes, dont le tableau suivant démontre l'étendue comparée dans la transcription adoptée pour chacun d'eux. (1)

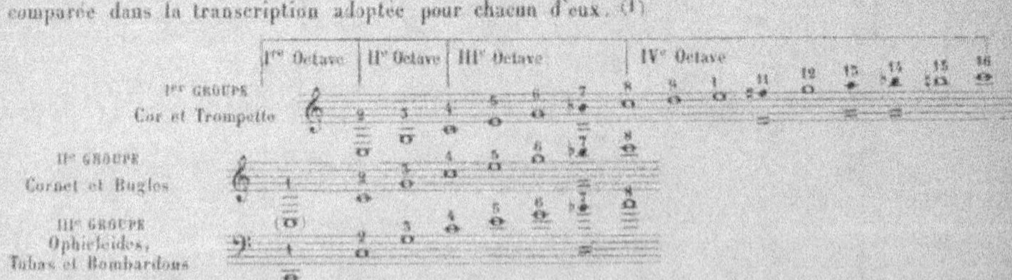

	Iʳᵉ Octave	IIᵉ Octave	IIIᵉ Octave	IVᵉ Octave
Iᵉʳ GROUPE — Cor et Trompette				
IIᵉ GROUPE — Cornet et Bugles				
IIIᵉ GROUPE — Ophicléides, Tubas et Bombardons				

(1) Nous ne pourrions faire entrer sans confusion les trombones dans ce tableau, leur échelle harmonique principale ne s'écrivant pas habituellement au diapason d'ut. Leur parcours ordinaire coïncide avec celui des cornets et des bugles.

Si l'on élimine d'une part la fondamentale (1), peu usitée, d'autre part les quatre sons discordants (7, 11, 13, 14), dont l'emploi est également borné à quelques cas particuliers, les degrés de l'échelle harmonique utilisés par les instruments à pistons sont au nombre de onze (2, 3, 4, 5, 6, 8, 9, 10, 12, 15 et 16). Pour convertir cette série de sons en une gamme chromatique continue, on la transpose à *sept* hauteurs distantes l'une de l'autre d'un demi-ton, en donnant au tube *sept* longueurs graduées, comme nous l'avons appris par le trombone à coulisse. La première longueur, *la plus petite*, correspond à l'échelle harmonique principale, qui sert toujours à désigner le diapason de l'instrument.

§ 176. — Le système ordinaire a pour point de départ cette plus petite longueur. Elle se produit quand tous les pistons sont au repos. En conséquence leur mise en œuvre a pour effet d'augmenter graduellement le parcours de la colonne d'air, en ajoutant au tube principal un ou plusieurs tubes supplémentaires. Pour obtenir les sept longueurs voulues, on se contente généralement de *trois* pistons. La longueur initiale est fournie par la seule résonnance du tube principal. Les sons qui en proviennent sont indiqués, lorsqu'il y a lieu, par un zéro. Sur une trompette accordée au diapason d'*ut* ce sont les suivants (ceux que nous écrivons en noires ne sont pas susceptibles d'un usage pratique sur cet instrument) :

La IIᵉ longueur se produit par un piston que les instrumentistes désignent comme 2ᵉ, et dont l'action a pour effet de faire baisser la susdite échelle d'*un demi-ton* :

La IIIᵉ longueur s'obtient par le piston désigné comme 1ᵉʳ, il abaisse l'échelle principale d'*un ton* :

La IVᵉ longueur est produite par le 3ᵉ piston qui abaisse l'échelle d'*un ton et demi* :

Si l'on réunit en une échelle unique tous les sons appartenant aux quatre séries précédentes, on s'apercevra que la succession chromatique est complète seulement dans l'octave supérieure, comprise entre les sons 8 et 16 de l'échelle harmonique principale. L'octave 4-8 n'a pas de *sol♯* ; l'octave 2-4 manque de quatre échelons sur douze : *sol♯*, *mi♭*, *ré*, *ré♭*. On descend dans l'octave inférieure (1-2) jusqu'au *la*.

Pour remplir les vides des deux octaves intermédiaires, il faut recourir aux longueurs V, VI et VII qui s'obtiennent par les combinaisons des trois tubes additionnels.

La Ve longueur, répondant à un abaissement de *deux tons*, résulte de l'adjonction du 3e au 2e piston (1 ½ ton + ½ ton) :

La VIe longueur, abaissement de *deux tons et demi*, est engendrée par la réunion du 3e et du 1er piston (1 ½ ton + 1 ton) :

Enfin la VIIe longueur, abaissement de *trois tons*, se forme par l'association des trois pistons (1 ½ ton + 1 ton + ½ ton) :

Cette addition de pistons paraît au premier abord aussi judicieuse qu'elle est simple. Malheureusement elle ne procure pas des intonations d'une justesse satisfaisante, et un moment de réflexion suffit pour en découvrir la cause. A mesure que la longueur du tube s'accroît, les allongements nécessaires à l'abaissement d'une intonation donnée grandissent aussi : sur les instruments à archet l'écartement des doigts augmente dans la même proportion. Un tube additionnel construit de manière à former le demi-ton d'*ut* à *si* (2e piston) est trop court pour produire le demi-ton de *la* à *sol*♯, une tierce au-dessous; à plus forte raison pour faire celui de *sol*♯ à *fa*♯. De même le tube du 1er piston a la longueur voulue pour donner l'intervalle de ton compris entre *ut* et *si*♭, mais non pour faire entendre le ton de *la* à *sol*. Il résulte de là que toutes les intonations provenant de l'emploi simultané des pistons sont trop hautes. Aussi, sauf de rares exceptions, n'emploie-t-on parmi les sons issus des longueurs V, VI et VII que ceux dont on ne peut se passer pour compléter l'échelle chromatique. Le compositeur fera bien d'éviter les traits, et surtout les tenues, où ces notes défectueuses sont mises trop en évidence[1]. Elles sont marquées d'un astérisque dans le tableau suivant, lequel embrasse l'étendue complète de tous les instruments à pistons qui ne descendent pas en pratique jusqu'à la fondamentale. Afin de multiplier les points de repère, nous écrivons en rondes les degrés de l'échelle fournis par la longueur principale.

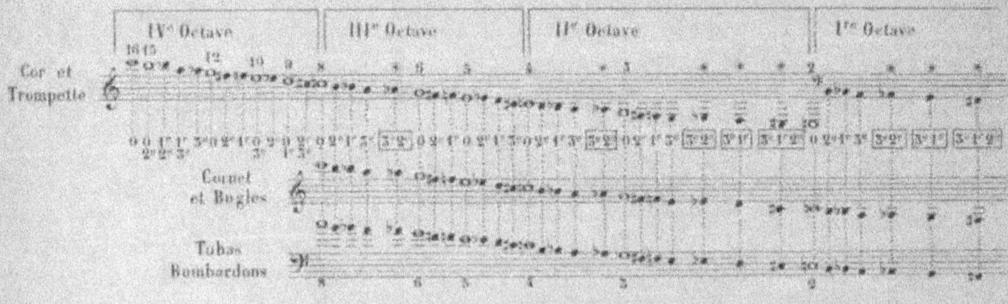

<hr>

[1] Pour éviter la réunion des trois pistons et obtenir ainsi des intervalles moins faux, on donne parfois au 3e piston un tube additionnel correspondant à la Ve longueur (deux tons, une *tierce majeure*, au-dessous du diapason principal). Dans ce cas on obtient la IVe longueur valeur suppléant le 1er et le 2e piston (1 ton + ½ ton), la VIe longueur se produit par le 3e piston et le 2e (2 tons + ½ ton), la VIIe par le 3e et le 1er (2 tons + 1 ton).

On atteint encore un meilleur résultat quant à la justesse, en ajoutant aux trois pistons, accordés à la manière ordinaire, un quatrième piston qui abaisse le diapason principal d'une *quarte*. Cette combinaison fournit quelques bonnes notes de plus au grave (voir la note suivante).

Ces derniers instruments parviennent à compléter, tant bien que mal, l'échelle chromatique de l'octave inférieure à l'aide d'un 4ᵉ piston qui abaisse le diapason initial, soit d'une quarte juste, soit d'un triton. Ce 4ᵉ piston, en se combinant avec les trois premiers, fournit les *cinq* longueurs qui manquent aux instruments à 3 pistons pour atteindre la fondamentale du tube principal [1]. Il est presque superflu de dire que toutes les notes ainsi obtenues manquent de justesse et qu'elles deviennent plus fausses à mesure qu'elles descendent.

VIIIᵉ longueur   IXᵉ longueur   Xᵉ longueur   XIᵉ longueur   XIIᵉ longueur

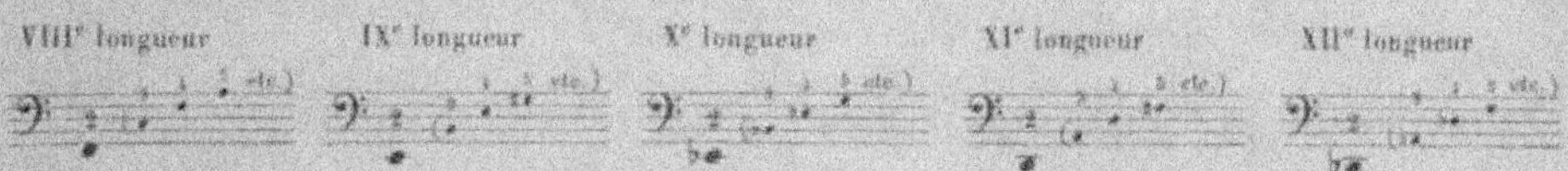

La série chromatique des fondamentales (sons 1) existe virtuellement sur les saxhorns-basse et contrebasse (tubas et bombardons); mais en réalité toutes ces notes sont vacillantes; elles n'ont pas assez de fixité pour servir de fondement à une harmonie quelconque. Il en est même ainsi pour les plus aiguës d'entre elles, produites par un piston unique:

Le compositeur fera donc bien de ne pas écrire des notes situées au-dessous de *sol₁*, à moins que la partie ne soit destinée à se transposer sur un instrument à diapason plus grave.

§ 177. — Le *trille*, à part la raideur inhérente au mouvement des pistons, n'est pas de mauvais effet dans les deux octaves intermédiaires (2 à 4, 4 à 8). Mais sa possibilité est subordonnée à deux conditions: 1° *ses deux sons doivent pouvoir se produire sur le même degré de l'échelle des harmoniques;* 2° *il faut qu'un seul piston ait à se mouvoir dans le passage d'un son à l'autre.* Ces deux restrictions rendent beaucoup de trilles impraticables ou du moins très difficiles. Voici les battements de seconde majeure ou mineure dont il n'y a nul inconvénient à se servir sur les instruments à pistons additionnés.

---

[1] En France le 4ᵉ piston de ce genre d'instruments s'accorde généralement une *quarte juste* (2 tons et demi) au-dessous du diapason principal; il sert par conséquent à donner le *sol₁* (écrit). Les notes plus graves se produisent ainsi:

fa♯₁,	4ᵉ et 2ᵉ	pistons (2 ½ tons + ½ ton);
fa♮₁,	4ᵉ et 1ᵉʳ	pistons (2 ½ tons + 1 ton);
mi₁,	4ᵉ et 3ᵉ	pistons (2 ½ tons + 1 ½ ton);
mi♭₁,	4ᵉ 3ᵉ et 2ᵉ	pistons (2 ½ tons + 1 ½ ton + ½ ton);
ré₁,	4ᵉ 3ᵉ et 1ᵉʳ	pistons (2 ½ tons + 1 ½ ton + 1 ton);
ré♭₁,	4ᵉ 3ᵉ 1ᵉʳ et 2ᵉ	pistons (2 ½ tons + 1 ½ ton + 1 ton + ½ ton).

En Belgique les facteurs ont l'habitude d'accorder le 4ᵉ piston un demi-ton plus bas, donc au *fa♯* c'est à dire *trois tons* au-dessous du diapason principal. Cette combinaison est meilleure en ce qu'elle supprime l'emploi simultané de 4 pistons pour la note ré♭₁. Le doigté des notes au grave du *fa♯₁* est conséquemment celui-ci:

fa♮₁,	4ᵉ et 2ᵉ	pistons (3 tons + ½ ton);
mi₁,	4ᵉ et 1ᵉʳ	pistons (3 tons + 1 ton);
mi♭₁,	4ᵉ et 3ᵉ	pistons (3 tons + 1 ½ ton);
ré₁,	4ᵉ 3ᵉ et 2ᵉ	pistons (3 tons + 1 ½ ton + ½ ton);
ré♭₁,	4ᵉ 3ᵉ et 1ᵉʳ	pistons (3 tons + 1 ½ ton + 1 ton).

Les trilles de la IV⁰ octave (8–16) ne s'écrivent que pour le cor; ils ne sont pas praticables au-delà de *fa* ♯, (écrit). L'instrumentiste peut les exécuter, soit au moyen des pistons, soit en faisant alterner, par un mouvement très rapide des lèvres, deux harmoniques conjoints issus d'une même fondamentale; lorsque les intonations doivent être baissées, il s'aide de la main dans le pavillon. Cette manière, produisant un trille plus léger, est préférée des virtuoses. Elle enrichit l'instrument des trilles suivants, à joindre à ceux du cor simple (p. 120).

§ 178. — Bien que le mécanisme des pistons agisse à la façon des corps de rechange, et les remplace pour ainsi dire, néanmoins les facteurs, en rendant chromatiques les cors et les trompettes, ont continué à les munir de tous les tons que ces instruments possédaient auparavant. Cela s'est fait surtout afin que les musiciens d'orchestre puissent jouer sur les nouveaux instruments, en s'abstenant de toucher aux pistons, les parties de cor ou de trompette simples. Beaucoup de compositeurs, s'autorisant de cette circonstance, ont pris l'habitude de traiter les cors et les trompettes chromatiques, en ce qui concerne l'usage des tons de rechange, tout comme les anciens instruments. Les explications que nous avons données au sujet des pistons additionnels suffisent à montrer combien cette pratique est erronée, et à donner une idée des résultats désastreux qu'elle entraînerait pour la justesse, si les cornistes s'avisaient de suivre en toute occasion les prescriptions du compositeur relativement aux changements de ton. En effet le corps de rechange ne modifie que la longueur du tube principal; il reste sans effet sur les tubes additionnels, dont la longueur est calculée pour un diapason déterminé. Dès lors il est évident que l'apposition d'un ton plus aigu ou plus grave bouleverse tout l'accord. À la vérité chaque tube additionnel est muni d'une petite coulisse qui permet à l'exécutant d'augmenter dans une certaine proportion le parcours de la colonne d'air; mais outre que ces modifications sont tout au plus suffisantes pour régler l'accord d'un petit nombre de tons, elles exigent un soin minutieux que l'on obtient difficilement à l'orchestre [2].

En général les instrumentistes habiles gardent autant que possible le même diapason, et transposent toutes les parties de cors ou de trompettes chromatiques sur les deux ou trois meilleurs tons: *fa* et accessoirement *mi* et *mi* ♭. Les compositeurs feront bien de se conformer à cet usage.

---

[1] Il n'y a nul inconvénient à employer les sons 11 et 13 ouverts, quand l'on en fait l'autre fonction comme degré supérieur d'un trille. Au contraire cette note trop basse est de meilleur effet, en pareil cas, que l'intervalle de ton mathématiquement juste.

[2] Richard Wagner ne tient pas compte de cette nécessité pratique; à chaque moment il change le ton de ses cors à pistons.

§ 179. — Avant de passer en revue les diverses individualités dont se compose cette catégorie d'agents sonores, nous avons à dire un mot de leur notation.

D'après l'usage ordinaire, auquel nous nous conformons dans nos exemples, les instruments à pistons s'écrivent avec les mêmes clefs et à la même hauteur que les anciens instruments dont ils proviennent, ce qui donne *trois* transcriptions pour leur échelle commune (voir p.445), sans tenir compte des trombones à pistons, notés à la hauteur absolue des sons. Or, on a vu que dans chacun des deux systèmes de pistons cette échelle est obtenue par un procédé unique et s'exécute par un doigté unique.

Partant de ce fait, on a adopté dans les musiques militaires françaises, il y a longtemps déjà, une transcription uniforme pour tous les instruments à pistons, y compris les trombones. Les degrés de l'échelle commune y occupent la même hauteur que dans la notation des cornets et des bugles, en d'autres termes les quatre octaves comprises entre les sons 1 et 16 de l'échelle harmonique principale se traduisent invariablement par les notes *ut*₂ à *ut*₆, écrites en clef de *sol*.

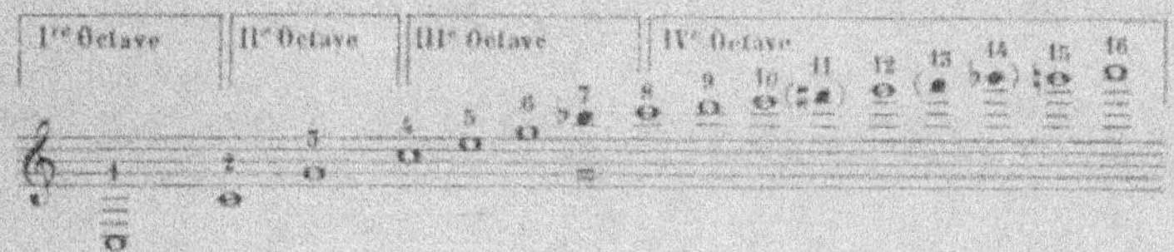

Sauf le fâcheux effet que produit à l'œil l'accumulation des lignes additionnelles dans l'octave supérieure (8–16), cette notation uniforme due à M. Sax, si je ne me trompe, est très commode pour les exécutants. Ils peuvent passer du cornet à la trompette, du tuba au trombone, sans avoir à changer quoi que ce soit à leurs habitudes de lecture et de doigté.

Pour le chef d'orchestre et le lecteur de la partition, au contraire, l'uniformité de la notation rend le déchiffrement plus laborieux, plus incertain, les divers instruments de cuivre ne se distinguant plus entre eux, ni par leur clef, ni par leur armure. Les parties de basse en particulier se retrouvent difficilement.

Il n'y a donc pas lieu, selon nous, de recommander la notation uniforme aux compositeurs, lesquels doivent éviter tout ce qui est de nature à entraver la compréhension de leur œuvre. Mais rien n'empêche de l'employer dans les parties séparées, sauf toutefois dans celles des cors; les cornistes s'habitueront difficilement, je pense, à lire des notes qu'on dirait écrites pour la flûte.

Cor à pistons

(En allemand *Ventilhorn*.)

§ 180. — Ainsi qu'on l'a vu plus haut (pp. 145 et 146), son échelle, longue de trois octaves et demie, est rendue dans la transcription ordinaire, seule usitée, par les notes comprises entre *fa*♯₁ et *ut*₅. L'octave inférieure est réservée au cor basse (2ᵉ et 4ᵉ), la dernière quarte aiguë au cor alto (1ᵉʳ et 3ᵉ); le reste de l'étendue est commun aux deux parties.

En ce qui concerne l'usage des *corps de rechange*, voici ce qu'il y a de plus important à savoir. En France et en Belgique les cors à pistons destinés aux musiciens d'orchestre se fabriquent ordinairement au diapason de *si♭ aigu*, avec tous les tons de l'instrument simple (voir ci-dessus pp. 113-115). Lorsque les tubes additionnels des pistons sont construits en conformité de ce diapason élevé, ils fournissent des intonations justes dans les tons aigus, jusqu'à celui de *fa* inclusivement, pourvu que l'artiste, en changeant le ton de son instrument, ait le temps de régler la longueur de ces tubes additionnels. Mais dans les tons plus graves tous les degrés de l'échelle produits par les pistons sont beaucoup trop hauts, et déjà même pour le ton de *fa* les coulisses d'accord doivent être tirées jusque près de leur extrémité. En Allemagne on fabrique aujourd'hui l'instrument au diapason de *sol*, ce qui permet d'utiliser sans inconvénient quelques tons au-dessous de *fa*, notamment *mi♮*, *mi♭* et même *ré*.

En somme, quelque soit l'orchestre que l'on ait en vue, le plus sûr, à l'heure actuelle, est d'écrire les parties de cors à pistons en *fa*, le ton par excellence de ce noble instrument. On ne doit pas redouter les armures chargées d'accidents: il n'est pas plus difficile pour un instrument à pistons de jouer avec cinq dièses à la clef que sans aucun accident. Les deux passages suivants sonnent de la même manière et s'exécutent avec une égale aisance.

Ex: 209.

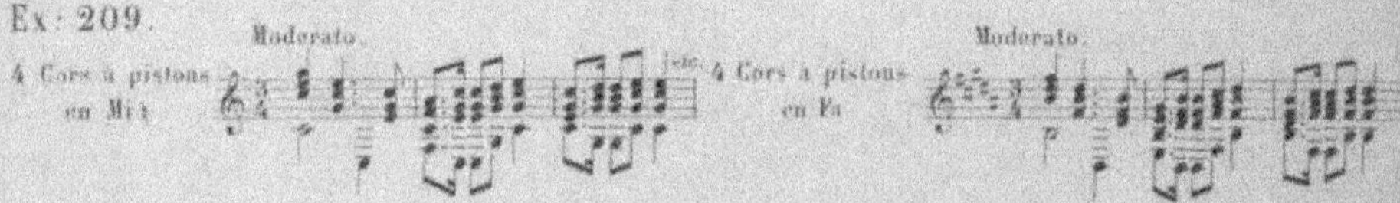

Le compositeur ne doit pas oublier que les pistons du cor en *fa* donnent les échelles intégrales du cor simple en *mi♮*, en *mi♭*, en *ré*, en *ré♭*, en *ut* et en *si♮* grave (ces trois dernières à la vérité, avec une justesse insuffisante sur les instruments ordinaires).

§ 181. — Le cor à pistons ne renie pas son origine forestière. Ses appels, ses fanfares brillantes comportent autant de saveur et infiniment plus de variété mélodique que ceux de l'ancienne trompe de chasse.

Ex: 210.

Mais sa grande richesse de timbre et d'expression se révèle surtout dans les cantilènes polyphoniques d'une allure soutenue et pleine de noblesse.

§ 182. — À ses ressources propres le cor à pistons joint celles du cor simple; comme lui il possède la faculté de baisser ses intonations au moyen de l'obturation partielle du pavillon, opération exécutée par la main droite de l'artiste, tandis que la main gauche met les pistons en mouvement. Pour le cor à pistons additionnés cette faculté est précieuse; elle lui permet de ramener à la justesse les intonations trop hautes provenant de la réunion de plusieurs tubes additionnels

Mais elle a une portée plus étendue. On peut s'en servir *pour baisser d'un demi-ton chacun des sons de l'instrument*, et produire ainsi, à côté de l'échelle chromatique en sons ouverts, une seconde échelle chromatique uniquement composée de sons bouchés. C'est là, on le conçoit, une source féconde d'effets pour le compositeur, lequel ainsi se trouve à même de faire entendre en sons bouchés toute mélodie ou toute succession d'accords. Le procédé d'exécution est purement mécanique: le corniste n'a qu'à disposer son doigté et ses lèvres comme s'il avait à jouer le passage entier un demi-ton plus haut (1).

Jusqu'ici l'opposition des deux timbres n'a guère été utilisée intentionnellement, sinon par les solistes-compositeurs; l'échelle des sons bouchés leur sert à répéter en guise d'écho une cantilène entendue d'abord en sons ouverts.

Toutefois quelques maîtres de notre époque, Wagner particulièrement, ont commencé à tirer parti des notes artificielles du cor chromatique (2), mais seulement pour des accords ou des accents isolés. Lorsqu'il s'agit d'un passage assez étendu, l'auteur des *Nibelungen* prescrit des *sourdines* aux cors, ce qui donne un résultat analogue (voir ci-dessus, p. 121).

---

(1) Les harmoniques dissonants du cor à pistons, pas plus que ceux des autres instruments à embouchure, ne concourent à la formation de l'échelle chromatique en sons ordinaires. Mais ils peuvent être utilisés souvent avec avantage pour la production des sons bouchés. En effet, ces intonations étant plus basses, partant plus rapprochées du degré chromatique inférieur que les sons justes désignés par la même note, nécessitant une obturation moindre du pavillon.

(2) On le désigne par le mot *bouché* (all. *gestopft*) ou par une croix +.

Trompettes à pistons

(En allemand *Ventiltrompeten*.)

§ 183. — L'examen des opéras composés en France de 1835 à 1870 montre que leurs auteurs ont souvent confondu la trompette à pistons avec le cornet à pistons [1], bien que ces instruments diffèrent non seulement par le caractère, mais aussi par l'étendue. Tous deux, il est vrai, correspondent à la voix de *mezzo-soprano* (§ 23); mais tandis que les *bonnes notes* du cornet à pistons sont renfermées dans un intervalle de dixième ou de onzième, la trompette chromatique est un instrument d'ample envergure, dont les mélodies se développent librement dans un espace de deux octaves. Les facteurs français la construisent communément en *sol*, diapason le plus élevé de l'ancienne trompette. En Allemagne et en Belgique on la fabrique de préférence au diapason de *fa*, le ton principal du nouvel instrument. L'étendue de la trompette en *fa* est bornée à l'aigu par le son 10, au grave par le son 2 (voir p. 126); mais on touche rarement les quatre degrés inférieurs (notes ut_2, $ut\sharp_2$, $ré_2$ et $mi\flat_2$): le premier à cause de sa sonorité défectueuse, les trois suivants pour leur peu de justesse. Traduite en sons réels, l'échelle pratique de la trompette à pistons embrasse en conséquence les deux octaves de la_2 à la_4. La voici dans ses diverses transcriptions et avec l'indication de ses registres (nous omettons les degrés chromatiques du registre moyen):

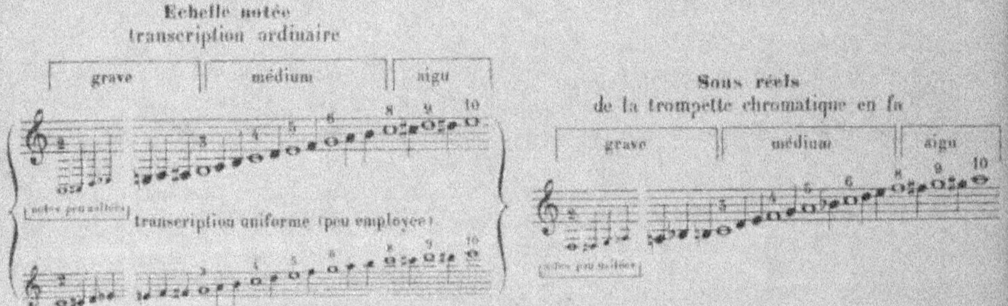

La trompette à pistons additionnés dispose de deux corps de rechange au-dessous de *fa*, à savoir *mi*♮ et *mi*♭ (effet réel à la tierce majeure et mineure au-dessus des notes indiquées dans la transcription ordinaire). Ces tons sont parfois utiles pour éviter le trop fréquent retour des mauvais degrés au bas de l'échelle. Mais il n'y a pas lieu de se servir des tons plus graves [2].

§ 184. — En devenant chromatique, la trompette, sans perdre ses qualités pittoresques,[3] a vu son rôle musical s'agrandir et se transformer complètement. La trompette simple n'avait en quelque sorte, pour produire ses effets caractéristiques, que son timbre: bornée à un petit nombre de sons disséminés dans l'étendue générale, elle devait se contenter de participer à l'ensemble par des tenues, par des fanfares

---

[1] Exemple: les *Huguenots*, bénédiction des poignards (ci-dessus p. 143). L'auteur prescrit aux *trompettes à pistons* le ton de la♭ (graves) qu'elles n'ont jamais eu. C'est au contraire l'un des tons du cornet.

[2] Les Allemands emploient souvent le ton de *ré*.

[3] Il est incontestable toutefois que la sonorité claire et argentine de l'ancienne trompette s'est tant soit peu assombrie et alourdie sur l'instrument chromatique. Cette altération ne provient pas, comme on se l'imagine communément, du mécanisme des pistons, mais des changements apportés aux proportions du tuyau et de l'embouchure. De même que les trombones, la trompette a été transformée surtout en vue des musiques militaires, où elle est appelée constamment à jouer des solos chantants. C'est pourquoi l'éclat de ses sons a été légèrement tempéré. Pour retrouver le timbre originaire dans toute sa pureté, il suffit aux chefs d'orchestre de faire construire, par un facteur capable, des trompettes à pistons ayant les proportions voulues, et de veiller à ce que les exécutants se servent des embouchures propres à ce genre d'instrument.

ternellement les mêmes. L'instrument actuel, lui, dispose d'une échelle assez riche pour traduire en
mélodies vibrantes, incisives, tous les caractères et situations dramatiques appartenant à son domaine.

Ex: 243.

Ex: 214.

Ex: 215.

§ 185. — Les facteurs autrichiens et allemands se sont mis depuis quelques années à fabriquer
pour les musiques militaires sous le nom de *hohe Trompete* ou *Piccolo* (*trompette haute ou petite
trompette*) un instrument à pistons appartenant à la région du soprano aigu, et plus ou moins conforme au type originaire.

Il se construit au ton de *si♭ aigu* (1), avec un corps de rechange en *la ♮ aigu*. L'étendue pratique va du son 2 au son 10 de l'échelle harmonique principale. La musique s'écrit dans la notation du cornet, identique, comme on sait, avec la notation dite *uniforme* (p.149). Voici la série des sons de la petite trompette *en si♭* et *en la*, moins les degrés chromatique que nous sous-entendons.

Les musiques d'harmonie françaises et belges n'ont pas adopté cet instrument qui ferait double emploi avec les cornets à pistons. Mais nos exécutants s'en servent parfois à l'orchestre, afin d'arriver à rendre certains passages écrits très haut.

§186.— Chez nous on construit aujourd'hui des trompettes à pistons d'un diapason plus aigu encore: à l'octave au-dessus de la trompette simple en *ré* (p.125). Ces instruments, d'invention récente, ont une utilité spéciale: ils procurent aux exécutants de notre époque le moyen d'aborder les parties de trompette écrites par Haendel et par J. S. Bach.

§187.— Avant de quitter la trompette chromatique, disons que Wagner a obtenu quelques effets très curieux par l'emploi de la sourdine, combiné avec une émission très intense. Cela produit un timbre mince, strident, qui traduit à merveille certaines situations théâtrales propres à des personnages grotesques et odieux.

Trombones à pistons

(En allemand *Ventilposaunen*.)

§188.— Pourvu depuis des siècles d'une échelle chromatique non interrompue, le trombone, en substituant les pistons à la coulisse, ne s'est pas modifié sensiblement dans son matériel sonore. Une seule particularité distingue à cet égard le nouvel instrument de l'ancien: les trombones à pistons additionnés gagnent un échelon dans le bas (*mi♭*, sur le trombone ténor). En voici la cause. Pour éviter la réunion de trois tubes mobiles et améliorer ainsi la justesse de quelques sons situés dans une région souvent parcourue (*ré♭₂, ut₂, si♮*, sur le trombone ténor), on accorde le 3ᵉ piston à la tierce *majeure* au-dessous du diapason principal, ce qui donne au tuyau une longueur de plus (2).

---

(1) Fondamentale Si♭, unisson de celle du cornet et du bugle en Si♭; octave aiguë de la fondamentale de la trompette en Si♭ (grave) (comme en Si♭ aigu et du trombone ténor.

(2) On commence aujourd'hui (ce qui vaut encore mieux) à donner quatre pistons au trombone. Voir ci-dessous p.146, note 4.

Une métamorphose complète, par contre, s'est opérée dans le caractère technique de l'instrument. Par l'adoption des pistons, le trombone a perdu sa raideur et sa gaucherie natives; il a conquis toute la mobilité, toute la rapidité exigible d'un instrument à embouchure. Ressource plus précieuse encore pour le compositeur, il est devenu capable de lier les sons (faculté presque refusée au trombone à coulisse), et, par là, de prêter son imposante voix à des cantilènes monodiques d'une expression sombre et sévère.

§ 189. — Jusqu'ici les facteurs se sont contentés d'appliquer le mécanisme des pistons au trombone ténor. Seul parmi eux, je crois, M. Ad. Sax a reproduit, conformément au système des pistons indépendants, toute cette antique famille, y compris le dernier venu, le gigantesque trombone contrebasse. Le tableau suivant permet d'embrasser d'un coup d'œil l'étendue des quatre individus dans la double transcription en usage pour les nouveaux instruments à embouchure. Nous croyons superflu d'indiquer les degrés chromatiques, ainsi que les pédales, accessibles au trombone à pistons comme à son prédécesseur.

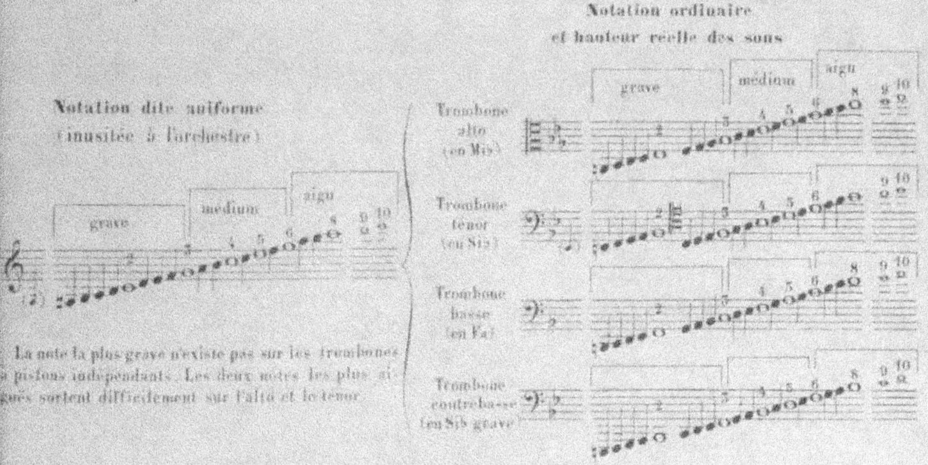

(1) A l'Opéra ce solo a été exécuté originairement sur un trombone à pistons indépendants.

Cornet à pistons

§ 190. — Perfectionnement du cornet de poste, dont il partage la pétulance et les allures populaires, le cornet à pistons est le premier instrument à embouchure auquel on ait appliqué le mécanisme chromatique adopté depuis pour tous les autres. Il a paru d'abord en France, et jusqu'à ce jour les artistes français ont pour ainsi dire gardé le monopole de la virtuosité sur cet instrument.

Le parcours total du cornet est compris entre les sons 2 et 8 (p. 129). Mais l'étendue susceptible d'un emploi constant et efficace est beaucoup moindre. En effet, les degrés les plus aigus ont une sonorité serrée et sortent difficilement; la plupart des notes du registre inférieur manquent de justesse sur les instruments du système ordinaire; celles qui descendent au-dessous d'ut_3 pèchent en outre par la qualité du son. Aussi les chants et les traits assignés au cornet à pistons, de même que les sémillantes fanfares du ci-devant cornet de poste, ne s'éloignent-ils pas du médium. À part la hauteur absolue des sons, la délimitation des registres du cornet coïncide avec celle que nous avons statuée pour les trombones (p. 134, § 183). Le diapason originaire du cornet et le plus favorable à ce type de sonorité est *ut*, à l'unisson des notes écrites. Mais il est fort peu usité pour l'instrument chromatique. On fabrique habituellement le cornet à pistons au ton de *si♭*. Les instruments à pistons additionnés ont un corps de rechange en *la*. Quant aux tons plus graves employés autrefois (*la♭*, *sol*, *fa* et même *mi*, *mi♭* et *ré*), ils sont totalement abandonnés, et à juste titre, par les cornettistes actuels. Plus le diapason s'abaisse et plus le timbre devient mou et incolore.

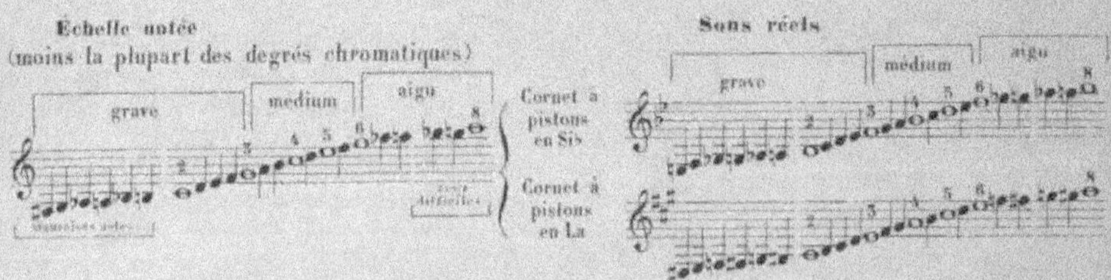

§ 191. — Au point de vue technique, le cornet à pistons se distingue des autres instruments à embouchure de la région aiguë par son extraordinaire facilité à émettre, articuler et lier les sons. Dans l'exécution des gammes diatoniques et chromatiques, des roulades et des trilles, il rivalise presque de légèreté et de prestesse avec la clarinette et la flûte; la répercussion très rapide de la même note au moyen du double ou du triple coup de langue lui est aussi familière qu'à la trompette. Enfin il chante avec une égale aisance la mélodie rythmique et le *cantabile* soutenu. Ces ressources techniques sont principalement mises en lumière dans les genres secondaires de l'art (musique d'harmonie et de fanfare, fantaisies, airs variés, etc.), où le cornet est traité en instrument de virtuose. Néanmoins elles trouvent aussi à se faire valoir jusqu'à un certain point dans l'orchestre de théâtre: les scènes de la vie populaire (fêtes, défilés, cortèges, etc.) fournissent au cornet mainte occasion de se séparer momentanément de l'ensemble pour briller isolément.

Ex : 217.

CORNET A PISTONS

§ 192. — Ce n'est que dans les pays latins que le cornet chromatique a été reçu parmi les instruments de l'orchestre de théâtre et de concert. Il s'y est introduit, lors de la disparition de la trompette simple, sous la dénomination fallacieuse de *trompette à pistons* [1], et y a usurpé la place de l'instrument auquel un tel nom revient légitimement. Cet abus déplorable, maintenu pour la plus grande commodité des exécutants (voir ci-dessus p.130), grâce à la faiblesse ou à l'inconscience des chefs d'orchestre, a privé l'ensemble instrumental d'un de ses timbres caractéristiques. En effet, le cornet à pistons ne peut remplir le rôle de la trompette, instrument martial; la puissance, l'accent héroïque lui font défaut. Sa voix stridente, mais relâchée (par suite du peu de longueur du tuyau), prend une teinte marquée de vulgarité lorsque, isolée des autres sonorités éclatantes, elle se risque à entonner des fanfares militaires. Tout au plus le cornet est-il apte à paraître sans trop de désavantage à la place de la trompette à pistons, en tant que soprano mélodique des trombones. En s'appuyant sur leurs accords sonores, le timbre du cornet gagne en noblesse et acquiert une expression vraiment dramatique.

Ex : 218.

<hr>

[1] Voir ci-dessus p.152.

FAMILLE DES SAXHORNS (BUGLES À PISTONS, TUBAS, BOMBARDONS).

§ 193. — Déjà très nombreuse en réalité, elle le paraît encore davantage à cause de sa nomenclature embrouillée et encombrée de synonymes. On ferait cesser cette confusion en généralisant l'usage du mot *Saxhorn*, compris en France: il a l'avantage d'embrasser tous les individus dont se compose la nouvelle famille. Celle-ci a succédé comme élément fondamental des bandes de fanfare à la famille des bugles-ophicléides (ci-dessus p. 140 et suivantes). En échangeant le mécanisme des clefs pour celui des pistons, elle a subi une transformation dans ses propriétés sonores et techniques. Le timbre, tout en perdant peut-être quelque chose de son caractère original, a gagné en éclat et en égalité; les intonations ont acquis plus de justesse, par contre elles se lient moins bien entre elles. D'autre part l'étendue s'est développée vers le grave, conformément au mode de formation de l'échelle chromatique sur les instruments à pistons; on sait que leur mécanisme fournit une série descendante de demi-tons, à partir du diapason principal (§ 176), tandis que les trous du bugle et de l'ophicléide donnaient des demi-tons ascendants.

Enfin la famille s'est accrue de plusieurs individus appartenant aux régions inférieures de l'étendue générale. Actuellement elle comprend *sept* instruments qui s'échelonnent à distance de quarte et de quinte.

I) le *petit saxhorn* (*bugle à pistons*) *sopranino*, une quarte au-dessus du suivant;

II) le *saxhorn* (*bugle à pistons*) *soprano*(1) l'instrument type;

III) le *saxhorn* (*bugle à pistons*) *alto*, une quinte au-dessous de II, une octave au-dessous de I;

IV) le *saxhorn* (*bugle à pistons*) *ténor* ou *baryton*, une quarte au-dessous de III, une octave au-dessous de II;

V) le *saxhorn* (*tuba*) *basse*,(2) construit au même diapason que l'instrument précédent, mais avec un tuyau plus large, ce qui lui permet de descendre jusqu'à la fondamentale;

VI) le *saxhorn-basse grave* (dit aussi simplement *bombardon*), une quinte au-dessous des deux instruments précédents, une octave au-dessous de IV.

VII) le *saxhorn* (*tuba*) *contrebasse*, une quarte au-dessous du précédent, une octave au-dessous du tuba basse, deux octaves au-dessous de l'instrument principal.

§ 194. — Les sept individus se partagent en deux groupes qui se différencient par l'étendue, par la division intérieure de l'échelle et par le mode de transcription des sons. Le groupe supérieur, exclusivement propre à la musique militaire, renferme les quatre instruments auxquels s'applique le nom de *bugle* (I, II, III, IV); ils ne prennent que sept longueurs et ne descendent pas en conséquence au-dessous des sons 2. Le groupe inférieur, représenté dans l'orchestre moderne, se compose des trois instruments restants (dits *tubas* et *bombardons*, V, VI, VII); ceux-ci disposent de douze longueurs, en sorte que les sons 2 se relient sans interruption, mais d'une manière fort imparfaite, aux fondamentales.

§ 195. — Tous les instruments de cette famille ont un tuyau fixe et ignorent l'usage des corps de rechange. Le diapason universellement adopté dans les bandes militaires pour le soprano et la basse (ainsi que pour le baryton et la contrebasse) est *si♭*, ce qui donne *mi♭* à l'alto, au sopranino et à la basse grave. On construit pour l'orchestre des instruments graves accordés un ton plus haut (basses et contrebasses en *ut*, basse grave en *fa*).

---

(1) On l'appelle aussi *contralto*, dénomination inexacte et qui a l'inconvénient en outre de faire double emploi avec celle de l'instrument suivant.

(2) Il vaudrait mieux l'appeler *baryton* et garder l'épithète de basse pour l'instrument VI. On arriverait de la sorte à une nomenclature correcte et symétrique: I) *Sopranino*, II) *Soprano*, III) *Alto*, IV) *Ténor*, V) *Baryton*, VI) *Basse*, VII) *Contrebasse*.

Groupe supérieur des saxhorns (bugles).

§196. — L'échelle commune aux quatre instruments concorde avec celle du cornet à pistons dans toutes ses particularités: étendue, division des registres, notation, etc. Il suffira de transcrire la hauteur absolue des sons au diapason habituel, *si♭* (*mi♭*); nous omettons, comme d'habitude, une partie des degrés chromatiques.

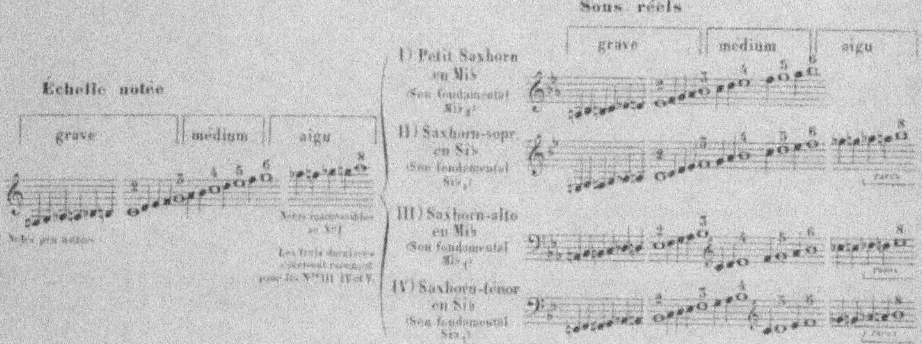

§197. — Le *saxhorn-*(ou *bugle*)-*soprano* en *si♭* (II), dit en allemand *Flügelhorn in B*, est l'instrument principal des fanfares actuelles. Son parcours mélodique est de tout point identique avec celui du cornet à pistons en *si♭*.

Ex: 219.

§198. — Le *petit saxhorn* (ou *petit bugle à pistons*) en *mi♭* (I) auquel répond en Allemagne l'instrument appelé *Piccolo in Es*, remplit dans la fanfare un rôle analogue à celui de la petite clarinette dans la musique d'harmonie: on lui confie les dessins et les chants trop hauts pour le saxhorn-soprano. Comme l'émission de ses notes les plus aiguës cause une assez grande fatigue à l'exécutant, le compositeur a soin de lui ménager de fréquents repos.

Ex: 220.

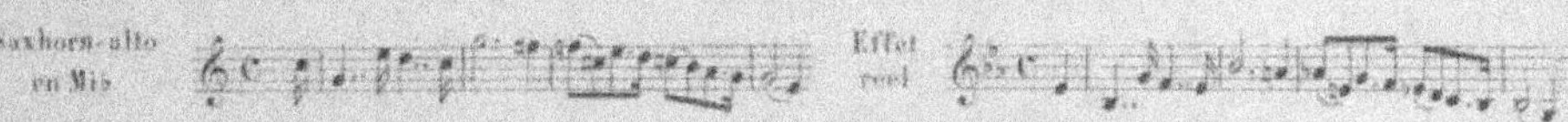

§199. — Le *saxhorn-*(ou *bugle*)-*alto* en *mi♭* (III), l'équivalent de l'*Althorn in Es* des Allemands, fait l'office d'une voix intermédiaire dans le chœur des cuivres. Il parcourt la même étendue qu'un trombone-alto ou une partie de premier cor en *mi♭*.

Ex: 221.

§200 — Le *saxhorn-(bugle à pistons) ténor ou baryton en si♭* (IV), connu en Allemagne sous le nom de *Tenorhorn in B*, en Autriche sous celui de *Bass-Flügelhorn*, est chargé dans l'ensemble harmonique des cuivres, tantôt de jouer la plus grave des parties intermédiaires, tantôt de renforcer la partie de basse. On lui confie souvent des solos mélodiques. Son échelle est à l'unisson de celle du trombone-ténor.

Ex: 222.

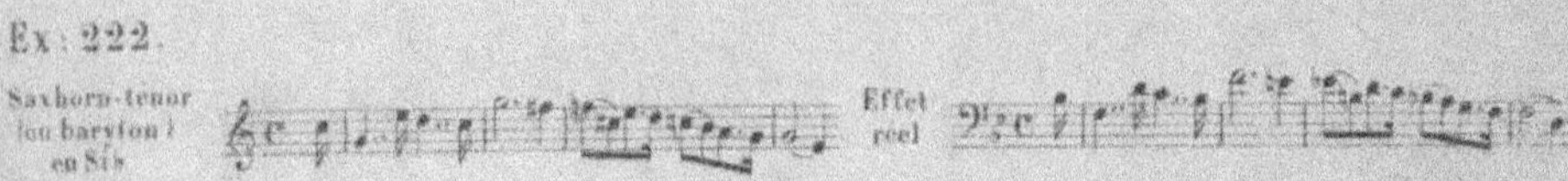

Groupe inférieur des saxhorns (tubas et bombardons)

§201.— Les trois instruments dont il se compose (V, VI, VII) ont au grave une octave entière de plus que les précédents; mais la plus grande partie de ces sons supplémentaires étant assez défectueuse comme qualité et justesse n'a pas beaucoup d'utilité pour la pratique. Aussi a-t-on pris le parti, afin de ne pas avoir à dépasser la limite inférieure des bonnes notes, d'adjoindre à la basse ordinaire (V) deux instruments d'un diapason plus grave.

La musique destinée aux basses de cuivre s'écrit communément en clef de *fa*; seules les bandes militaires françaises ont l'habitude de se servir de la transcription uniforme, c'est-à-dire de la clef de *sol* (p.149). En ce cas l'écart entre les notes et les sons réels est augmenté d'une octave.

Échelle notée des trois instruments

Les degrés défectueux, indiqués par de petites notes, ne sont accessibles qu'en partie aux deux instruments les plus graves.

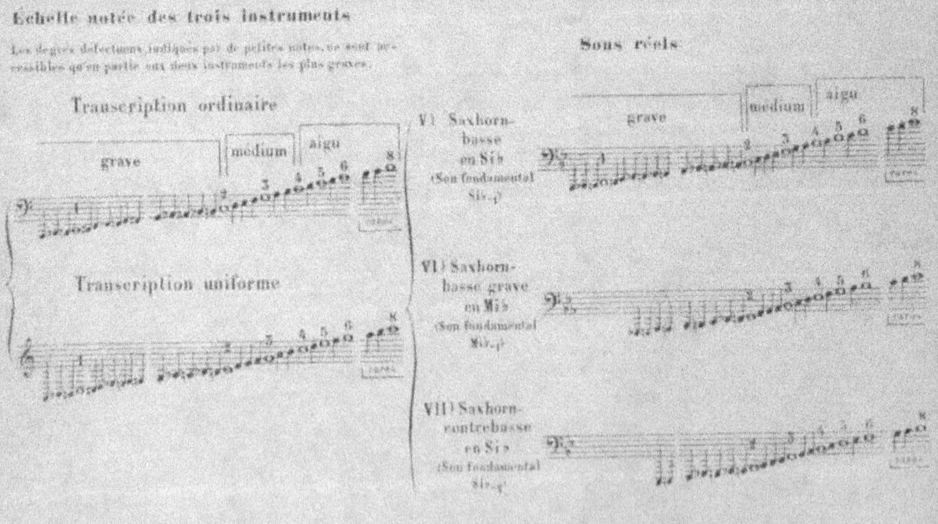

§ 202. — Le *saxhorn-basse* ou *tuba-basse en si♭* (V), appelé par les Allemands *Bass-Tuba, Euphonion, Baryton* ou *Tenorbass in B*, tient dans la musique de fanfare et d'harmonie la place de l'ancien ophicléide. Comme celui-ci il a pour fonction ordinaire de faire la basse du chœur des cuivres, mais ses notes graves ont moins de consistance.

Ex: 223.

Saxhorn-basse
en Si♭

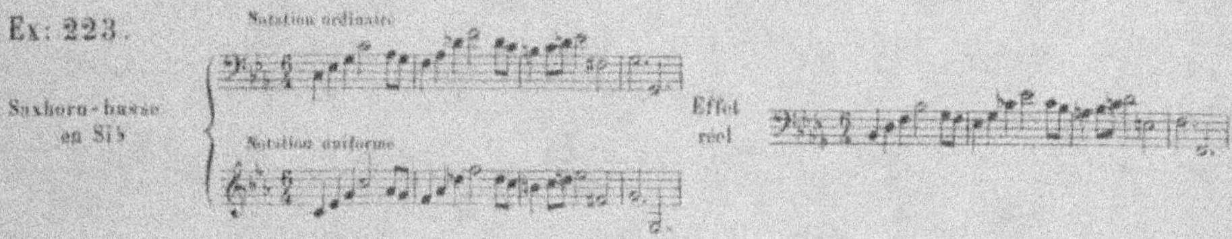

§ 203. — Le *saxhorn-basse grave* ou *bombardon en mi♭* (VI) fut inventé vers 1848 afin de renforcer la basse des cuivres, trop faiblement soutenue par les tubas en si♭.

Ex: 224.

Saxhorn-basse grave
en Mi♭

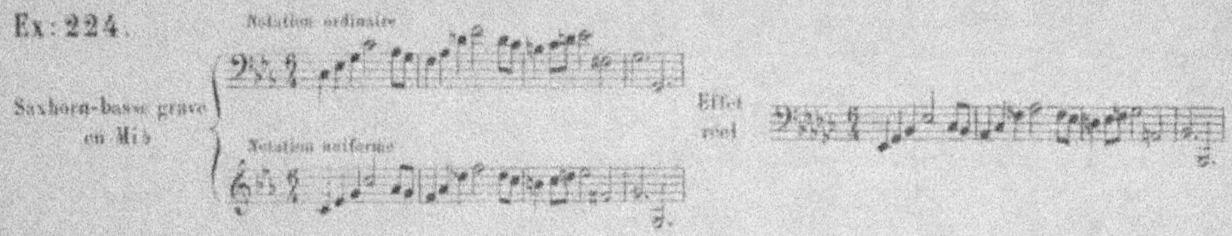

§ 204. — Le *saxhorn-contrebasse* ou *bombardon en si♭ grave*, la *Contrabass-Tuba* des Allemands (VII), fut adjoint aux deux instruments précédents dans les premières années du second empire. Son échelle occupe l'extrême limite grave des instruments à embouchure.

Ex: 225.

Saxhorn contrebasse
en Si♭

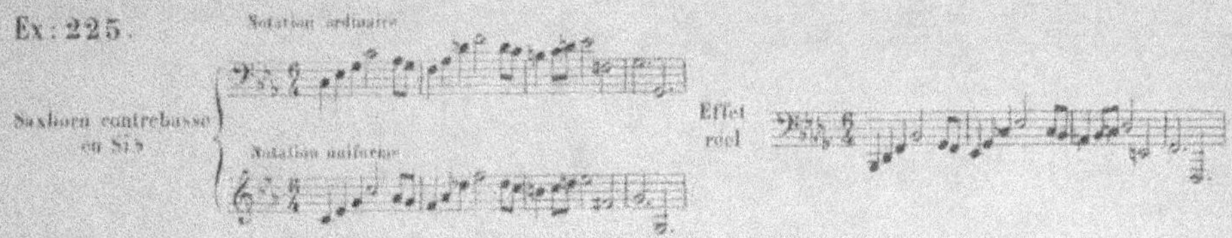

§ 205. — Depuis une vingtaine d'années le saxhorn-basse ou tuba s'est complétement substitué dans la musique d'orchestre à l'ophicléide. Les compositeurs ont l'habitude invariable d'écrire les sons à leur hauteur réelle, c'est-à-dire pour un *tuba en ut* (voir ex.

Échelle notée
et effective

Mais les notes et les traits qu'ils introduisent souvent dans leurs parties de tuba sont trop graves pour sonner convenablement et même pour sortir d'une manière quelconque sur un instrument à tuyau aussi court.

Ex: 226.

Tuba-basse

Ex: 227.

Tuba-basse

De tels passages ne peuvent produire un effet satisfaisant qu'étant exécutés par une basse grave. Dès que l'on a besoin de descendre au dessous de sol_1, il est bon de prescrire explicitement l'usage de l'instrument suivant.

§ 206. — Le *bombardon* ou *saxhorn-basse grave en fa* a les dimensions nécessaires pour faire un fondement solide à la massive harmonie des cuivres modernes. C'est là l'instrument qu'il convient d'adopter à l'orchestre pour remplacer l'ophicléide. Il ne s'écrit pas à la manière des instruments transpositeurs, mais dans la vraie tonalité et à sa vraie hauteur, comme les trombones auxquels il est appelé à s'associer. Voici l'étendue pratique du bombardon en *fa*.

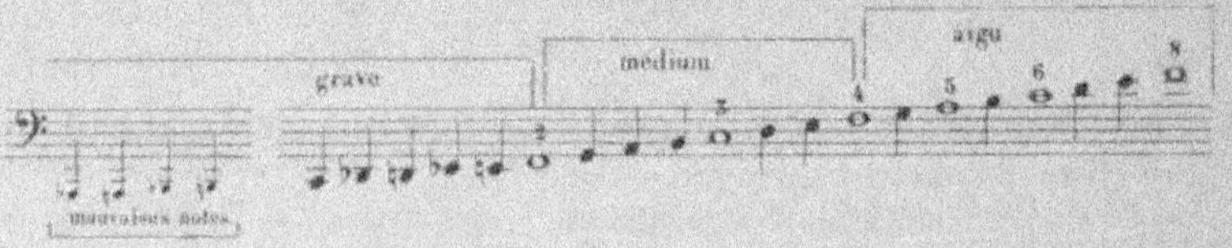

On voit que par la substitution du bombardon en *fa* au tuba-basse en *ut* le compositeur gagne dans la partie inférieure de l'échelle six ou sept notes sonores et justes.

§ 207. — Afin d'étendre le domaine des «cuivres» jusqu'aux profondeurs où atteignent les «cordes» et les «bois», l'orchestre s'est annexé récemment le *bombardon en ut grave*, *Contrabass-Tuba* en allemand. Son échelle, qui s'écrit à sa hauteur effective, parcourt l'étendue suivante:

Dans sa tétralogie des *Nibelungen* Richard Wagner a confié au *Contrabass-Tuba* non-seulement une partie importante dans l'ensemble instrumental, mais en quelques moments du drame un rôle éminemment caractéristique.

Il nous reste à mentionner les instruments à pistons dont l'usage n'a pas pénétré dans la pratique générale de l'art.

§ 208 — Les *saxotrombas* forment une famille complète, créée il y a près d'un demi-siècle. Par le caractère du timbre, ce genre d'instrument tient le milieu entre le cor et le saxhorn. Le son, plus métallique que celui du cor, a quelque chose de sa rondeur et de sa souplesse; l'attaque est moins explosive, moins brutale que chez les descendants du vieux bugle. De même que sur le saxhorn et le cornet à pistons, l'échelle est formée des harmoniques inférieurs (sons 2, 3, 4, 5, 6 et à l'occasion 8), lesquels, au moyen de trois pistons, se transposent à sept hauteurs séparées par des intervalles de demi-ton.

Dans son état d'intégrité primitive, la famille des saxotrombas se compose de sept individus, construits à un diapason fixe et symétriquement échelonnés à la manière des saxhorns et des saxophones. On ne se sert que de la transcription uniforme. Excepté aux deux extrémités de l'échelle, nous nous contentons d'indiquer les harmoniques du tube principal.

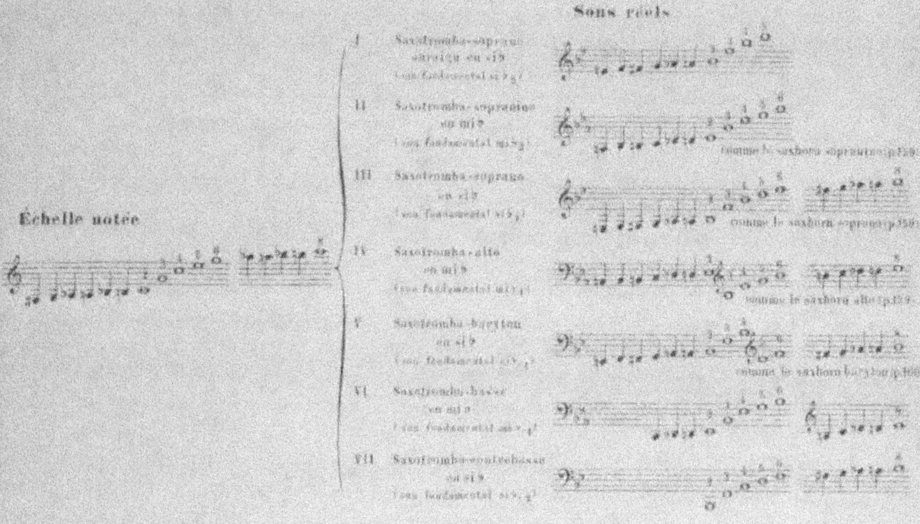

Il n'existe aucun exemple de l'emploi du saxotromba à l'orchestre. Deux individus apparaissent parfois dans les fanfares françaises: l'alto (IV) et le baryton (V); ils y remplacent avec avantage les cors, dont la sonorité a pour effet d'amortir l'éclat des trompettes et des cornets.

§ 209 — L'orchestre de la Tétralogie wagnérienne renferme cinq instruments à pistons qu'on ne rencontre nulle part ailleurs: une *Bass-Trompete*, deux *Tenor-Tuben*, deux *Bass-Tuben*. On en trouvera une description détaillée, et appuyée de nombreux exemples, dans mon *Nouveau Traité d'Instrumentation* (pp. 294-298). Ici je me bornerai à dire: 1° que la *Bass-Trompete* est une sorte de Trombone alto-ténor à pistons (au diapason d'ut), 2° que les *Tenor-Tuben* peuvent être assimilés à des saxhorns ou bugles-altos en mi♭, et les *Bass-Tuben* à des Tubas-basses en si♭.

CHAPITRE XI

Instruments à vent mus par des soufflets et un clavier: orgue à tuyaux, orgue à anches libres (harmonium).

§ 210. — Comme tous les instruments à clavier, les deux espèces d'orgues se suffisent à eux-mêmes et ne s'adjoignent à l'orchestre qu'en des cas assez rares. Nous allons néanmoins donner à leur sujet quelques notions générales, en renvoyant, pour plus de détails, à notre *Nouveau Traité d'Instrumentation* (pp. 299-317).

Orgue (à tuyaux)

(En latin *organum*, en italien *organo*, en allemand *Orgel*.)

§ 211. — Cet appareil sonore, souvent désigné par un nom pluriel (des *orgues*), est moins un instrument unique qu'une vaste collection de timbres divers. Chacun de ses *jeux* forme en quelque sorte un instrument distinct, pourvu d'une échelle chromatique complète. Par le mécanisme des *registres* l'organiste commande à toutes ces sonorités; les isole, les réunit et les mélange au gré de sa fantaisie.

Le nombre des jeux est indéterminé et varie selon la destination de l'instrument, selon le local où il est appelé à se produire. Tandis qu'un orgue de chapelle se contentera de quatre ou de cinq registres, tel orgue de cathédrale en aura jusqu'à cent et davantage. La composition des jeux ne suit pas non plus de règle fixe. Mais les timbres essentiels se retrouvent sur les orgues de toutes les contrées occidentales.

Les *jeux à bouche* forment l'élément prépondérant de la masse sonore, ce qui a fait donner le nom de *jeux de fond* à la réunion de la plupart d'entre eux. À cette catégorie appartiennent 1° les *flûtes ouvertes* ou *flûtes douces*: timbres purs et lumineux; 2° les *flûtes bouchées* ou *bourdons*: sonorités douces et mystérieuses; 3° le *Principal*: jeu pénétrant, intense et suave à la fois. Les *jeux d'anche* apportent dans cet ensemble homogène l'éclat et la variété; la *trompette* occupe le premier rang parmi eux. Ce sont là les quatre jeux-types de l'orgue: chacun d'eux comprend une foule de registres, différenciés par le diapason ou par de légères nuances de timbre, et forme ainsi une véritable famille de jeux.

§ 212. — De nos jours l'orgue le plus modeste possède, outre le clavier mis en mouvement par les mains de l'exécutant (le *manuel*), un clavier de *pédales*. Les instruments plus considérables sont munis de plusieurs claviers à la main dont l'étendue, de quatre octaves et demie, se traduit par les notes suivantes.

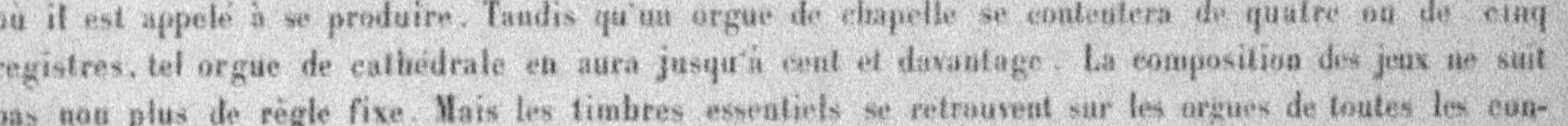

Le parcours complet du clavier de pédales est de deux octaves et une quarte:

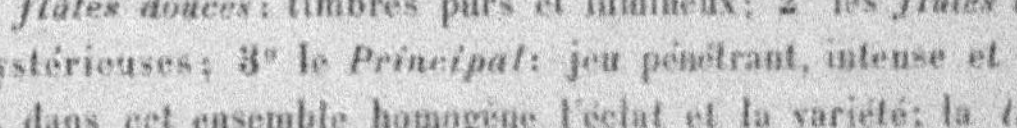

Dans les compositions pour orgue seul, où la pédale joue une partie indépendante, souvent remplie de dessins rapides et compliqués, on lui réserve une portée spéciale au-dessous de l'accolade renfermant les parties à exécuter sur le clavier *manuel*. Mais lorsque la partie des pédales se réduit à un simple renforcement des notes principales de la basse du clavier manuel, ou tout au plus à quelques tenues dans l'octave inférieure, on se contente de l'écrire au-dessous de la partie destinée à la main gauche.

Ex: 228.

§213. — La notation de la musique d'orgue n'exprime qu'une partie de l'étendue réelle de l'instrument, étendue qui atteint les dernières limites du domaine sonore assigné à l'oreille humaine. En effet certains jeux parlent une ou plusieurs octaves au-dessus des sons écrits, d'autres parlent une ou deux octaves au-dessous. On détermine le degré d'acuité d'un jeu en indiquant la longueur théorique de son tuyau le plus grand, correspondant à la touche inférieure des deux claviers.

Les jeux accordés à l'unisson des notes écrites sont dits *huit-pieds*. Ce sont les plus importants et de beaucoup les plus nombreux. Les *quatre-pieds* parlent à l'octave aiguë, les *deux-pieds* à la double octave aiguë des sons notés. D'autre part les *seize-pieds* sonnent une octave plus bas que les huit-pieds. Il existe en outre dans les instruments de très grande dimension un ou deux jeux de *trente-deux* pieds, d'une octave plus bas encore que le seize-pieds, et, à l'extrémité opposée de l'échelle générale, un *piccolo* dont le plus long tuyau ne mesure qu'*un pied*, et produit en conséquence la triple octave aiguë du huit-pieds. Un orgue possédant toutes ces espèces de jeux atteint l'étendue totale de 9 octaves et demie, de *ut,* à *sol,* et chacune de ses touches peut faire entendre simultanément six sons placés à distance d'octave l'un de l'autre. On comprend aisément que les degrés extrêmes de cette énorme échelle n'ont pas, étant isolés, d'intonation saisissable; aussi l'utilité des *deux jeux* exceptionnels consiste-t-elle uniquement à renforcer les qualités sonores des autres: à donner plus de profondeur au grave, un éclat plus lumineux à l'aigu.

On a l'habitude d'indiquer les proportions générales d'un orgue en énonçant le diapason de son jeu le plus grave. Il y a de petits *orgues de huit pieds*, bons pour des chapelles, des orgues *de seize pieds*, grandeur moyenne des instruments d'église et de concert, et enfin des orgues *de trente-deux pieds*, dont la sonorité majestueuse se déploie à son aise dans la vaste enceinte de nos cathédrales.

§ 214. — Les jeux-types se construisent en plusieurs dimensions qui coexistent dans le même instrument et sont désignés souvent par des épithètes spéciales. Voici les diapasons en usage pour ces quatre jeux et leurs variétés les plus répandues.

I. Flûtes ouvertes de **32** et de **16** pieds, *sous-basses* et *contre-basses*; de **8** pieds, *flûte harmonique*; de **4** pieds, *flûte douce*; de **2** pieds, *octavin*; d'un pied, *piccolo*.

II. Flûtes bouchées ou bourdons de **32** et de **16** pieds (*quintatons*); de **8** pieds, *flûte major* (*cor de nuit*); de **4** pieds, *flûte minor*.

III. Principal de **32** pieds; de **16** pieds, *montre de seize*; de **8** pieds, *montre de huit*, *diapason*; de **4** pieds, *prestant*; de **2** pieds, *doublette*.

IV. Trompette de **32** pieds, *contre-bombarde*; de **16** pieds, *bombarde*; de **8** pieds, *trompette* proprement dite; de **4** pieds, *clairon*.

Les jeux qui s'éloignent plus ou moins de ces types traditionnels ne se construisent pas à un aussi grand nombre de dimensions: ce sont pour la plupart des huit-pieds. Nous nous bornons à énumérer ici les plus connus.

Jeux à bouche: *viole de gambe*, ou simplement *gambe* (8 pieds), et *salicional* (8 p.), timbres mordants et néanmoins moelleux; *voix céleste* et *unda maris* (8 p.), sonorités ondulantes.

Jeux d'anche: *basson* et *hautbois* (8 et 16 p.), *cor anglais* (8 et 16 p.), *musette* (8 et 16 p.), *clarinette* (8 p.) et *euphone* (16 p.), *cromorne* (8 p.), timbre creux rappelant la clarinette basse; *voix humaine* (8 p.).

La réunion de tous les jeux à bouche, moins la doublette, constitue les *fonds* de l'orgue. L'adjonction du *tutti* des jeux d'anche à cet ensemble rend la sonorité plus bruyante, sans lui donner tout le mordant désirable. Pour obtenir cette qualité il faut un troisième élément.

§ 214. — Cet élément complémentaire, très surprenant au premier abord, ce sont les *jeux de mutation*, catégorie spéciale des jeux à bouche. Employés principalement dans l'ensemble général, ils ont pour fonction de faire entendre, avec les octaves supérieures et inférieures du son écrit, un ou plusieurs de ses autres harmoniques, notamment le son 3 (quinte de l'octave), le son 5 (tierce de la double octave), ainsi que leurs répliques à l'aigu.

Certains jeux de cette espèce n'émettent qu'un son unique à chaque touche et sont appelés *simples*. Le *nasard* ou *quinte* fait entendre la douzième, la *tierce* sonne la 17ᵉ (double octave et tierce) à l'aigu du son écrit. D'autres jeux de même genre, dits *composés*, ont pour chacune des touches du clavier plusieurs tuyaux accordés de manière à produire simultanément tout un groupe d'harmoniques. Le *cornet* et le *carillon* font entendre à chaque touche, dans la moitié supérieure du clavier, un accord parfait complet (cornet, sons 2,3,4,5, carillon, sons 3,5,8 de la note écrite).

Enfin deux jeux, les plus bizarres de tous, la *fourniture* et son sosie, la *cymbale*, font entendre, dans les régions suraiguës, des accords de 3 jusqu'à 7 notes, formés par un échelonnement de quintes et d'octaves. Ces registres, uniquement destinés à se mêler au *tutti* général (de là leur nom de *mixtures* ou *plein-jeu*) ne fournissent pas une progression continue d'un bout à l'autre du clavier; la même série d'intervalles se reproduit d'octave en octave.

§ 216. — Les trois grandes classes de jeux (fonds, anches, mixtures) se répartissent d'ordinaire entre plusieurs claviers disposés les uns au-dessus des autres. Selon l'importance de l'instrument le nombre des claviers varie de deux à cinq. Un grand orgue d'église ou de concert possède généralement à notre époque trois claviers pour les mains et un clavier de pédales. Certains registres de huit pieds, indispensables aux mélanges usuels, se rencontrent sur chacun des claviers.

Le premier clavier, appelé *grand-orgue*, renferme les jeux capables de donner à l'ensemble la force et l'éclat. Le *positif*, 2ᵉ clavier, employé de préférence pour l'accompagnement du chant, dispose de sonorités moins puissantes. Le *clavier de récit*, le 3ᵉ, est destiné, ainsi que l'indique son nom, à réciter les phrases mélodiques; il reçoit les registres de détail. Quant au clavier de pédales, la base de l'édifice harmonique, il se contente de quelques jeux à diapason grave.

§ 217. — Forts ou faibles, éclatants ou ternes, les sons de l'orgue gardent une intensité immuable. La force est en raison directe de la quantité de tuyaux mis en vibration. Les oppositions soudaines de *forte* et *piano* s'obtiennent ordinairement par le passage d'un clavier à un autre. On imite le *crescendo* et le *diminuendo* de l'orchestre en augmentant ou en réduisant graduellement le nombre des registres ouverts. Les deux sortes de changements sont facilités de nos jours par les *pédales de combinaison*, qui peuvent ouvrir et fermer plusieurs jeux à la fois, tout en laissant à l'organiste la libre disposition de ses deux mains.

De plus les facteurs modernes ont réussi, par un moyen mécanique, à graduer la sonorité d'une partie des jeux de l'orgue, et à procurer à l'auditeur l'impression des sons enflés et diminués, sans modifier la quantité des registres mis en œuvre. Ce mécanisme ne s'applique en général qu'au clavier de récit. Il consiste à placer tous les jeux du clavier dans un compartiment (dit *boîte d'expression*) muni de parois mobiles, en forme de jalousies, qui, s'ouvrant et se fermant par degrés au moyen d'une pédale, livrent au son des issues plus ou moins larges. Certains timbres de l'orgue, la *voix céleste* et la *voix humaine* par exemple, empruntent la plus grande partie de leur effet à cet ingénieux artifice.

§ 218. — Excepté dans l'exercice du culte, où son usage est réglé par les prescriptions liturgiques, l'orgue est rarement appelé de notre temps à s'unir avec d'autres sonorités, soit vocales, soit instrumentales. Sa grande voix se complaît dans une majestueuse solitude. À la vérité l'opéra français s'en est servi assez volontiers depuis soixante ans (*Zampa*, *Robert le Diable*, *la Juive*, *la Favorite*, *le Prophète*, *Faust*) mais uniquement pour des scènes d'église: non pas dans l'orchestre, mais sur le théâtre, comme un élément de la représentation dramatique. Ainsi motivé, le contraste des deux orchestres rivaux produit un grand effet: effet d'autant plus grand que l'orgue garde mieux son caractère naïf et hiératique.

Harmonium

§ 219. — Destiné à des usages fort divers, cet instrument se construit en plusieurs dimensions. Nous prendrons pour base de notre courte description le modèle le plus répandu.

L'harmonium est privé d'un clavier de pédales, les deux pieds de l'exécutant étant employés à mouvoir les soufflets. On ne lui donne qu'un seul clavier manuel, dont les touches répondent à une échelle notée de cinq octaves qui se divise en deux parties à peu près égales: les basses, comprises entre les notes ut_1 et mi_3, les dessus, allant de fa_3 à ut_6. (Dans le tableau suivant nous omettons les touches noires.)

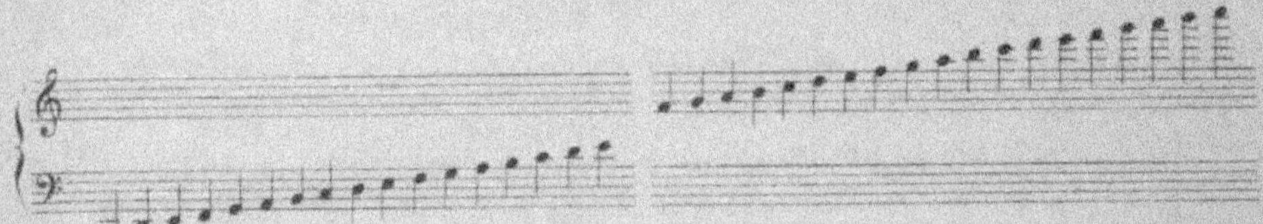

§ 220. — Les jeux de l'harmonium sont ordinairement au nombre de quatre. Le facteur les désigne à l'exécutant par un numéro d'ordre placé sur les boutons des registres, et le compositeur les indique de la même façon. Chacun des jeux s'ouvre et se ferme au moyen de deux registres : l'un, placé à gauche, agit sur la moitié grave du jeu; l'autre, à droite, sur la moitié aiguë. Pour faire parler un jeu dans toute l'étendue du clavier on doit par conséquent tirer les deux registres qui portent le même n° d'ordre. Tous ces demi-jeux ont reçu un nom d'instrument, à l'instar des registres de l'orgue à tuyaux.

	Basses			Dessus
①	Cor anglais	—	①	Flûte
②	Bourdon	—	②	Clarinette
③	Clairon	—	③	Fifre
④	Basson	—	④	Hautbois

L'harmonium n'a ni jeux de mutation ni mixtures. Tous ses registres font entendre soit l'unisson, soit l'octave aiguë ou grave des notes écrites. Le jeu n° 1 (cor anglais–flûte) et le jeu n° 4 (basson–hautbois) appartiennent à la première catégorie: ce sont des *huit-pieds*. Le n° 2 (bourdon–clarinette) est un *seize-pieds*, octave inférieure des sons indiqués par l'écriture. Le n° 3 (clairon–fifre) est un *quatre-pieds*, octave aiguë des sons notés (1). Les cinq octaves représentées par le clavier et la notation font en réalité pour l'oreille sept octaves (depuis ut_{-1} jusqu'à ut_7.)

---

(1) Les instruments à trois jeux ne possèdent pas le n° 3. Ceux qui n'ont que deux jeux manquent en outre du n° 4. Quant aux petits orgues d'un seul jeu c'est le n° 1 qu'on leur donne.

Il est évident que si l'on accouple deux registres, l'un à gauche et l'autre à droite, appartenant à des jeux de hauteur différente, les deux moitiés du clavier ne se raccordent pas: il y a répétition ou lacune d'une ou de deux octaves.

§ 221 — Bien que la vibration caractéristique de l'anche libre donne un air de famille aux divers timbres de l'harmonium, ils imitent assez bien les registres de l'orgue à tuyaux. Les jeux 3 (clairon-fifre) et 4 (basson-hautbois) sont à cet égard les plus satisfaisants. Dans les jeux 1 et 2 la sonorité de l'anche est habilement dissimulée; leur association reproduit jusqu'à un certain point l'effet des fonds de l'orgue d'église. Quand on emploie cette combinaison il est bon de se mouvoir dans la moitié supérieure du clavier et d'espacer autant que possible les parties de l'harmonie, afin de ne pas exagérer la lourdeur qui se produit par leur redoublement intégral à l'octave inférieure. La même précaution est commandée lorsqu'on ouvre tous les jeux, effet que l'on obtient instantanément en tirant un registre spécial appelé *grand-jeu* et marqué Ⓖ.

Comme l'émission des sons de l'harmonium est assez lente, on a imaginé, afin de parer à cet inconvénient, de munir les anches du jeu n° 1 d'un mécanisme de *percussion*: en même temps que la lame reçoit le courant d'air, elle est frappée par un petit marteau. Grâce à ce procédé on a donné à l'attaque toute la rapidité désirable. Aussi exécute-t-on souvent sur l'harmonium des morceaux remplis de dessins légèrement rythmés. Néanmoins les qualités réelles de l'instrument se font valoir surtout dans le style posé et lié.

§ 222. — La manière la plus facile de varier l'intensité des sons de l'harmonium consiste, ainsi que nous l'avons vu pour l'orgue d'église, à augmenter ou à réduire le nombre des jeux employés. En outre un double registre marqué Ⓕ c'est-à-dire *forte*, sert à rendre plus éclatants les jeux 3 et 4. Pareillement un registre de *sourdine* Ⓢ modère le timbre du basson, et le registre appelé *jeu céleste* Ⓒ agit de même sur le hautbois.

Mais il existe un procédé plus délicat pour graduer la force de la sonorité sur l'harmonium. L'exécutant produit le *crescendo* et le *diminuendo* en accélérant et en ralentissant le mouvement des soufflets, après avoir tiré préalablement un registre spécial dit *Expression* (E). La pratique de ce genre d'effet constitue la principale difficulté technique de l'instrument, et a valu à celui-ci le nom d'*orgue expressif*. Il faut un assez long exercice pour s'habituer à régler le mouvement alternatif des deux soufflets de manière à éviter toute secousse, toute interruption du vent.

§ 223. — Le compositeur désigne les registres à employer dans son œuvre, au moyen des n° ou des lettres dont ils sont marqués. Un chiffre ou une initiale traversés par une barre dénote la suppression momentanée du registre dont il s'agit. Pour éviter toute ambiguïté dans cette sorte d'indications, il est nécessaire de se rendre un compte exact de l'emplacement des registres. Le voici tel qu'il se présente sur la plupart des instruments:

Selon une des deux manières actuellement en vigueur, on réunit toutes les indications sur une seule ligne, au-dessus de la portée supérieure, en commençant par les registres de gauche que l'on sépare des registres de droite par un tiret.

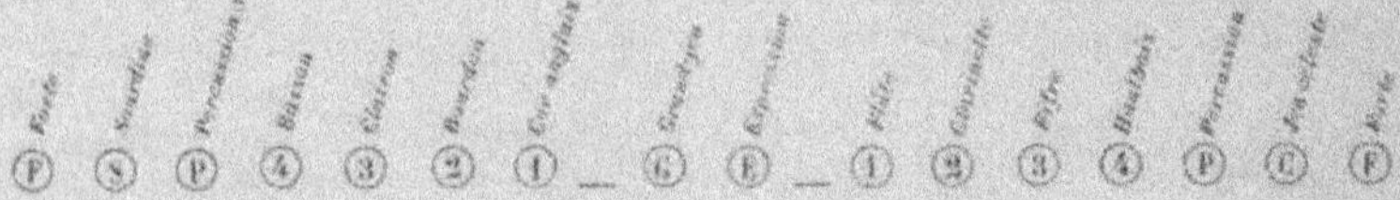

Ex: 229.

L'autre méthode consiste à désigner au-dessus de la portée supérieure les sept registres de droite, au-dessous de la portée inférieure les sept registres de gauche, entre les deux portées les deux registres du milieu.

Ex: 230.

§ 224. — Instrument moitié mondain, moitié religieux, l'harmonium se rencontre dans les salons, dans les chapelles; on le produit même au concert. Il se marie bien à la harpe, au piano, aux instruments à archet: l'association des deux espèces d'agents sonores, cordes et anches, forme une reproduction de l'orchestre appropriée aux conditions d'un local peu spacieux.

---

(1) Souvent le registre *percussion* est inséparablement réuni au n° 4.

CHAPITRE XII

Instruments à percussion employés dans la musique moderne.

§ 225. — Ils se divisent en deux catégories. Les uns font entendre des sons à hauteur appréciable et entrent dans la contexture harmonique et mélodique de l'œuvre; les autres ne produisent que des bruits plus ou moins caractérisés, et leur rôle est simplement rythmique.

INSTRUMENTS À SONS DÉTERMINÉS

§ 226. — Nous n'avons à citer ici que trois genres d'organes sonores: les timbales, les cloches et carillons divers, le xylophone. Ils représentent les trois matières utilisées pour ce mode de production des sons: à savoir les membranes tendues, les métaux, le bois.

Timbales

(En italien *timpani*, en allemand *Pauken*.)

§ 227. — Cette sorte d'instrument se compose d'une peau tendue sur l'ouverture d'un bassin semi-sphérique en cuivre. La peau est percutée à l'aide de deux baguettes dont le bout arrondi et renflé est habituellement recouvert de feutre ou d'une autre substance de même genre (1). Des vis placées à la circonférence du bassin servent à augmenter ou à diminuer la tension de la peau et à produire ainsi des sons de hauteur diverse. On peut obtenir sur chaque timbale une huitaine de degrés chromatiques successifs.

§ 228. — D'après l'usage ordinaire le timbalier — il n'y en a généralement qu'un seul à l'orchestre — est pourvu de deux instruments de grandeur inégale. La timbale la plus grande, la plus grave, s'accorde à un des sons de la série suivante: le plus petit des deux instruments fournit une série plus aiguë d'un intervalle de quarte: et le compositeur dispose de deux sons, l'un choisi dans la série aiguë, l'autre dans la série grave.

1. L'habitude traditionnelle consiste à prendre la tonique et la dominante du ton principal du morceau, en sorte que les deux sons des timbales forment tantôt une quarte, tantôt une quinte.

L'accord en quarte, le plus ancien et le plus mélodique, s'emploie dans les tons de *si♮*, *ut*, *ré♭* (*ut♯*), *ré*, *mi♭* et *mi♮*. On écrit les sons à leur hauteur réelle, sans mettre toutefois des accidents à la clef ou devant les notes; on se contente d'énoncer les intonations précises au commencement du morceau et à chaque changement de l'accord.

---

(1) «Les baguettes à tête de bois ne conviennent guère qu'à des temps violents et sont plutôt propres à faire du bruit qu'à rendre un son musical. Les baguettes à tête d'éponge, au contraire, produisent un son net et bien timbré, dans le *forte* aussi bien que dans le *piano*. Les baguettes à tête de bois recouverte en cuir tiennent le milieu entre les deux espèces précédentes.» — G. KASTNER, *Méthode de timbales*, (Paris, Schlesinger, s.d.) pp. 68-69.

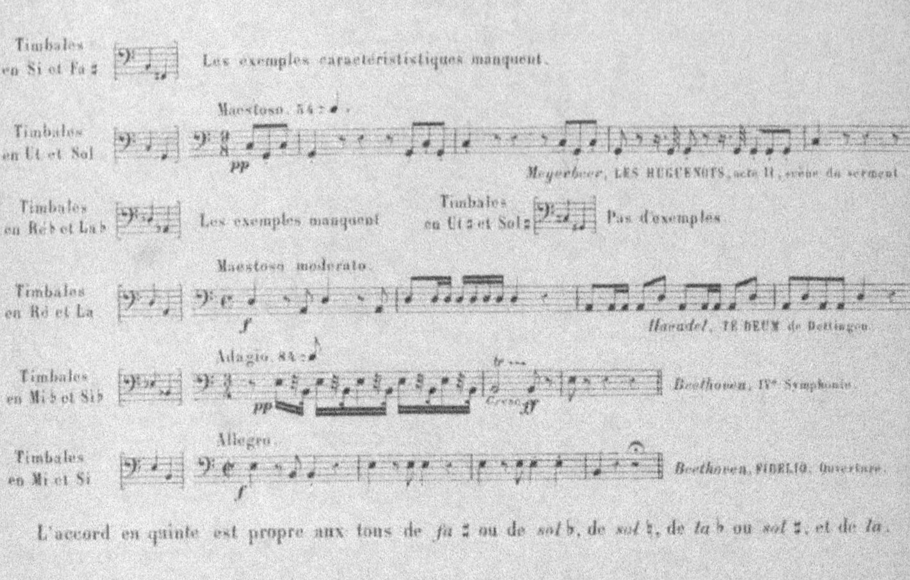

L'accord en quinte est propre aux tons de *fa*♯ ou de *sol*♭, de *sol*♮, de *la*♭ ou *sol*♯, et de *la*.

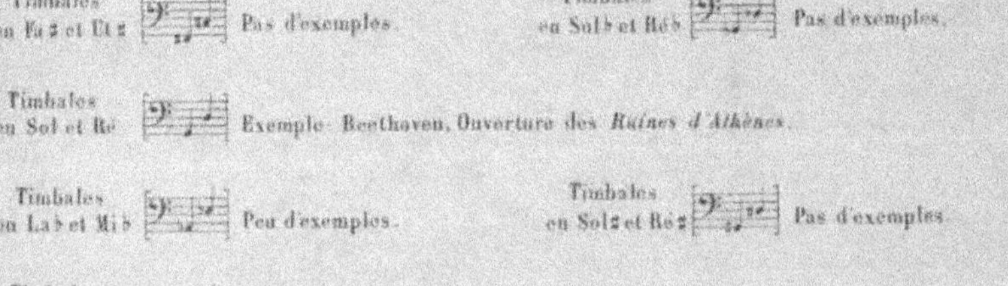

Pour les tonalités de *fa* et de *si*♭ on a le choix entre l'intervalle de quarte et celui de quinte.

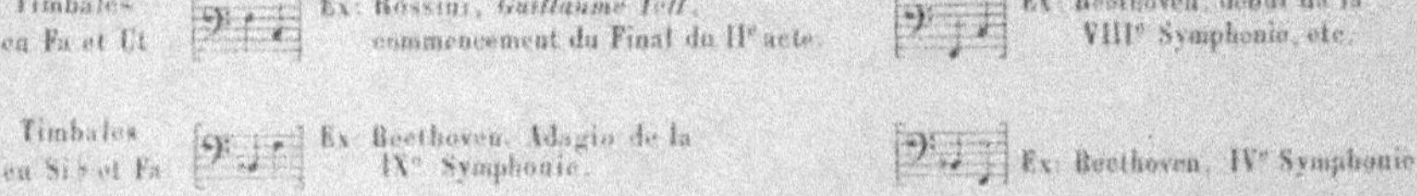

II. Mais l'accord formé de la tonique et de la dominante n'est pas le seul qu'admettent les maîtres du XIX° siècle. D'autres combinaisons d'intervalles ont été souvent imaginées avec succès, tant par les symphonistes que par les compositeurs dramatiques.

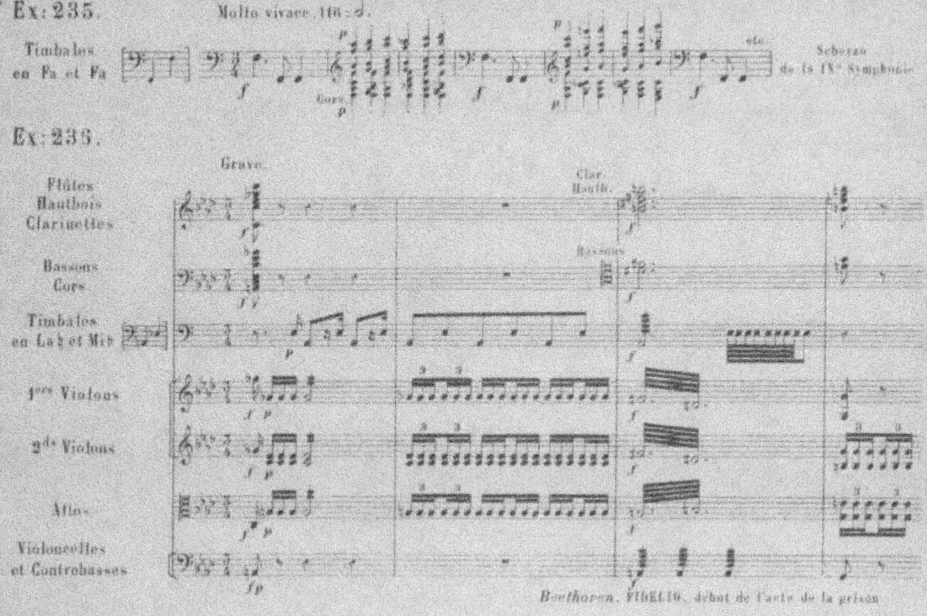

§ 229. — Quand l'accord des timbales doit changer au cours du morceau, l'auteur donne un repos de quelques mesures à l'exécutant, pour qu'il ait le temps d'effectuer la modification voulue. Grâce aux nouveaux procédés d'accordage, considérablement perfectionnés et simplifiés, une interruption très courte suffit aujourd'hui pour cette opération.

§ 230. — Les maîtres de la période la plus récente ne se contentent pas toujours de deux timbales. Souvent il leur arrive d'en exiger trois. En ce cas le timbalier est tenu de se pourvoir d'un instrument supplémentaire, lequel a d'ordinaire une dimension moyenne et fait entendre un des sons suivants:

En certains endroits de sa Tétralogie Richard Wagner emploie deux paires de timbales jouées par deux timbaliers.

§ 231 — Les timbales articulent leurs sons à tous les degrés d'intensité et de vitesse. Les tenues proprement dites sont incompatibles avec la nature de l'instrument; mais en variant le mode de percussion, l'exécutant parvient à prolonger la résonnance et à produire des détachés de plusieurs caractères.

Ex: 238. 

Toutes les figures rythmiques s'exécutent sans difficulté sur cet instrument; une simple suite de durées égales y acquiert un relief extraordinaire. C'est à cette double qualité que les timbales doivent leur importance dans l'orchestre moderne.

Ex: 239.

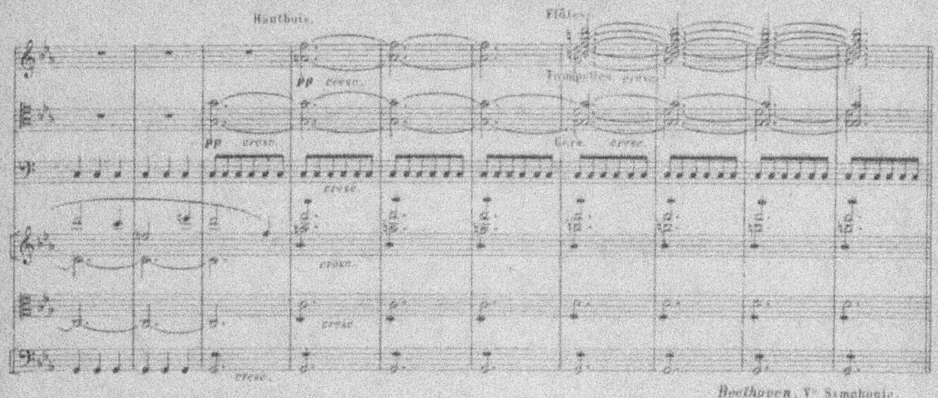

Le vrai *tremolo* ou roulement continu, sans subdivision rythmique saisissable, est un des principaux effets des timbales; il s'exécute dans toutes les nuances, depuis le *ppp* jusqu'au *ff*. On l'indique de diverses manières.

Le passage d'une timbale à l'autre se fait avec une extrême promptitude.

Ex: 240.

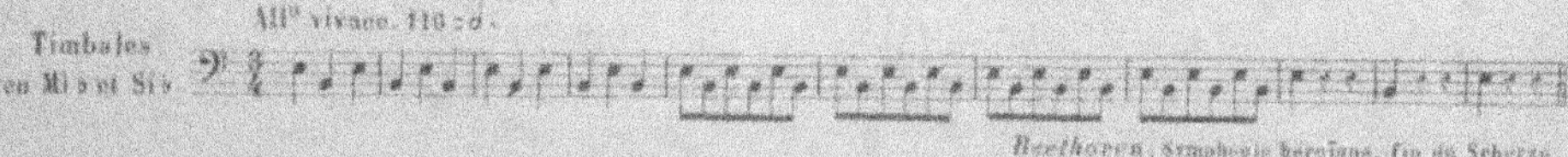

La note donnée aux timbales fait partie de l'accord mais il n'est nullement nécessaire qu'elle en soit la vraie basse (ex. 239). Cette règle est parfois transgressée: quelques compositeurs ne se font pas scrupule d'écrire pour les timbales des sons étrangers à l'harmonie, voire même tout à fait discordants.

§ 232. — Pour obtenir une sonorité mate et sourde dans les marches funèbres et autres morceaux analogues, on couvre parfois d'un morceau d'étoffe la peau de l'instrument, dont les vibrations sont étouffées par là. Ce procédé s'indique par les mots *timbales voilées* ou *timbales couvertes* (en italien *timpani coperti*); il est peu utilisé aujourd'hui.

§ 233. — De nos jours les timbales ne paraissent habituellement qu'à l'orchestre; dans les bandes militaires elles sont remplacées par les tambours. Toutefois quelques musiques d'harmonie ont repris l'usage des timbales dans ces dernières années.

Cloches, timbres et barres d'acier

§ 234. — Par leur poids énorme et leur bruit assourdissant, les cloches d'église ne peuvent s'employer ni au théâtre, ni au concert. Néanmoins les nécessités de la représentation dramatique exigent souvent l'emploi d'une ou de plusieurs cloches *sur la scène*. En ce cas on indique dans la partition les sons de l'échelle chromatique que l'on veut faire entendre. Mais par suite d'une illusion acoustique, dont il n'est pas facile de se délivrer, tous les compositeurs notent ces sons deux ou trois octaves plus bas qu'ils ne peuvent être rendus par de vraies cloches [1]. Celles qui sont utilisables au théâtre ne dépassent guère vers le grave le diapason suivant:

À la vérité on a la ressource de se servir de grands timbres, dont les parois relativement minces permettent d'atteindre des sons assez graves avec des masses métalliques beaucoup moindres (l'ut, ne pèse que 100 kilos). C'est là un expédient qu'il convient d'adopter lorsqu'on tient à faire entendre des sons situés dans l'octave

Mais le caractère de la sonorité n'est pas celui des cloches. Conclusion: le jeune compositeur ne doit pas trop compter sur ses effets de cloches au théâtre; neuf fois sur dix ils sont manqués.

§ 235. — Si la pesante résonnance des grandes cloches s'oppose à toute association avec les instruments et les voix, il n'en est pas de même des tintements légers d'un *jeu de timbres*. Ces petits carillons qui possèdent une échelle suivie s'unissent très heureusement aux sonorités instrumentales et vocales. Ils ne se construisent pas sur un modèle uniforme, quant au mécanisme et à l'étendue.

Les *timbres* dont se sont servis jusqu'à nos jours la plupart des orchestres et des bandes militaires n'ont pas de clavier; l'instrumentiste percute directement le métal au moyen d'un petit maillet. L'échelle entière de l'instrument est comprise dans un intervalle de onzième. Les uns notent les sons à leur hauteur exacte, les autres une octave plus bas.

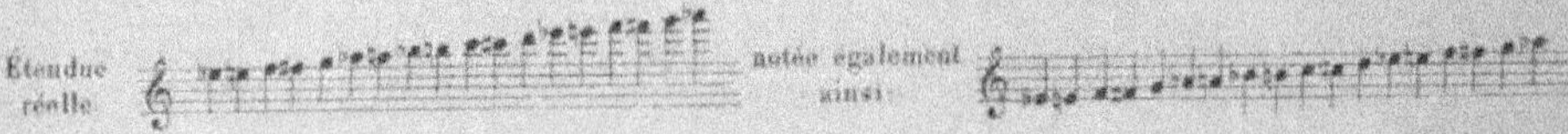

Les compositeurs n'écrivent en général qu'une partie purement mélodique et très simple.

Ex: 241.

---

[1] La plus petite cloche indiquée à la scène finale du 1er acte de *Parsifal* pèserait en moyenne 22,900 kilos; conséquemment la plus grosse aurait un poids moyen de 91,600 kilos (!!!) Il n'est pas étonnant que jusqu'à ce jour l'on ait cherché vainement à Bayreuth un procédé satisfaisant pour rendre fidèlement l'idée de Wagner.

§ 236. — Dans ces dernières années de notables modifications ont été apportées à l'instrument. On l'a muni d'un clavier; les timbres ont été remplacés par des *lames en acier*. La sonorité est devenue par là plus cristalline, et l'étendue s'est accrue d'une dixième vers le haut; par contre on a perdu une quinte au grave. L'échelle des carillons à lames d'acier s'écrit *deux octaves* au-dessous de son diapason réel:

Grâce au clavier, dont on joue à deux mains quand il y a lieu, toute espèce de traits s'exécutent sans la moindre difficulté, et cela dans une région suraiguë où atteint à peine la petite flûte.

§ 237. — Il nous reste encore à mentionner ici le *typophone* de M⁰ˢ Mustel. Il se compose d'une série de diapasons percutés par un mécanisme semblable à celui du piano. Le clavier, entièrement chromatique, embrasse quatre octaves:

On fera bien d'écrire cette échelle une octave au-dessous de sa hauteur effective:

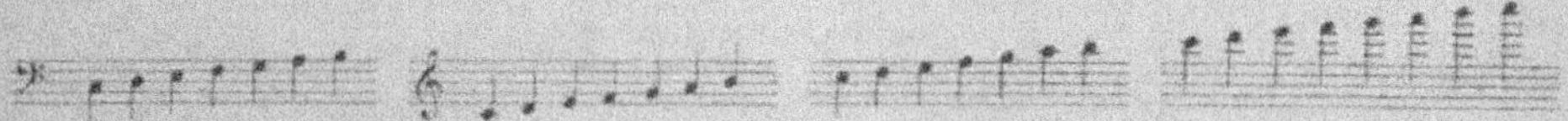

Non-seulement une telle orthographe est plus commode, en ce que les lignes additionnelles y sont moins nombreuses, elle se recommande aussi par une particularité acoustique des sons du typophone. Comme ceux-ci ne produisent pas d'harmoniques à l'aigu, ils font au premier abord l'effet d'être situés une octave au-dessous de leur véritable diapason: il faut beaucoup d'attention pour ne pas s'y tromper.

Le timbre du typophone est remarquable par sa douceur, son extrême pureté et sa très longue portée; il a beaucoup d'analogie avec la *flûte harmonique* de l'orgue.

Xylophone

§ 238. — Instrument d'origine populaire; en France il s'appelle vulgairement *claquebois* ou *harmonica de bois*. Il se compose de lames ou de cylindres de bois, de proportions graduées, enfilés sur des cordons et séparés les uns des autres par des isoloirs: l'exécutant les percute à l'aide de deux petits maillets, en bois aussi.

À l'état le plus complet, cet appareil sonore possède une échelle chromatique de trois octaves, que l'on fera bien de noter à sa hauteur effective.

Dans sa pittoresque *Danse macabre* M. Saint Saëns a tiré un parti excellent de cette sonorité bizarre. L'éminent compositeur français écrit les sons du xylophone une octave au-dessous de leur véritable diapason.

Ex: 242.

Mouv^t modéré de Valse.

Notation de Mr Saint-Saens

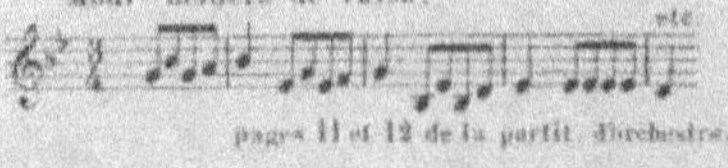

pages 11 et 12 de la partit. d'orchestre.

Effet réel

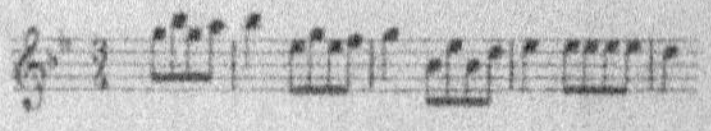

INSTRUMENTS À SONS INDÉTERMINÉS.

§ 239. — Nous retrouvons chez eux les trois principes de sonorité dont procèdent les instruments à percussion décrits précédemment. La résonnance des membranes tendues a donné naissance aux diverses variétés du tambour, à savoir la grosse caisse, le tambour militaire, la caisse roulante, le tambour de basque et le tambourin; la vibration des métaux a créé le tam-tam, les cymbales, le triangle;(1) enfin les propriétés sonores du bois ont été utilisées dans les castagnettes.

Par habitude on écrit souvent sur une portée, munie d'une clef, les durées rythmiques que ces instruments ont à exécuter. Mais c'est là une pure fiction graphique. Il suffit de ranger les valeurs de notes et les silences sur une ligne unique.

Grosse Caisse

(En italien *tamburo grande, gran cassa*, en allemand *grosse Trommel, türkische Trommel.*)

§ 240. — C'est un tambour de grande dimension; on le fait résonner à l'aide d'une mailloche recouverte de feutre ou de liège. Il n'est employé d'ordinaire qu'à frapper des coups isolés, avec une vitesse modérée.

All^o moderato.

Ex: 243. 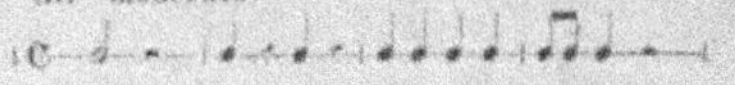

Toutefois en tenant par le milieu le manche de la mailloche, tandis qu'on l'agite rapidement sur la peau, on réussit à produire une espèce de roulement qui s'indique ainsi:

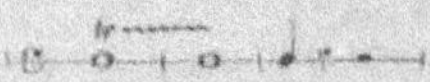

§ 241. — La grosse caisse, réunie aux cymbales, a pour mission ordinaire de renforcer dans les passages de force les accents principaux du rythme; dans les nuances douces elle n'est employée qu'avec une intention pittoresque (ex: 100, p. 72).

(1) Un instrument de cette catégorie, le *pavillon* ou *chapeau chinois*, autrefois employé dans nos musiques militaires, a disparu depuis une quarantaine d'années. C'est un petit cône de métal, garni de clochettes et attaché à l'extrémité d'une hampe que l'on secoue pour faire résonner les clochettes.

C'est également en vue d'un effet spécial que le compositeur produit la grosse caisse seule (ex: 131, p. 89); elle imite alors, à s'y méprendre, un coup de canon tiré au loin, office qu'elle remplit au reste habituellement sur le théâtre, dans toute sorte de représentations scéniques.

L'association de la grosse caisse, des cymbales et du triangle forment ce que l'on appelle la *batterie*, le complément bruyant de nos harmonies militaires.

Tambour militaire

(En italien *tamburo militare*, en allemand *Militärtrommel*.)

§ 242. — Son récipient est ordinairement en cuivre. L'éclat de la résonnance est dû aux cordes en boyau tendues contre la peau de dessous. Lorsque celle-ci vibre sous l'influence des vibrations de la membrane supérieure, les cordes font l'office de percuteurs, et de cette action combinée résulte le timbre qui a valu à ce genre de tambour son nom de *caisse claire*. La percussion se fait à l'aide de deux baguettes en bois dont le bout est renflé en forme d'olive.

Voici les éléments rythmiques des batteries du tambour, avec leurs dénominations techniques et leur traduction en notes.

1° Le *coup simple* ou *ta*, produit par une seule baguette (♩); il s'emploie rarement isolé.

2° Le *coup double*, *fla*, donné par les deux baguettes (♩); sa notation exacte serait celle-ci (♪ ♩); dans la notation usuelle on le confond avec le coup simple.

3° Le *coup de charge*, *tra*. Il se distingue du précédent en ce que l'accent rythmique tombe sur la note brève (⅜ ♪♩).

4° Les roulements partiels dits *ra*. On distingue des *ra* de 3 coups (♬♩), de 4 (♬♩), de 5 (♬♩) de 6 (♬♩), de 7 (♬♩) et d'un plus grand nombre de coups.

5° Le *roulement continu*. On le note, selon le mouvement, en doubles-croches (o), en triples (o) ou en quadruples-croches (o).

Voici trois batteries caractéristiques de l'infanterie française:

Ex: 244.

§ 243._ Dans les cortèges funèbres les tambours s'emploient *voilés*, de même que les timbales; mais au lieu de couvrir la membrane supérieure d'un morceau d'étoffe on se contente souvent de détendre les cordes placées sous la peau inférieure ou d'empêcher leur contact avec celle-ci. L'effet des trois procédés est le même: le son du tambour perd tout son éclat et prend une teinte sinistre.

Caisse roulante

En allemand *Wirbeltrommel* ou *Rolltrommel.*

§ 244._ Tambour long dont la caisse est en bois. L'absence des cordes de boyau à la face inférieure lui donne une sonorité sourde et sombre. Ses figures rythmiques sont les mêmes que celles du tambour militaire, mais les impressions qu'elles éveillent ont un caractère tout différent. Une répercussion de notes de même valeur, bruyamment rythmées par les coups stridents des cymbales a suffi à Gluck pour donner un cachet de férocité sauvage aux danses et aux chants des Scythes dans son *Iphigénie en Tauride.*

Tambour de basque

§ 245._ On le confond souvent, mais à tort, avec le tambourin. Le tambour de basque, instrument propre à la danse des peuples méditerranéens, se compose d'une membrane, tendue sur un cadre, et d'un certain nombre de grelots ou de pièces de cuivre résonnantes, réunies autour du cadre. On tire du tambour de basque trois bruits plus ou moins musicaux.

1° En percutant du dos de la main la membrane, on produit les articulations rythmiques d'une vitesse modérée.

Ex: 245. Tambour de basque

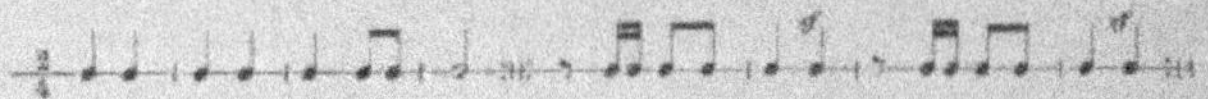

2° En agitant l'instrument avec rapidité, on fait sonner les pièces métalliques qui en garnissent la circonférence, ce qui forme un frémissement bizarre du caractère le plus joyeux.

Ex: 246. Tambour de basque

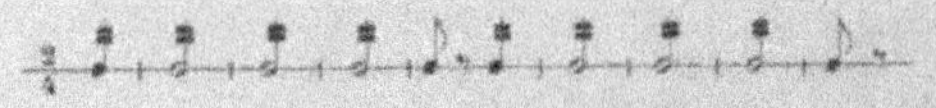

3° En frôlant la membrane avec le bout d'un doigt, on obtient un roulement momentané ou domine le bruit des grelots.

Ex: 247. Tambour de basque

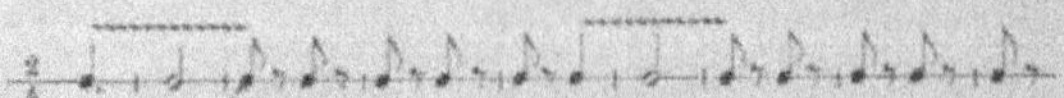

Tambourin

§246.— Plus long, plus étroit que le tambour ordinaire, et percuté à l'aide d'une seule baguette, le tambourin est indigène en Provence. Il accompagne toujours le *galoubet*, (flageolet à 3 ou 4 trous); une seule personne suffit pour jouer les deux instruments, l'un de la main gauche, l'autre de la main droite. Cet orchestre naïf a été transporté au théâtre par Berton, dans *Aline, reine de Golconde* (1803).

Ex: 248.

Tamtam ou gong.

§247.— Plaque en métal, assez épaisse et circulaire, dont les bords sont relevés. On la fait vibrer en la frappant à l'aide d'un maillet recouvert de feutre ou de liège. Cette sonorité d'airain, dont le retentissement est très prolongé, agit fortement sur notre système nerveux, mais la commotion va en s'affaiblissant si elle se répète souvent.

Le tamtam produit son effet caractéristique, quelle que soit l'intensité de ses sons; les coups portés *pianissimo* ne sont pas les moins effrayants.

Cymbales

(En italien *piatti, cinelli*, en allemand *Becken, Schellen*.)

§248 — Ce sont deux plateaux circulaires en bronze, dont le centre forme une petite concavité; on les choque l'un contre l'autre pour en tirer un bruit aigu et grinçant qui perce la masse entière de l'orchestre. La résonnance des cymbales se prolonge assez longtemps; c'est pourquoi il convient de déterminer par la notation les durées exactes que l'on veut obtenir.

Ex: 249.

Par exception on se sert d'une mailloche de grosse caisse pour mettre en vibration une cymbale suspendue par sa courroie. Le son qui se produit ainsi rappelle celui du tamtam, sans avoir un accent aussi formidable (1).

L'association des cymbales et de la grosse caisse est si habituelle que la plupart des compositeurs n'écrivent pour les deux genres d'instruments qu'une partie unique. Toutefois quelques maîtres ont obtenus des effets saisissants en produisant les cymbales sans le gros tambour dans les morceaux d'une couleur violente.

(1) En quelques endroits de la partition des *Nibelungen* de Wagner on rencontre l'indication "*Becken mit Pauk-schlägeln*," c'est à-dire "cymbales frappées avec des baguettes de timbales."

Triangle

(En italien *triangolo*, en allemand *Triangel*.)

§ 249 — Verge d'acier pliée en forme de triangle; on la frappe avec une tringle de même métal. Le son qui se produit est cristallin et d'une finesse extrême.

Toute espèce de combinaisons rythmique s'exécutent sans difficulté sur le triangle. En agitant rapidement la tringle entre les branches de l'appareil, on forme une sorte de *tremolo*, qui s'indique de diverses façons.

Ex: 250.

Plus souvent que les cymbales le triangle se sépare de la batterie pour jeter seul sa note aigue à travers le dessin mélodique de l'orchestre (ex. 87, 97, 105).

Castagnettes

(En espagnol *castañuelas*.)

§ 250. — Cet instrument exclusivement propre à l'Espagne, se compose de deux morceaux de bois, concaves, adaptés l'un sur l'autre à la façon des écailles de l'huitre, et que l'on entrechoque de manière à produire un bruit assez musical. Les castagnettes s'emploient toujours par paire; le danseur (ou l'exécutant) en tient une dans le creux de chaque main. Leurs batteries rythmiques mêlées de petits roulements donnent un relief extraordinaire aux danses caractéristiques de la péninsule.

Ex: 251.

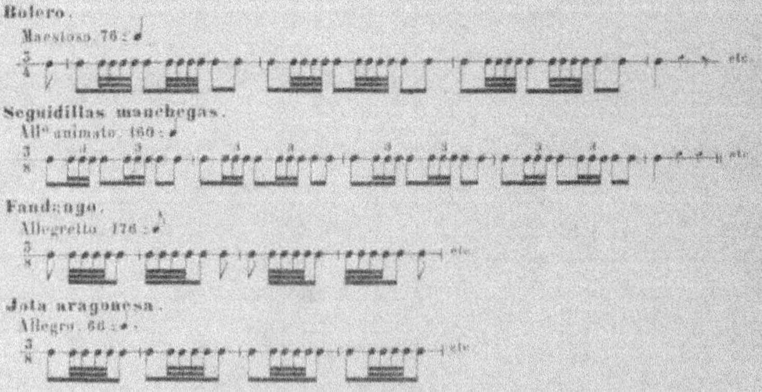

Bolero.
Maestoso. 76 = ♩

Seguidillas manchegas.
Allⁱ animato. 160 = ♩

Fandango.
Allegretto. 176 = ♩

Jota aragonesa.
Allegro. 66 = ♩

APPENDICE

Instrumentation des morceaux écrits pour des bandes de musique militaire.

§251. — Ces agrégations de sonorités instrumentales diffèrent de l'orchestre ordinaire par l'absence du groupe des archets. On distingue communément deux types de bandes: la Fanfare, la musique des cuivres; l'Harmonie, l'ensemble des instruments à vent de toute espèce.

La composition instrumentale des musiques d'harmonie et de fanfare n'est pas assujettie à une règle universellement acceptée. Elle subit des modifications sensibles d'une nation à une autre, et, dans l'intérieur d'un pays même, elle varie selon les ressources locales, selon le goût du chef de musique ou le caprice des autorités militaires, etc.

Dans l'instruction sommaire qui va suivre nous nous attacherons à distinguer nettement entre les éléments communs du programme instrumental et ceux dont l'emploi est limité à certains pays.

§252. — La *Fanfare* a pour origine les sonneries d'ordonnance dont les diverses armées européennes adoptèrent l'usage au siècle dernier. Malgré les divergences locales, toutes les fanfares actuelles des pays occidentaux se composent au fond des mêmes éléments sonores: trompettes et trombones, bugles et tubas. *Partout la famille des bugles (ou saxhorns) forme le noyau de cet organisme sonore*, et y est en quelque sorte employée à la façon du quatuor des archets dans l'orchestre: les diverses parties de ce chœur métallique sont rendues par plusieurs exécutants. En tous lieux on retrouve, sous les noms les plus dissemblables, les sept variétés du type d'instrument, décrites précédemment

§253. — L'échelle générale d'un orchestre de fanfare embrasse quatre octaves et demie, pourvues de tous les degrés chromatiques intermédiaires. À l'aigu ses limites ne dépassent pas celles de la voix humaine; au grave elles s'étendent à une octave au-dessous du chœur vocal et coïncident avec les limites de l'orchestre.

Voyons comment le domaine sonore de ce chœur instrumental se répartit entre les sept individus de la famille des bugles-tubas ou saxhorns.

I. La *principale ligne mélodique* se dessine dans la région du mezzo-soprano, occupée par les *bugles (saxhorns) sopranos en si♭* (p. 159, § 197). Partout ailleurs qu'en Allemagne on leur adjoint des *cornets à pistons en si♭* (p. 156, § 190), instruments de sonorité plus claire et capables de déployer beaucoup d'agilité. On écrit au moins deux parties de bugles-sopranos (parfois trois ou même quatre) et deux parties de cornets à pistons.

Le parcours des deux espèces d'instruments appelés à exhiber la cantilène prédominante

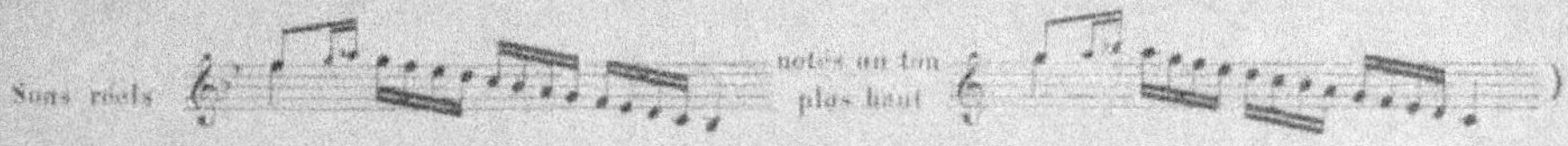

détermine le ton à choisir dans la transcription d'un morceau composé primitivement pour orchestre ou pour harmonie. Supposons que l'on voulût mettre en fanfare le début de la Marche du *Prophète*:

Ex: 252.

il faudrait transposer la phrase à la quarte grave.

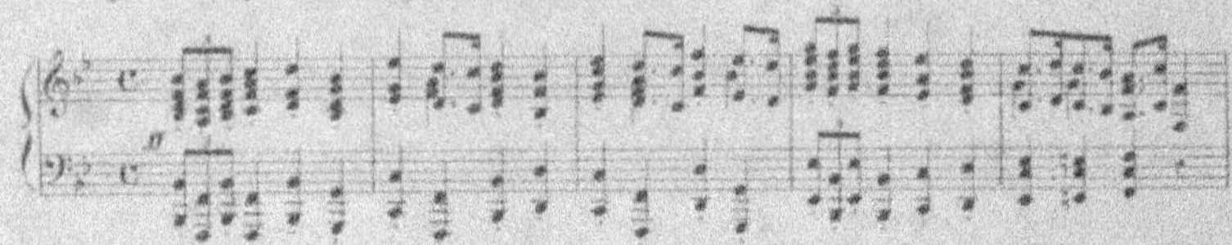

La prépondérance marquée de la partie inférieure du clavier général des voix et des instruments, par l'absence totale de la région suraiguë, fait que la sonorité de l'orchestre des cuivres a toujours quelque chose de pesant et de massif.

Les sons situés à l'extrémité supérieure de l'échelle de la Fanfare appartiennent au *petit bugle* (*saxhorn sopranino*) en mi♭ (p. 159, § 198), partie unique tenue par un ou deux instrumentistes, et dont voici le parcours ordinaire.

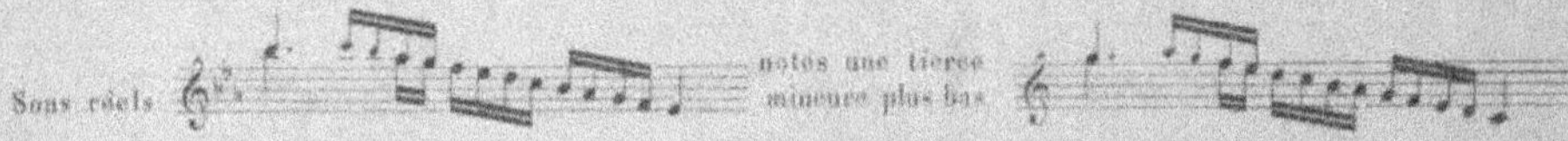

Dans l'ensemble ce soprano aigu n'a qu'une fonction accessoire. Il se borne la plupart du temps à reproduire la mélodie principale: à l'octave aiguë lorsque cela lui est possible. Comme le cornet à pistons, le petit bugle est à même d'exécuter des passages rapides et légers.

II. Les *basses* de toutes les bandes de musique militaire sont dévolues aux trois sortes de tubas ou saxhorns graves (p. 160, § 201). De même que les violoncelles dans le groupe des archets, les *tubas- (ou saxhorns-) basses en si♭* (p. 161, § 202) font entendre la partie de basse au diapason de la voix inférieure du quatuor vocal;

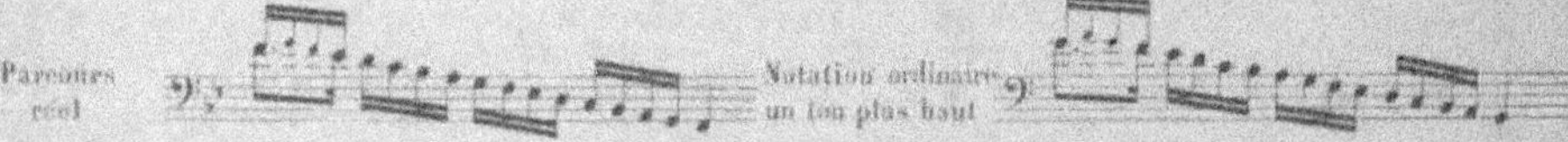

tandis qu'un *tuba- (ou saxhorn-) contrebasse en si♭* (p. 164, § 204) reproduit la même partie, — soit telle quelle, soit simplifiée, — une octave au-dessous.

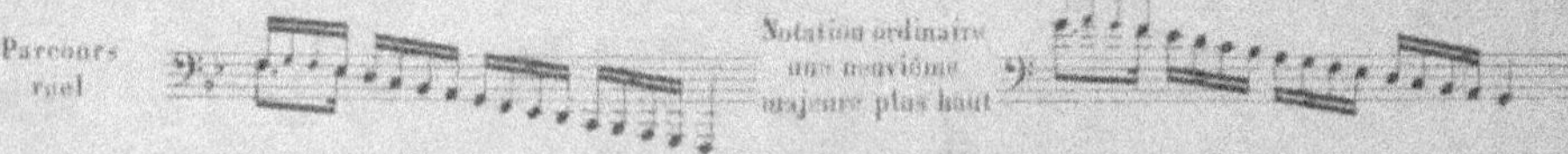

En outre les bandes actuelles possèdent une voix grave intermédiaire entre les deux précédentes: le *tuba- (saxhorn-) basse grave ou bombardon en mi♭* (p. 161, § 203).

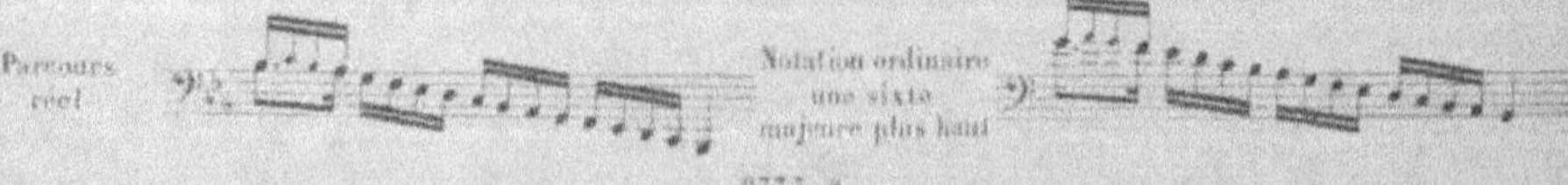

Cet instrument renforce tantôt la ligne supérieure de la basse, tantôt la ligne inférieure.

Ex: 253.

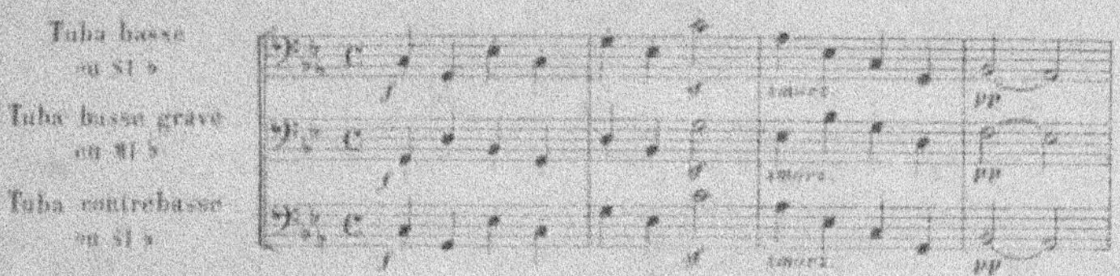

III. Quant aux *parties intermédiaires* du chœur des bugles-tubas, elles se partagent entre deux sortes d'instruments situés dans la région moyenne: **a**) les *bugles-*(ou *saxhorns-*) *altos en mi♭* (p. 159, § 199), dont l'étendue usuelle correspond à celle de la voix de haute-contre, de la viole;

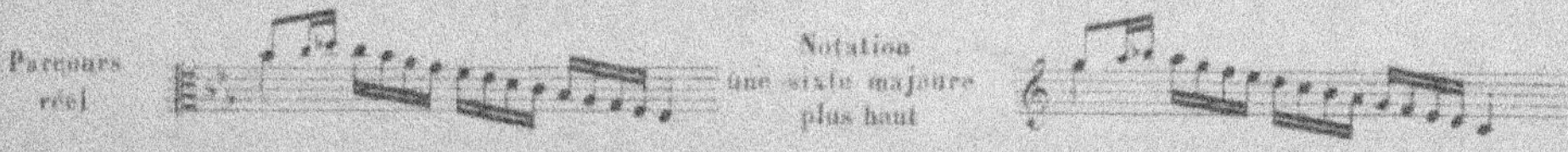

b) les *bugles-*(ou *saxhorns-*) *ténors-barytons en si♭* (p. 160, § 200), à la hauteur des deux voix correspondantes, et à l'octave inférieure du bugle-soprano:

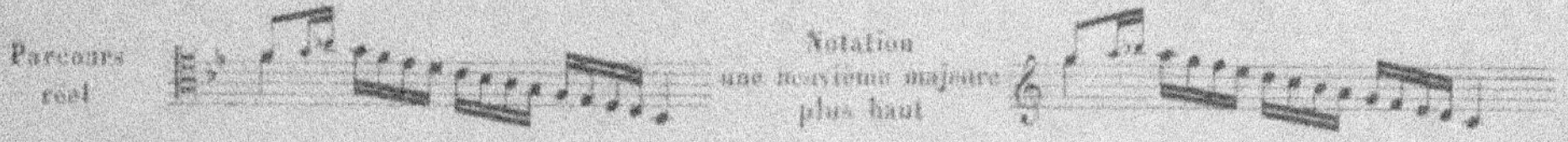

Dans une fanfare de sonorité bien équilibrée, chacun des deux genres d'instruments est joué par trois ou quatre exécutants, et s'écrit tantôt à une seule partie, tantôt à deux. A moins qu'elles ne soient momentanément appelées à chanter la voix principale, ces voix intermédiaires n'ont guère à faire entendre que des accords plaqués en sons tenus, détachés ou répétés. Pas plus que l'organe humain, les instruments à embouchure ne comportent des dessins d'accompagnement (arpèges ou batteries). Seules les divisions rythmiques des accords permettent au compositeur de donner quelque mouvement aux parties intérieures de la masse harmonique.

§ 254. — La *famille des trompettes-trombones* est représentée dans la Fanfare par six ou huit parties, dont aucune n'est ordinairement doublée à l'exécution. A l'aigu, *trois ou quatre trompettes chromatiques en mi♭ ou en fa* (p. 152, § 183) se meuvent dans la région du mezzo-soprano, à côté des bugles-sopranos et des cornets. Dans la partie inférieure du clavier instrumental, *trois trombones-ténors à pistons* (p. 154, § 188) se juxtaposent aux bugles ténors-barytons et au tuba basse en si♭; et en certaines localités privilégiées un véritable *trombone-basse* soutient le chœur des cuivres clairs, parcourant à peu près le même espace sonore que le tuba-basse grave (ou bombardon) en mi♭. De même que la première trompette, le premier trombone est un des organes mélodiques de la Fanfare.

La diversité des deux timbres caractéristiques des bandes de cuivres est rarement utilisée par les chefs de musique. Et cependant rien n'est si naturel que d'opposer la couleur franchement lumineuse des trompettes aux teintes assombries des bugles. Les cornets restent en dehors des deux grandes familles: leur timbre les rattache de plus près aux trompettes qu'aux bugles.

Quelques mesures transcrites d'après une œuvre universellement connue suffiront à donner l'idée des procédés usuels de l'instrumentation d'un morceau de fanfare.

Ex : 254.

Observation. Pour guider tant soit peu le lecteur dont la vue s'embrouille facilement dans la multitude des parties transposées on a coutume de numéroter les portées d'une partition de musique de fanfare ou d'harmonie.

All° brillante.

Petit Bugle en Mi♭ — 1

1ers et 2ds Cornets à pistons en Si♭ — 2

1ers et 2ds Bugles en Si♭ — 3

Bugles altos en Mi♭ — 4

Bugles (ténors)-barytons en Si♭ — 5

1re Trompette en Mi♭ — 6

2e et 3e Trompettes en Mi♭ — 7

1er et 2e Trombones (1) — 8

3e Trombone (et trombone basse ad lib) — 9

Tubas basses en Si♭ — 10

Tubas basses graves en Mi♭ — 11

Tuba contrebasse en Si♭ — 12

(1) On évite l'emploi de la clef d'Ut dans toute espèce de musique militaire.

Halévy, Marche du cortège, au 1er acte de la JUIVE.
9773. R.

§ 255.— Aux éléments essentiels de cet ensemble instrumental viennent s'adjoindre en certains pays quelques *sonorités accessoires* qui, tout en procurant au compositeur un surcroît de ressources, altèrent jusqu'à un certain point le caractère propre de la Fanfare et convertissent celle-ci en une espèce de bande d'harmonie.

I. Les musiques de cuivres françaises et belges s'annexent fréquemment un *petit chœur de saxophones*, ou, pour parler plus exactement, un quatuor simple ou double comprenant le *soprano en si♭*, l'*alto en mi♭*, le *ténor en si♭* et le *baryton en mi♭* (p. 408, § 140): quatuor dont les trois voix supérieures correspondent, quant au diapason, avec les bugles sopranos, altos et ténors-barytons. Dans les morceaux d'une certaine longueur l'intervention de ce chœur d'anches, à la sonorité mœlleuse et nourrie, se justifie par le besoin de donner une coloration spéciale, — plus tranquille, — aux parties épisodiques de la composition (par exemple le trio d'une marche, souvent formé d'une cantilène soutenue). De plus le saxophone dispose de quelques formes d'accompagnement (les arpèges, entre autres) qui permettent de rompre de temps en temps la monotonie des accords plaqués.

Ex: 255.

11. En Allemagne et en Belgique les bandes de cuivres renferment un *quatuor de cors chroma-tiques*: supplément inopportun et même nuisible pour la sonorité de ce genre de musique. Le timbre des cors amortit l'éclat des trompettes, des cornets et des bugles dans le *tutti*, sans y introduire un réel élément de variété. Ainsi que nous l'avons dit autre part, le grand-chœur des instruments à embouchure atteint ses effets les plus saisissants par l'homogénéité des timbres. Les cors peuvent agir efficacement *à côté* des cuivres éclatants, mais non pas *au milieu* d'eux. Les instruments le mieux faits pour être employés en guise de cors dans toute sorte de bandes militaires sont les *saxo-trombas altos et barytons* (p. 163, § 208): voix à l'attaque souple, au son flexible, assez souvent substituées en France aux organes correspondants de la famille des saxhorns.

III. La *Batterie*, originairement étrangère à la Fanfare, – musique des troupes à cheval, – s'y ajoute en France, en Angleterre et en Belgique.

Avant de passer à la musique d'Harmonie, nous montrerons, sous forme de tableau synoptique, la composition d'une Fanfare de nos jours, avec toutes ses sonorités supplémentaires :

Région **des voix de femme.**	Petits Bugles en mi ♭. Bugles sopranos en si ♭, 1res, 2es (3es, 4es). Cornets à pistons en si ♭. 1ers, 2ds.	Trompettes en mi ♭ ou en fa 1res, 2e, 3e (4es)		*Saxophone-soprano* en si ♭.
Région **des hautes-contre,** **ténors et barytons.**	Bugles-altos en mi ♭ (1ers, 2ds) Bugles-ténors-barytons en si ♭. (1ers, 2ds)	Trombones ténors 1er, 2e	*Cors chromatiques* *en mi ♭ ou en fa* 1er, 2e, 3e, 4e.	*Saxophone-alto* *en mi ♭.* *Saxophone-ténor* en si ♭.
Région **des voix de basse.**	Tubas-basses en si ♭	Trombone ténor-basse, 3e.		*Saxophone-baryton* *en mi ♭.*
Région sous-grave.	Tubas-basses graves en mi ♭. Tuba contrebasse en si ♭.	*Trombone* *basse.*		

Plus la Batterie (caisse claire, grosse caisse, cymbales et triangle).

----

§ 256. — Chez toutes les nations européennes les *bandes de musique d'harmonie* sont propres aux régiments d'infanterie. Elles reçurent leur première organisation vers le milieu du siècle dernier, et subirent leur plus récente transformation sous le second empire. De 1852 à 1870 les musiques d'harmonie se sont peu à peu annexé tout le groupe des cuivres, avec les modifications apportées par le mécanisme des pistons, en sorte qu'elles sont devenues, pour ainsi dire, des bandes de fanfare dont les parties mélodiques sont renforcées dans les octaves supérieures par des instruments à anche et des flûtes. Les basses sont exclusivement fournies par des instruments à embouchure, et cet élément a aussi une prépondérance écrasante dans la région intermédiaire.

§ 257. — L'Harmonie occupe sur l'échelle générale des sons le même espace que l'orchestre. Elle parcourt en conséquence à l'aigu deux octaves inaccessibles à la Fanfare et remplies uniquement par des flûtes et des instruments à anche.

Voici les éléments sonores qui s'ajoutent d'ordinaire aux timbres de la Fanfare actuelle pour former les bandes d'harmonie.

a) *Clarinettes en si* ♭ (au nombre d'une douzaine au moins) divisées en deux ou trois ou en quatre parties. Ce groupe instrumental a dans l'Harmonie un rôle analogue à celui que remplissent à l'orchestre les violons et les altos.

b) *Petite clarinette en mi* ♭ (p. 104, § 134), partie habituellement doublée. Elle reproduit, tantôt à l'unisson, tantôt à l'octave supérieure, les chants de la première clarinette, ou fait entendre des traits mélodiques trop aigus pour celle-ci. À l'occasion elle se produit comme soliste.

c) *Petite flûte en ré* ♭, dite en mi ♭ (p. 76, § 97). Sauf quelques fusées, trilles ou broderies, qu'elle s'adjuge en propre, son rôle constant est de doubler, une octave plus haut, la petite clarinette.

d) *Grande flûte ordinaire.* Cette partie est destinée à remplir le trop grand intervalle qui sépare la petite clarinette de la petite flûte; mais, à moins d'être jouée par plusieurs instrumentistes, elle n'a pas la puissance voulue pour atteindre complètement ce résultat.

e) *Cors chromatiques en mi* ♭ *ou en fa,* se divisant en quatre parties. Ce sont dans le *tutti,* les coopérateurs des clarinettes d'accompagnement. Comme celles-ci, les cors sont avant tout voués au remplissage harmonique.

Les cuivres éclatants, et particulièrement ceux de la région du soprano, s'emploient en moins grand nombre que dans la Fanfare. Presque partout on laisse de côté le petit bugle en mi ♭ et l'on se contente d'écrire deux parties de bugles en si ♭ et deux parties de cornets, non doublées; de même que l'on n'écrit la plupart du temps que deux parties de trompettes.

La *Batterie* ou *Musique turque,* avec son joyeux fracas, est un accessoire obligé de l'Harmonie. Chacun de ses bruits pittoresques possède sa spécialité musicale: les *tambours* ont leurs énergiques figures rythmiques, le *triangle* décompose les rythmes en durées brèves, égales; les *cymbales* et la *grosse caisse* marquent les principaux temps forts de la période, du membre rythmique, de la mesure.

La transcription du début de la célèbre Marche du *Prophète* nous servira à faire voir, dans son ensemble, le programme international d'une Harmonie de nos jours (c'est-à-dire la réunion des instruments adoptés partout) et à montrer la manière courante de traiter ce genre de musique.

Ex: 256

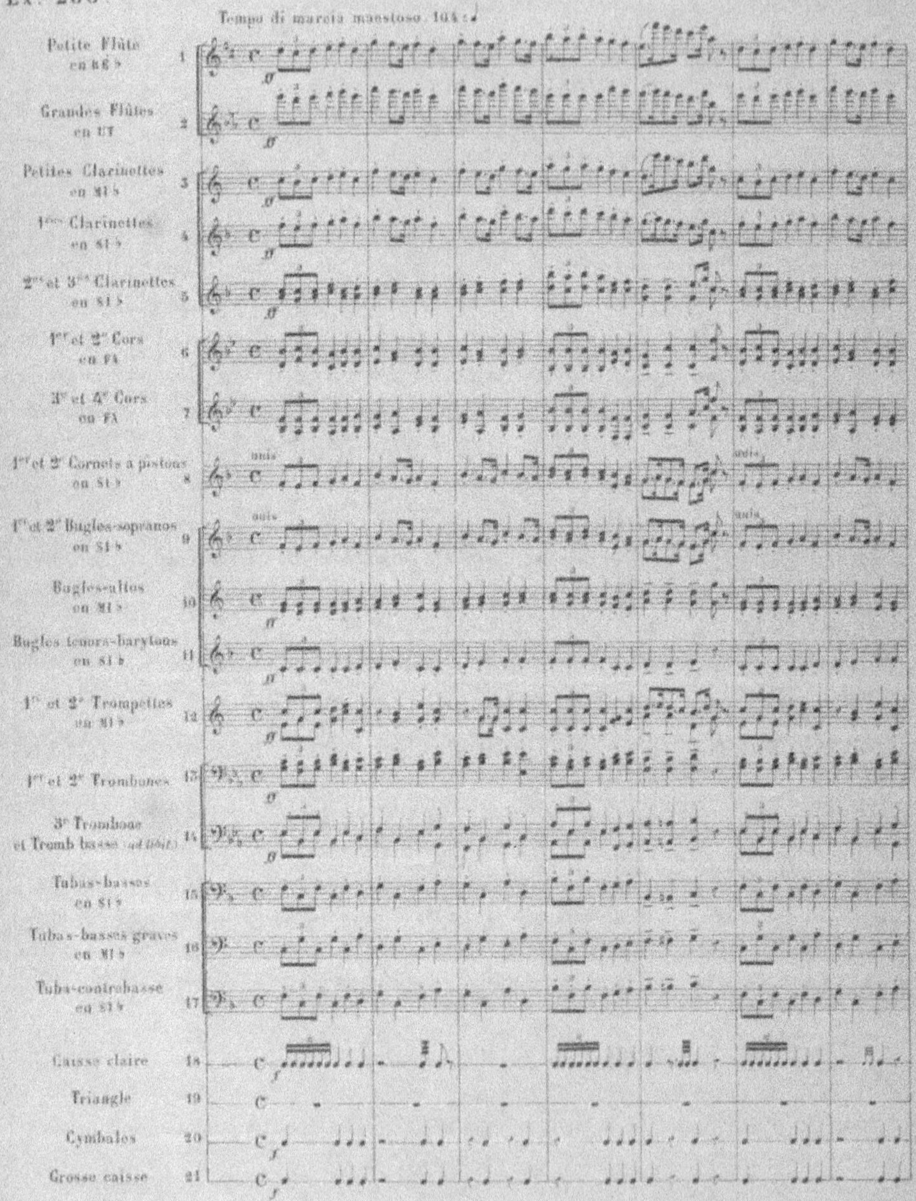
Tempo di marcia maestoso. 104 = ♩
Petite Flûte en RÉ ♭
Grandes Flûtes en UT
Petites Clarinettes en MI ♭
1ères Clarinettes en SI ♭
2des et 3ces Clarinettes en SI ♭
1er et 2e Cors en FA
3e et 4e Cors en FA
1er et 2e Cornets à pistons en SI ♭
1er et 2e Bugles-sopranos en SI ♭
Bugles-altos en MI ♭
Bugles ténors-barytons en SI ♭
1re et 2e Trompettes en MI ♭
1er et 2e Trombones
3e Trombone et Tromb basse (ad libit.)
Tubas-basses en SI ♭
Tubas-basses graves en MI ♭
Tuba-contrebasse en SI ♭
Caisse claire
Triangle
Cymbales
Grosse caisse
unis

dolce
cantabile con molto portamento
dolce
cantabile con molto portamento
unis.
dolce
cantabile con molto portamento

cantabile
sempre dolce
pp
molto cresc. dim.
rinf.
pp
dolce sempre
Soli
molto cresc. dim.
dolce cantabile
pp
pp
pp
pp

pp assai
pp
pp
pp
pp smorz.
pp smorz.

§ 258. — Il nous reste encore à dire un mot des instruments dont l'usage dans les bandes d'harmonie est limité à certains pays de l'Europe.

I. Partout ailleurs qu'en Italie les grands corps de musique emploient une couple de *hautbois* et quelques *bassons*. (En outre ceux de l'Allemagne et de l'Angleterre utilisent le *contrebasson*.) Autant ces deux sortes d'instruments sont indispensables et précieux à l'orchestre, autant ils sont superflus et déplacés dans une bande militaire. Les hautbois ont un timbre perçant, mais très mince, dont toute la force s'évanouit en plein air. Quant aux bassons, leur intensité est hors de toute proportion avec la masse sonore qui les entoure. Les uns et les autres sont annihilés par les timbres puissants des instruments à embouchure. Pour qu'ils pussent produire un certain effet il faudrait les employer en masse, et même alors le résultat serait assez mesquin.[1] On les conserve prétendument afin d'obtenir dans la musique d'harmonie une variété de voix instrumentales se rapprochant de celle de l'orchestre, mais en réalité par routine et par manque de discernement. À l'orchestre les timbres divers des instruments à vent se détachant sur un canevas sonore de couleur neutre (le quatuor des instruments à archet), peuvent présenter les contrastes les plus marqués; dans l'Harmonie, au contraire, les sonorités, assez mal liées, entre elles, gagnent à être groupées en masses homogènes.

II. Les musiques belges et anglaises sont pourvues d'une *clarinette alto en mi♭* (p.101, § 130). Cette adjonction n'aurait quelque efficacité que si la partie était exécutée par une demi-douzaine d'instrumentistes. On peut en dire autant des deux *clarinettes-basses* inscrites au programme des bandes italiennes et anglaises. Si l'on excepte les passages où les cuivres sont momentanément réduits au silence, les voix graves des instruments à vent se font entendre à peine.

III. En France et en Belgique le *petit chœur des saxophones*, déjà mentionné à propos de la Fanfare (ci-dessus, p.188), entre dans la composition de presque toutes les musiques d'harmonie. Il en résulte un accroissement notable de force et de richesse pour le groupe des anches, et précisément à son endroit le plus faible, la région moyenne, celle des accompagnements. Le saxophone a une étendue moindre que la clarinette, en revanche il possède une intensité triple, et ses sons épais se combinent en perfection avec les robustes voix métalliques. Pourquoi faut-il que l'attachement à la tradition et d'aveugles préventions nationales entravent la diffusion d'un type d'instrument fait pour la musique militaire et digne d'y tenir une grande place?

IV. Enfin les corps d'harmonie de l'Allemagne et de l'Angleterre font du trio des trombones un quatuor, en ajoutant au grave un *trombone basse*;[2] pratique excellente; par contre quelques musiques belges ont conservé la manie bizarre d'employer une *contrebasse à cordes* dans les morceaux exécutés au repos, comme si les bandes militaires de notre époque n'avaient pas les basses les plus nourries qu'il soit possible d'imaginer.

---

[1] Si l'on tient à mettre cette espèce de timbres dans l'Harmonie, il vaut mieux employer les *sarrusophones* (p.110 § 141) qui sont en quelque sorte aux hautbois et aux bassons ce que les saxophones sont aux clarinettes.

[2] Les Allemands se servent du *trombone basse en fa* (p.137, § 166).

Pour terminer cette courte instruction nous allons réunir et grouper en un tableau tous les éléments communs et exceptionnels de la musique d'harmonie.

Région				
Région suraiguë.	Petite flûte en mi♭ Grandes flûtes en ut.			
Région des voix de femme.	Petites clarinettes en mi♭. Clarinettes en si♭. 1res, 2es, 3es, Hautbois (1er, 2d).	Saxophone-soprano en si♭.	Trompettes en mi♭ ou en fa 1re, 2e (3e, 4e).	Petit bugle en mi♭. Bugles-sopranos en si♭ 1er, 2d. Cornets à pistons 1er, 2d
Région des hautes-contre, ténors et barytons.	Clarinette-alto en fa (ou cor de basset).	Saxophone-alto en mi♭. Saxophone-ténor en si♭.	Cors chromatiques en fa ou en mi♭. 1er, 2e, 3e, 4e. Trombones-ténors, 1er, 2e.	Bugles-altos en mi♭ Bugles-(ténors) barytons en si♭
Région des voix de basse.	Bassons (1ers, 2ds). Clarinettes-basses en si♭.	Saxophone-baryton en mi♭	Trombone ténor-basse, 3e.	Tubas-basses en si♭.
Région sous-grave.	Contre-basson.		Trombone-basse.	Tubas-basses graves en mi♭. Tuba-contrebasse en si♭. Contrebasse à cordes

— FIN —

Imp. Chaixbaud et Cie, 18, r. de la Tour d'Auvergne.   9773 H.   F. Gevaert. Abrégé du Traité d'Instrumentation.

TABLE DES MATIÈRES

PARIS. — IMPRIMERIE JULES . — RUE MONSIEUR, 30. — 97-18-X-22.